BERNDT SCHULZ

## *Kochen wie im Kino*

Bilder, Dialoge und 130 Originalrezepte
zum Nachkochen aus den beliebtesten Filmen

*Rasch und Röhring Verlag*

# *Das Kinorezept*

***Popcorn (salzig oder süß)***
(reicht für einen Film mit Überlänge)

In eine große (Teflon-) Pfanne gutes, kaltgepreßtes Öl (z.B. Distel, Oliven) geben, so daß der Boden bedeckt ist; nicht zu heiß werden lassen. 1 Tasse rohen Mais hineingeben (die Körner dürfen nicht übereinanderliegen). Wichtig: Deckel drauf! Die Pfanne von der Herdplatte nehmen. Nach ca. 8–10 Minuten springen nun die Maiskörner auf – Deckel nicht heben! Nach dem letzten »Pop!« mit dem Abnehmen des Deckels etwas warten. Die Pfanne ist jetzt völlig gefüllt. Popcorn in Schüssel geben, abkühlen lassen. Nach Belieben salzen *oder* zuckern (ca. 1 El Zucker).

Autor und Verlag danken
Dieter Pietsch, Restaurant »Lotter Leben«, Osnabrück,
für die Überarbeitung der Rezepte und
Heinrich Stern, »Stern's Restaurant« im Hotel Georgenhof,
Hannover, der seine Rezepte zu dem Film »Babettes Fest«
zur Verfügung stellte.

Bildnachweis: Sämtliche Abbildungen: Deutsches Institut für Filmkunde, Frankfurt; ausgenommen S. 21, 42, 167: Deutsche Kinemathek, Berlin; S. 19: Presse-Foto Röhnert, Berlin; S. 129: Berndt Schulz

# Inhalt

**Vorwort** 9

**Vincent und Theo** 12
Bauernsalat à la Paul Gauguin 12

**Das große Fressen** 13
Nieren Burgunder Art 14 – Nieren à la bordelaise 15 – Hummer mit Knoblauchsoße à l'américaine 16 – ... à la Madeleine 17 – Pizza provençale 18

**Casanova** 19
Spaghetti Casanova 20

**Kollege kommt gleich** 21
Chateau(briand) bleu 22 – Brathähnchen mit Sauce américaine 23 – Steinbutt mit Basilikum bzw. Basilikumsoße 23

**Tampopo** 24
Japanische Nudelsuppe 26

**Maybe Baby** 27
Hähnchen in Wein (Coq au vin) 27

**Down by Law** 29
Kaninchen à la Isolina 30 – Polenta 31

**Babettes Fest** 31
Mockturtlesuppe 32 – Blinis (Kartoffelpuffer) »Demidoff« 32 – Wachteln im Sarkophag 33 – Napfkuchen mit Rum 34

**Victor, Victoria** 35
Rindfleisch Burgunder Art 36 – Apfeltorte 36 – Coupe Jacques 37

**Perfect Match** 38
Sautierte Schnecken in Knoblauch-Butter-Soße französische Art 39 – Steak vom Weißen Hai 39

**Local Hero** 40
Kaninchen-Kasserolle 40

**John Hustons The Dead** 41
Irischer Gänsebraten mit Apfelsoße und Mincemeat 42

**Giganten** 44
Schmorbraten mit Barbecue-Soße (Barbecue) 45

**9½ Wochen** 46
Linguine con pesto 46

**Es muß nicht immer Kaviar sein** 47
Kaviar im Schlafrock 49

**Diner** 49

**Der Unverbesserliche** 51
Porree vinaigrette 51 – Linsen mit Schweineschulter 52 – Soufflé au Grand Marnier 52

**Ödipussi** 53
Putenbrust mit Püree 54

**Blind Date**  55
Gurkencremesuppe 57 – Gedünstetes Kalbfleisch in Rotwein 57 – Überbackene Kartoffeln nach Art der Dauphiné 58

**Wetherby**  58
Hähnchen in Wein (Coq au vin) Burgunder Art 59

**Die Fantome des Hutmachers**  59
Spickbraten mit Sauerampfergemüse 61

**Der Schrei der Eule**  61
Cassolettes von Langustinen 62

**Die Ferien des Monsieur Hulot**  63
Tomatensalat »Hôtel de la Plage« 63

**Bananas**  64
Chili con carne 65

**Amarcord**  65
Huhn mit Salbei auf Reis 66 – Minestra 67

**Um Mitternacht**  68
Gebratenes Ochsenrippenstück 69

**Der Mann, der die Frauen liebte**  69
Kalbsragout nach Art des Chefs 70

**Fetty – Der Dicke legt los**  71
Überbackene Lasagne (Lasagne al forno) 72

**Himmel vorhanden, Engel gesucht**  75
Pfannkuchen mit Himbeersoße 76

**Das Leben ist ein langer ruhiger Fluß**  77
Ravioli in Tomatensoße 78

**Fellinis Schiff der Träume**  78
Frühlingssuppe 79 – Getrüffelte Wachteln 80

**Cheech und Chong im Dauerstreß**  81
Sautierte Schnecken mit Champignons in Weißwein 82

**Fellinis Roma**  82

**Das Appartement**  84
Spaghetti mit Fleischsoße (Spaghetti bolognese) 84

**Mord im Orientexpress**  85
Pochierte Seezunge mit Béchamelsoße 86

**Der Stadtneurotiker**  87
Wiener Schnitzel auf Weißbrot mit Tomaten und Mayonnaise 88 – Selleriesalat 88

**Liebe und Anarchie**  88
Bucatini alla matriciana 89 – Fettuccine mit Ei und Hühnchen 90

**Harry und Sally**  90

**Shirley Valentine**  92
Tintenfische (Calamares) mit Knoblauch, Butter und Limonen 93 – Fritierte Calamares / Kalmare 94

**Die Chaotenkneipe**  94
Borschtsch-Suppe 95

**Ein Single kommt selten allein**  *96*
*Lammkeule mit Knoblauchsoße 97*

**Der Sizilianer**  *98*
*Pilzsuppe 99*

**Die verlängerte Zeit**  *100*
*Dillsuppe 100*

**Der Tod kennt keine Wiederkehr**  *100*
*Hühnchen Kiew 101*

**Goldrausch**  *102*
*Gekochter Lederschuh in heißer Schneewassersoße 102*

**Is' was, Doc?**  *103*
*Doppeltes Roastbeefsandwich 103*

**Kramer gegen Kramer**  *104*
*Arme Ritter 106 – Salisbury-Steak mit Maisgemüse 107*

**Ein Kochtopf voller Leichen**  *108*
*Pochierte Austern in Sahne und Champagner 108 – Lammragout mit Currysoße 109 – Waldschnepfe à la Kohner 110 – Ausgepreßte Ente aus der Normandie 113*

**Drei Männer und ein Baby**  *113*

**Frenzy**  *115*
*Cocktail »Margharita« 116 – Jungente mit schwerer, süßer Sherrysoße 117*

**Eating Raoul**  *118*
*Pürierte Leber 118*

**Das grüne Leuchten**  *119*

**Eine Leiche zum Dessert**  *122*

**Man spricht deutsh**  *123*
*Spaghetti mit Tomatensoße 124 – Hummer 126*

**Wenn jeder Tag ein Sonntag wär'**  *127*
*Fischsuppe französische Art 127*

**Stardust Memories**  *128*
*Filet de bœuf à la périgourdine mit Sweet Potatoes 130*

**Tin Men**  *131*
*Überbackener Käsetoast 132*

**Die Schweizermacher**  *133*
*Zürcher G'schnetzeltes 134 – Berner Rösti 134*

**Abendanzug**  *135*
*Jakobsmuscheln mit Estragon 136*

**Tod eines Handlungsreisenden**  *137*
*Hummer mit Champagner 137*

**Vater, Mutter und 9 Kinder**  *138*

**Brust oder Keule**  *140*
*Entrecôte à la bordelaise 141*

**Gib dem Affen Zucker**  *142*
*Gefüllte Calzoni 142 – Hühnerkroketten 144*

**Sodbrennen** *145*
*Linguine in Muschelsud 145 – Hühnchen mit Zitronenfüllung 146 – Schweinefilet mit Senfsoße 147*

**Hannah und ihre Schwestern** *148*
*Muschelhappen 149 – Krabbenpastetchen 149 – Crêpes caviar 151 – Filetspitzen à la Stroganoff 152*

**Der Rosenkrieg** *152*
*Leberpastete 154*

**Es war einmal in Amerika** *155*
*Chateaubriand mit Pommes frites und Spargel mit Sauce vinaigrette 156*

**Cocktail** *157*
*Gin Gimlet 159 – Wodka Stinger 159 – Cuba libre 159 – Wodka Martini 159 – Alexandra mit Schuß 159*

**Der diskrete Charme der Bourgeoisie** *160*
*Gegrillte Sardinen 161 – Gebratenes Seezungenfilet 162 – Heilbutt gebacken 162 – Rochen in brauner Butter 163 – Hechtmedaillons à la Provence 164 – Forelle blau 164 – Melone in Portwein 165*

**Der Mann, der zuviel wußte** *168*
*Jungente mit Oliven 170*

**Ein Klassemädchen** *171*

**Zwei hinreißend verdorbene Schurken** *172*

**Fedora** *173*
*Cheeseburger 174*

**Die Blechtrommel** *175*
*Aal grün 176*

**Eine demanzipierte Frau** *177*
*Käseomeletts 178*

**Ein Mädchen in der Suppe** *178*
*Gegrillte Banane 179*

**Arthur 2 On the Rocks** *180*
*Hackbraten mit Kartoffelpüree 180*

**Funny Farm** *182*
*Lammhoden 183*

**Herbstmilch** *184*
*Herbstmilchsuppe 185*

**Das Fenster zum Hof** *185*
*Fasan im Speckmantel mit Sellerie à la »Twenty One« 186*

**Kindergarten Cop** *187*
*Muschelsuppe Pazifik 188 – Pikante Hähnchenkeulen 188 – Spare Ribs mit scharfer Soße 190 – Heiße Blaubeeren mit Eiscreme 190*

**Hühnchen in Essig** *191*
*Tomaten nach Art von Antibes 193 – Hühnerfrikassee auf Muscheln 193 – Sauce Mornay 194 – Gänselebermedaillons 194 – Kalbsbries mit Morcheln 195 – Profiteroles (kleine Backkugeln) 197*

**Die Rezepte** *198*

# *Vorwort*

»Du brauchst keine Rezepte. Du mußt nur deine Phantasie spielen lassen. Kochen ist wie malen!« – Diese Worte spricht der Maler Paul Gauguin zu seinem Kollegen Vincent van Gogh in Robert Altmans schönem Film »Vincent und Theo«.
Das vorliegende Kinokochbuch nimmt sich die weisen Worte zu Herzen. Es will die Phantasie spielen lassen wie es sich für ein Buch gehört, in dem es ums Kino geht. Und es liefert die Rezepte dazu. Denn wenn kochen wie malen ist, braucht der Koch – wie der Maler – eine Idee, ein Konzept, die Form.
Die Idee kam dem Verfasser beim Essen nach dem Kino – wann sonst. Und er möchte sie hiermit weitergeben: Laden Sie zu einer Filmparty ein! Zeigen Sie Ihren Gästen die schönsten Filme – oder auch nur Filmsequenzen –, die hier vorgestellt werden. Videokassetten machen es möglich. Und servieren Sie ihnen dann die Gerichte nach den Originalrezepten aus dem Film. Was die Stars ausgesuchter Filme in den schönsten Szenen kochten oder verspeisten, kommt so auf den Tisch von kulinarischen Genießern und Kinoliebhabern. Besser essen mit Filmkochrezepten!
Für das Gelingen Ihrer Videoparty sorgt ein spezieller Service, der genau angibt – in Lauf*metern* bzw. Lauf*zeit* (dies ist bei den Videorecordern je nach Hersteller unterschiedlich) –, wann im betreffenden Videofilm die fragliche Essensszene kommt. (Die Maßeinheiten gelten ab Erscheinen des Film*titels* auf der Videokassette.)

Das Buch präsentiert die schönsten und schmackhaftesten Einzelrezepte des ausgewählten Films, wie auch ganze Menüs, komplett zum Nachkochen. Manchmal gibt es auch »nur« Dialoge – allerdings besonders originelle –, gewissermaßen als Appetitanreger. Verfaßt wurde das Kinokochbuch nicht bierernst, sondern augenzwinkernd – dem Faktum folgend, daß die ausführlichsten Koch- und Eßsequenzen des Kinos in heiteren Filmen, bürgerlichen Komödien und ironischen Gesellschaftsstücken vorkommen. Ernst genommen werden die Rezepte und die Anleitung zum Nachkochen natürlich immer.

Bei den Rezepten handelt es sich nur ausnahmsweise um exklusive Kostbarkeiten wie zum Beispiel »Ausgepreßte Ente aus der Normandie«, eine Spezialität aus dem Film »Ein Kochtopf voller Leichen«, ein Gericht, das wohl nur Kochprofis gelingt.

Die Regel sind Rezepte für Normalverbraucher: Von »French Toast« über russische »Borschtsch-Suppe« und »Linguine in Muschelsud« bis zu »Hühnchen mit Zitronenfüllung« oder »Spickbraten mit Sauerampfergemüse« – Gerichte, die auch für den Single-Haushalt realisierbar sind, der nicht über die Möglichkeiten einer perfekt organisierten Küche verfügt. Einzige Bedingung: Das Essen soll schmecken. Es muß nicht immer Kaviar sein.

Daß Kochen und Kino näher zusammengehören, als man vielleicht auf den ersten Blick denkt, zeigt übrigens die Filmgeschichte.

Das Kino hat am Kult des Essens immer schon mitgeköchelt. Es ist eine bezeichnende Anekdote am Rande, daß die Traumfabrik Hollywood in einem Restaurant entstand: im »Musso & Frank Grill« am Hollywood Boulevard 6667, einem heute noch existierenden, inzwischen legendären Treffpunkt von Filmemachern, Stars und Sternchen, in dem nach Expertenmeinung die besten Beefsteaks der Westküste serviert wurden und werden. Im Film wurde Essen fast immer gleichgesetzt mit Sinnlichkeit und Erotik. Im Gegensatz zur Literatur, Vorlage vieler »Freßfilme« – siehe etwa Proust, Thomas Mann oder James Joyce, die lukullische Genüsse oft mit dem Geruch der Vergänglichkeit und der Melancholie des Verfalls mixten –, richtete das Kino seine kulinarischen Feste meist mit einer Raffinesse an, die dem Zuschauer schon beim Sehen das Wasser im Mund zusammenlaufen ließ.

Das ging beim frühen Hitchcock los, setzte sich fort über Buñuel, Chabrol, Marco Ferreri, Claude Sautet und andere cineastische Kritiker der bürgerlichen Gesellschaft mit ihrer raffiniert gewürzten Dekadenz. Heute entstehen sogar Filme, die die Rezeptur einer bestimmten Speise oder die Zubereitung bzw. das Zeremoniell des Essens zum Thema haben, »Babettes Fest«, »Tampopo« oder »Das große Fressen«.

Die meisten großen Regisseure haben einmal Rezepte oder Gerichte in ihre Filme »eingestreut«. Die besten Beispiele sind diesem Buch zu entnehmen. Der Leser, dessen cineastische Neigungen überwiegen, kann sich an den Bildern und Dialogen, die sich immer auch ums Essen drehen, erfreuen. Die Köche können nachkochen.

Wie gesagt: Dieses Kinokochbuch soll neben Appetit auch Spaß machen! Deshalb geben einige ausgefallene Filmsequenzen Grund zur Freude: beispielsweise die mit dem »Gekochten Lederschuh in heißer Schneewassersoße«, den Charlie Chaplin sich

in »Goldrausch« zubereitet. Oder die »Spaghetti Casanova«, mit den delikaten – heute allerdings teuren – Lieblingszutaten des italienischen Verführers und Gourmets. Er, der in seinen Memoiren eine Fülle an gastronomischen Details hinterließ, wurde übrigens noch zu Lebzeiten von den Einwohnern Chioggias bei Venedig zum »Fürst der Makkaroni« gekürt. Und sein »Casanovasalat« gilt noch heute jedem Liebhaber (im doppelten Sinn) als Pflichtvorbereitung auf ein galantes Treffen.

Das Kinokochbuch lüftet außerdem folgende Geheimnisse: Wie könnte Gerhard Polt in »Man spricht deutsh« seinen Hummer auf der »Poseidon-Platte« knacken? Von welchen lukullischen Köstlichkeiten wird die Gesellschaft in »Der diskrete Charme der Bourgeoisie« unentwegt abgehalten? Geht es in Alfred Hitchcocks »Frenzy« um Mord – oder ums Essen? Mit welchen Mahlzeiten fesselt Loriots Leinwandmutter ihren »Ödipussi« noch im Alter an sich? Warum ist »Babettes Fest« so gelungen?

Viel Spaß beim Kochen wie im Kino, guten Appetit und eine fröhliche und gutverdauliche Videoparty mit den schmackhaftesten Rezepten aus beliebten Filmen!

Berndt Schulz

# Vincent und Theo

Vincent & Theo. Großbritannien/Frankreich/BRD/Belgien 1990. R: Robert Altman. D: Tim Roth (Vincent), Paul Rhys (Theo), Johanna Tersteeget (Jo Bonger), Jean-Pierre Cassel (Dr. Gachet), Wladimir Yordanoff (Paul Gauguin).

- *Anfang der achtziger Jahre des 19. Jahrhunderts malt Vincent van Gogh seine ersten Ölbilder, er ist besessen von seiner Kunst und verbeißt sich ins Leben. Da der kommerzielle Erfolg ausbleibt, muß sein Bruder Theo, ein Kunsthändler, ihn über Wasser halten. Eines Tages besucht der Maler Paul Gauguin Vincent, mit dem ihn eine seltsame Haßliebe verbindet.*

Vincent steht in seiner kleinen schmuddeligen Küche und schneidet eine gelbe Rübe. Gauguin kommt herein. **Gauguin:** »Was machst du da eigentlich?« **Vincent:** »Kochen!« **Gauguin:** »Kein Mensch kann in einem solchen Saustall kochen! Wie kannst du hier überhaupt was finden!« (Gauguin wirft wütend die Rübenscheiben in den Abfalleimer.) »Du mußt die richtigen Dinge in der richtigen Reihenfolge tun. Ich zeig's dir... Nimm eine Tomate, schäle sie, schneide sie auf, und entkerne sie, aber vorsichtig! Na komm schon... Zerschneide sie in kleine Stücke... etwa so... dazu ein kleines bißchen frisches, grünes Basilikum, ahh! nicht zuviel... so, das reicht.« Vincent beobachtet Gauguin mißtrauisch und nimmt hin und wieder einen Schluck aus der Rotweinflasche. **Gauguin:** »Gibst du mir ein bißchen ab?« Er langt zur Flasche hinüber. Vincent schüttet ihm Rotwein in die Hand, Gauguin trinkt aus der hohlen Hand einen Schluck und nickt dann ungerührt. **Gauguin:** »Danke, der ist wirklich gut!« Vincent trinkt aus der Flasche und läßt den Rotwein aus dem Mundwinkel herauslaufen. **Gauguin:** »Ach ja, und dazu ein klein wenig Schafskäse! Hmm... siehst du, wie die Farben sich gegenseitig schmeicheln? Warte! Etwas Gelb noch! Dein Gelb! Olivenöl! Und Salz. Fertig! Das Essen ist fertig, wenn du damit zufrieden bist. Du brauchst keine Rezepte! Du mußt nur deine Phantasie spielen lassen! Kochen ist wie malen!« Vincent hat alles – allerdings wie erstarrt – mit angehört. Jetzt steht er auf und geht hinaus. **Vincent:** »Mir gefällt nicht, wie ich male!« **Gauguin:** »Mir gefällt nicht, wie du kochst!«

## Bauernsalat à la Paul Gauguin
(für 2 Personen)

| | |
|---|---|
| **2 Fleischtomaten** | mit heißem Wasser überbrühen, häuten und halbieren. Stielansatz und Kerne entfernen, dann in Scheiben schneiden und fächerförmig auf einem Teller anrichten. Mit |

| | |
|---|---|
| 1 Prise Salz und Pfeffer | bestreuen. |
| 15 Blätter Basilikum | dekorativ auf oder zwischen den Tomatenscheiben verteilen. Dünne Scheiben oder kleine Würfel |
| Schafskäse (insg. 125 g) | darauf verteilen. |
| 2 El Olivenöl und 2 El Rotwein | verrühren. Den Salat damit beträufeln. |

# Das große Fressen

La grande bouffe/La grande abbuffata. Frankreich/Italien 1973. R: Marco Ferreri. D: Michel Piccoli (Michel), Ugo Tognazzi (Ugo), Marcello Mastroianni (Marcello), Philippe Noiret (Philippe), Andrea Ferreol (Andrea).

*Vier Freunde, saturiert und frustriert, treffen sich zu einer Schlemmerorgie von rabiater Konsequenz, die einige Prostituierte in die Flucht schlägt; eine Lehrerin, die zu der Gesellschaft stößt, zeigt sich der Freßgier und Sinnlichkeit der Männer mehr als gewachsen. Grandiose Saturnalie, die das Tödliche eines jeden Zuviel wenig zimperlich und mit gezielten Geschmacklosigkeiten ins Bild setzt.*

Eine Gesellschaft im Heißhunger

# 14 NIEREN BURGUNDER ART

Die folgenden Dialoge dokumentieren szenische Auftritte der Hobbyköche, die sich durch den ganzen Film ziehen.

**Marcello**: »Hm, was riecht denn da so gut?« **Ugo**: »Da dünsten Nieren bourguignonne.« **Marcello**: »Hmm! Mein Leib- und Magengericht!« (Video 1545)

## Nieren Burgunder Art/Nieren à la bourguignonne
(für 4 Personen)

| | |
|---|---|
| 500 g Rindernieren | reinigen, etwa 1 Stunde in Essigwasser ziehen lassen. |
| 250 g Zwiebeln | in Scheiben geschnitten, zusammen mit geschnittenen |
| 100 g Champignons | und |
| 100 g gewürfeltem Speck | |
| Rindernieren | in Olivenöl glasig werden lassen. Die in Scheiben schneiden, trockentupfen. Mit |
| 2 El Öl | zu den Zwiebeln geben, darin unter ständigem Rühren dünsten.* Mit |
| Salz und Pfeffer | würzen. |
| 1 El Mehl | darüberstäuben und die Nieren darin wenden. Warm stellen. Die Soße immer getrennt zubereiten! Für die Soße: |
| ¼ l Rotwein (Burgunder!) | in einer Kasserolle erhitzen, mit |
| 1 Lorbeerblatt | und |
| 1 Tl Wacholderbeeren | (zerdrückt) würzen, |
| 2 Tomaten | kurz in heißes Wasser legen, entkernen, schälen und würfeln sowie |
| 1 El Tomatenmark | hineingeben. Den Rotwein, zusammen mit |
| 2 El Kalbsfond (Fertigprodukt) | vollenden, stark einkochen, mit |
| je 1 Prise Salz und Cayennepfeffer | würzen und durch ein Sieb passieren. Mit |
| 3–5 El süßer Sahne | abschmecken. Dann die Soße über die Nieren gießen und diese darin kurz erwärmen. |

Dazu Nudeln oder Kartoffelpüree servieren.

*Die Nieren sollten nur kurz gedünstet und in der Soße nur erwärmt, nicht gekocht werden; sie werden sonst leicht zäh.*

*Ugo:* »Madame! Das sind Nieren bordelaise!« *Andrea:* »Ahh... ich weiß nicht, was besser riecht, aber ich bin jetzt noch bei der Schokolade.« *Philippe:* »Ah! Haben Madame denn noch nie etwas von Roussel gehört?« *Andrea:* »Nein!« *Philippe:* »Ah! Roussel war ein großer Schriftsteller, verkannt, aber für seine Zeit recht surrealistisch. Er hatte die seltsame Angewohnheit, mehrere Mahlzeiten auf einmal zu sich zu nehmen. Wenn man das nachvollzieht, das geht durchaus. Er begann mit Schokolade und frischer geschlagener Sahne, dabei nahm er ein paar Vorspeisen zu sich wie zum Beispiel Nieren à la bordelaise.« (Video 1740)

## *Nieren à la bordelaise**

Zutaten, soweit nicht anders genannt, wie bei Nieren à la bourguignonne, s. S. 14

(für 4 Personen)

| | |
|---|---|
| **Rindernieren** | in Zwiebeln anbraten, bis sie leicht gebräunt sind, pfeffern und salzen, etwas Mehl darüberstäuben und mehrmals wenden. |
| *Sauce bordelaise* | |
| **8 Schalotten** | feinhacken, in |
| **20 g Butter** | anschwitzen, mit |
| **¼ l Rotwein (Bordeaux!)** | |
| **brauner Grundsoße** | löschen und den Wein stark einkochen. Mit auffüllen, gut durchkochen, passieren und mit |
| **1 Tl Fleischextrakt** | |
| **2 Rindermarkwürfelchen** | sowie |
| **Saft von ½ Zitrone** | |
| **je 1 Prise Salz und Cayennepfeffer** | |
| **3 El süßer Sahne** | abschmecken. Mit vollenden. |

* *Im Unterschied zu »Nieren à la bourguignonne« werden die »Nieren à la bordelaise« mit einem Bordeaux statt mit einem Burgunder zubereitet. Die Soße wird durch gewürztes Rindermark verfeinert. Auf Speck und Champignons sollte verzichtet werden.*

*Michel:* »Mir fällt gerade was Gutes ein – glaube ich jedenfalls.« *Marcello:* »Na, hoffentlich ist es was Gutes. Ich bin geil!« *Ugo:* »Wahrscheinlich hat er sich ein ungeheures Menü einfallen lassen. Ein Hurenmenü!« *Michel:* »Also ich wiederhole

# 16 HUMMER MIT KNOBLAUCHSOSSE À L'AMÉRICAINE

noch mal: großes fettes und mageres Ragout, offeriert von vier gierigen Gourmets, serviert für drei versaute, geile Weiberfräulein in zwölf Gängen. Klingt gut, nicht? Danach eine Lyra aus Langusten à la Mozart auf Reisbett. Danach Hummer Roskoff mit einer Knoblauchsoße à l'américaine à la Madeleine.« (Video 1620)

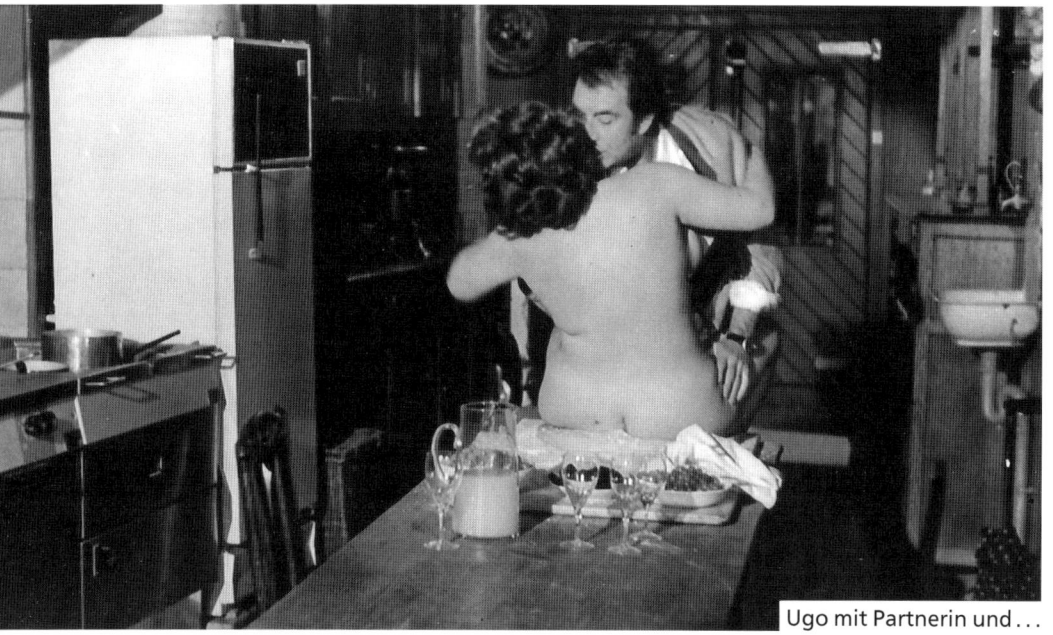

Ugo mit Partnerin und...

### Hummer mit Knoblauchsoße à l'américaine*
(für 3 Personen)

| | |
|---|---|
| 3 Hummer von ca. 500 g | in Stücke schneiden. Den Schwanz abdrehen, das grüne Hummermark vom Rücken aus dem Körper nehmen und mit etwas weicher Butter vermischen. Die Stücke in einem Gemisch aus |
| 3 El Öl und 20 g Butter | zusammen mit |
| 3 gehackten Zwiebeln | und |
| 3 zerdrückten Knoblauchzehen | |
| 5 gehackte Schalotten | andünsten, bis sie sich röten. beifügen, mit |
| 1 Schuß Cognac | flambieren und mit |
| 0,3 l Weißwein | ablöschen. |

| | |
|---|---|
| 8 große, geviertelte Tomaten | sowie |
| 1 Kräuterbündel | und |
| 1 El Estragon | |
| 0,5 l Fischfond (Fertigprodukt), | |
| Salz und Pfeffer | dazugeben. Das Ganze zugedeckt ungefähr 20 Minuten köcheln lassen. Stücke dann herausnehmen und anrichten. Den Fond einkochen, mit dem Butter-Mark-Gemisch binden, passieren. Die Soße über die Hummerstücke gießen, mit |
| frisch gezupftem Estragon | bestreuen. |

## ... à la Madeleine

Für den, der es mag. Eine fertige Kraftsoße (Demi-glace) als verfeinerte braune Grundsoße hinzugeben: Dazu

| | |
|---|---|
| 0,2 l braune Grundsoße | mit |
| 0,1 l Kalbsfond (Fertigprodukt) | |
| 1 Tl Fleischextrakt | verrühren, um ein Drittel einkochen, mit und |
| 2 geeisten Butterstückchen | vollenden. |

\* Über den »Hummer/Homard à l'américaine« streiten sich die Kochkapazitäten. Der frühere französische Kochpapst Fürst Curnonsky hält z. B. nichts von der Interpretation, das Gericht müsse eigentlich »à l'armoriquaine« (auf bretonische Art: Armorica ist die alte Bezeichnung für die Bretagne zur Römerzeit) heißen. Also hier: »à l'américaine«, was ursprünglich eine Zufallskreation für amerikanische Paris-Touristen gewesen ist.

... Marcello mit Gespielin bei Essensvorbereitungen in der Küche

*Philippe:* »Eine Pizza provençale!« ***Andrea:*** »Mit dem ganzen Duft der Heide!«\*
*Philippe:* »Dazu der Glanz deiner Augen!« ***Hure:*** »Ich finde euch widerlich, grotesk und dekadent! Warum eßt ihr soviel, ihr habt gar keinen Hunger! Soviel frißt nicht einmal ein primitives Tier!«

### *Pizza provençale*\*\*
(je 1 Portion)

| | |
|---|---|
| | Der fertige Teig wird in einer der allgegenwärtigen Pizzerien gekauft. |
| **Für den Pizza-Belag:** | |
| **100 g Zwiebeln** | schälen und in Scheiben schneiden, in einer Pfanne mit |
| **3 El Olivenöl,** | |
| **3 Knoblauchzehen** | und |
| **1 Zweig Thymian** | oder |
| **Rosmarin** | so lange dünsten, bis das hinzugegebene Wasser (ca. 0,1 l) verdampft ist. Den Backofen auf 175 Grad vorheizen, den Teig auf das eingefettete Backblech legen, die Zwiebeln darübergeben, mit |
| **2 El Olivenöl** | beträufeln und in 20 Minuten backen. Vor dem Servieren mit |
| **8 Anchovisfilets** | und |
| **100 g schwarzen Oliven** | belegen und noch einmal knapp 10 Minuten backen lassen. |

\* *Ein Synchronisationsfehler in der deutschen Fassung. Gemeint sind natürlich die Felder mit Lavendel, Thymian und Rosmarin, die man in der Provence überall sieht und riecht. Nur Parfümlavendel wird kommerziell angebaut, sonst überall meist Wildwuchs.*

\*\* *Die »Pizza provençale« wird oft auch »Pissaladière« oder, nahe der italienischen Grenze, »Pizzaladiera« genannt.*

# Casanova

Casanova Part 1 & 2. USA 1987. R: Simon Langton. D: Richard Chamberlain (Giacomo Casanova), Faye Dunaway (Herzogin), Ornella Muti (Marquise de Beauvois), Hanna Schygulla (Casanovas Mutter).

- *Der erste Teil des Films erzählt rückblickend, in biographischer Chronologie, bekannte Episoden aus dem Leben des Frauenhelden, der auch ein Kritiker der staatlichen Obrigkeiten war. Aus diesem Grund sitzt er in der folgenden Sequenz wieder einmal im Gefängnis. Nach vergeblichen Fluchtversuchen ist es ihm gelungen, mit einem Leidensgefährten, dem Mönch Balbe, Kontakt aufzunehmen, der ihnen beiden die Flucht ermöglichen soll. Mit Hilfe in Bücher eingeschriebener Kassiber entwickelt sich der heimliche Dialog zwischen den Gefangenen.*

Wieder steht ein Büchertausch an. In Casanovas Zelle: **Casanova:** »Hervorragend! Die heilige Bibel! Ein Geschenk für meinen Freund Balbe, in Dankbarkeit für seine Güte, mir Bücher zu schicken.« **Wärter:** »Er muß sie doch kennen, auswendig! Aber von mir aus, bitte.« **Casanova:** »Nein halt, warte. Dieser Balbe, du sagst, er ißt gern und viel?« **Wärter:** »Zeig mir einen Mönch, der das nicht tut!« **Casanova:** »Dann koch' ich ihm etwas Besonderes: Spaghetti Casanova! Dazu brauche ich: Madeira, eine Muskatnuß, Tomaten, Butter, Gruyère, Parmesan, Foie gras und... Trüffel, ähhh, weiße Trüffel, verstanden?« Schnitt. Casanova hat in der Gefängnisküche gekocht. Schon gießt er die Tomatensoße über eine stattliche Steinschüssel, in der die Spaghetti dampfen. **Wärter:** »Hmmh! – scheint was Besonderes zu sein, das duftet herrlich!... Bravo!« **Casanova:** »Und nun noch eine kleine Raffinesse!« (Er streut den geraspelten Parmesankäse über die Soße.) **Wärter** (trägt die Schüssel hinaus und schnuppert begeistert daran): »Uhhh... herrlich!«

Lebemann mit Spezialrezept

## 20 SPAGHETTI CASANOVA

Gleicher Gourmet, anderer Casanova (D. Sutherland in Fellinis Film)

### Spaghetti Casanova
(pro Person)

100 g Foie gras (Gänsestopfleber oder Gänseleberpastete) würfeln, mit
1 Fleischtomate, gehäutet, entkernt und gewürfelt,
0,1 l Fleischbrühe und einem kräftigen Schuß
Madeira vermengen. Mit
Salz, Pfeffer und
Muskat würzen. Im Wasserbad ca. 20 Minuten erhitzen.

ca. 120 g Spaghetti in viel Salzwasser »al dente« kochen. In eine vorgewärmte Schüssel geben und
50 g Butter unterheben. Die Gänselebersoße mit frisch geriebenem

Gruyèrekäse (Greyerzer Hartkäse) und
25 g gehackten weißen
Trüffeln vervollkommnen und über die Spaghetti geben, am Schluß mit
geriebenem Parmesan bestreuen und sofort servieren.

# Kollege kommt gleich

Garçon! Frankreich 1983. R: Claude Sautet. D: Yves Montand (Oberkellner Alex), Nicole Garcia, Jacques Villeret, Rosy Varte, Dominique Laffin, Marie Dubois, Bernard Fresson.

*Oberkellner Alex ist mit seinem Charme, seiner Beweglichkeit, seiner Intelligenz unschlagbar. Er meistert jede kritische Situation. Dennoch ist er mit seinem Beruf unzufrieden und denkt nur noch an den Bau eines Kinderspielplatzes. Bis es soweit ist, spielt er weiterhin den weltgewandtesten Oberkellner, den die Leinwand je sah.*

Oberkellner Alex im Kreis seiner Gäste

In der Küche des Restaurants: **1. Kellner:** »Ein Chateau!« **Chefkoch:** »Was willst du? Ich versteh' kein Wort!« **1. Kellner:** »Ein Chateau!« **Chefkoch:** »Na, warum nicht gleich so! ... Kann ich dann die Jakobsmuscheln auftun?« **2. Kellner:** »Ja, aber das hier reicht erst mal.« **Chefkoch:** »Was für ein Chateau, bleu oder rouge?« **1. Kellner:** »Bleu!« **Chefkoch:** »Dann sag gefälligst: ein Chateau bleu! So, das kann raus.« (Video 625)

> **Chateau bleu**
>
> Französische Küchenchefs, wie in »Kollege kommt gleich«, braten das Chateau (Kellnerabkürzung für Chateaubriand) aus einem (doppelten) Rinderfilet von ca. 400 g in einer halbhohen Kupferpfanne, plat-à-sauter genannt. Sie besitzt einen massiven, gut wärmeleitenden Boden. Zum Braten verwenden sie eine Mischung aus Butter und kaltgepreßtem Olivenöl: Das Öl verhindert das Braunwerden der Butter und ermöglicht eine hohe Brattemperatur zum sofortigen Schließen der Fleischporen, die Butter gibt einen feineren Geschmack.
> Chateau(briand) bleu wird nur ganz schnell bei großer Hitze außen braun gebraten. Innen bleibt es bläulich-rot, blutig und kühl.
>
> Zum Chateau bleu kommt eine Soße, die aus
>
> | | |
> |---|---|
> | **dem Bratfond** | besteht, der mit |
> | **⅛ l Weißwein oder** | |
> | **Fleischbrühe** | abgelöscht und mit etwas |
> | **Sahne** | verfeinert wird. Soße so lange einköcheln, bis sie cremig und glänzend ist. Ganz zum Schluß mit dem Schneebesen |
> | **eisgekühlte Butterstückchen** | einarbeiten. Diesen Vorgang nennt man »montieren«: Die Soße soll »steigen« (frz. »monter«), um eine feine, cremige Konsistenz zu bekommen. Mit feingehackter, glattblättriger |
> | **Petersilie** | bestreuen und mit dem Fleisch servieren. |

Im weiteren Verlauf des Films:
*Weibl. Gast:* »Hähnchen mit Sauce américaine, was ist das?« *Oberkellner:* »Das ist ein Brathähnchen mit einer amerikanischen Sauce aus Tomaten, Schalotten, ein Tropfen Cognac und Weißwein, fein abgeschmeckt.« *Weibl. Gast:* »Geht das auch ohne Sauce américaine?« *Oberkellner:* »Die wird ohnehin getrennt serviert.« *Männl. Gast:* »Möchtest du nicht lieber Fisch, Sylvia?« *Weibl. Gast:* »Also, ich weiß nicht...« (Video 720) *Oberkellner:* »Heute haben wir Steinbutt mit Basilikum, nur ganz leicht mit Basilikum gedämpft.« *Weibl. Gast:* »Wo steht das?« *Oberkellner:* »Hier, Madame, auf der Tageskarte.« *Weibl. Gast:* »...mit Basilikum!...« *Oberkellner:* »Tja!...« *Weibl. Gast:* »Vielleicht sollte ich Fleisch nehmen.« *Oberkellner:* »Hier haben Sie die verschiedenen Grillgerichte und hier die Fleischgerichte.« *Weibl. Gast:* »Keine

Sauce, keine Sauce! Ich weiß doch wirklich nicht, was ich nehmen soll.« *Oberkellner:* »Aber ich bitte Sie!...« *Weibl. Gast:* »Also jetzt weiß ich's: Brathähnchen ohne alles!« *Oberkellner:* »Einmal Brathähnchen ohne alles. Und für Monsieur das Perlhuhn?« *Männl. Gast:* »Ja, ich bleib' dabei.« *Oberkellner:* »Wunderbar, vielen Dank. Kommt sofort.« (Video 735)

---

### *Brathähnchen mit Sauce américaine*
(für 4 Personen)

| | |
|---|---|
| 2 Schalotten | und |
| 1 Knoblauchzehe | kleinhacken. |
| 1 Brathähnchen (zum Braten besser: Poularde) | in vier Teile zerlegen, in einer Kasserolle mit |
| 4 El Olivenöl | bräunen, leicht mit |
| Mehl | bestäuben. Gehackte Schalotten und Knoblauchzehe kurz mitdünsten. Nacheinander |
| 0,2 l Weißwein, 0,1 l Hühnerbrühe, 1 kl. Dose Tomatenmark, 1 Lorbeerblatt, je 1 Prise Salz und Pfeffer | |
| etwas Basilikum | sowie dazugeben. Eine Stunde auf kleiner Flamme kochen. Mit |
| 1 Schuß Cognac | abschmecken. |

Dazu einen grünen Salat reichen.

---

### *Steinbutt mit Basilikum bzw. Basilikumsoße*
(pro Person)

| | |
|---|---|
| 1 Steinbutt von ca. 300 g | waschen und trockentupfen. |
| 1–2 Basilikumzweige | unter den gebutterten Dampfeinsatz* eines Fischtopfs legen. Den Steinbutt auf den Einsatz legen. Mit |
| Fischfond (Fertigprodukt) 0,1 l Weißwein | und angießen. In ca. 20 Minuten bei milder Hitze garen. Garprobe, ob sich die Rückengräte leicht vom Fleisch löst. |

\* *Von einem gebutterten Einsatz gleitet der Fisch leichter auf den vorgewärmten Teller zum Servieren.*

*Basilikumsoße*
(für 4 Personen)

| | |
|---|---|
| 3 Schalotten | feinhacken, ebenso je nach Geschmack |
| 15–20 Basilikumblätter, | |
| ½ El Butter | beides mit in einer Kasserolle kurz anschmoren. |
| 1 El Essig | und |
| 4 El trockenen Weißwein | dazugießen und bis auf einen Eßlöffel Flüssigkeit einkochen. Vom Herd nehmen und kurz abkühlen lassen. |
| Einige Butterflöckchen ca. 10 gehackte Basilikumblätter | und mit dem Schneebesen dazugeben. Die Butter darf dabei nicht ausflocken, sie muß von der cremeartigen Soße ganz aufgenommen werden. Also nicht zu große Flöckchen nehmen und darauf achten, daß die Soße nicht kocht! Die Soße mit |
| je 1 Prise Cayennepfeffer und Salz | abschmecken, noch einmal erhitzen und sofort über den inzwischen fertigen oder nach Fertigstellung warmgestellten Steinbutt gießen. Das Gericht mit einigen |
| Basilikumblättern | garnieren. |

# *Tampopo*

Tampopo. Japan 1985. R: Juzo Itami. D: Tsutomu Yamazaki (Goro), Nobuko Miyamoto (Tampopo), Koji Yakusho (Dandy), Fukumi Kuroda (seine Braut), Ken Watanabe (Gun).

- *Ein Filmessay über ein japanisches Heiligtum:*
- *Nudelsuppe. In Episoden erzählt der Film ironisch und satirisch von verschiedenen Personen, deren Hauptthemen Essen und Eros sind.*
- *Zwei Trucker stehen im Mittelpunkt, zu ihnen gesellt sich die spätere »Königin der Suppenküchen«.*

Anfang des Films:

**Junger Mann** (erzählt): »An einem wunderschönen Tag war ich in Begleitung eines alten Herrn in die Stadt gegangen. Dieser Herr hatte seit vierzig Jahren Nudelsuppen studiert. Jetzt wollte er mir beibringen, wie man eine solche Nudelsuppe richtig zu essen hat...« *Junger Mann:* »Meister, fängt man beim Essen mit der Suppe an, oder fängt man besser mit den Nudeln an?« *Alter Mann:* »Du mußt zunächst einmal die ganze Schale betrachten! Dann mußt du die Dämpfe, die aus der Schale aufsteigen, einatmen. Und dabei das Bild intensiv ansehen. Auf der Oberfläche der Suppe schwimmen viele Ölperlen, verführerisch grinsen die chinesischen Bambussprossen. Inzwischen sind die Algen in der Suppe aufgequollen. In der Mitte der Schale liegen malerisch die geschnittenen Frühlingszwiebeln. Jetzt kommen wir zum Wichtigsten: denn vor allem sind die drei gebratenen Schweinefleischscheiben, die ruhig in der Suppe schwimmen, die Hauptdarsteller. Also nun beginnen wir zunächst einmal damit, daß wir mit den Spitzen der Stäbchen die Oberfläche der Nudelsuppe berühren, so, als wollten wir sie zärtlich streicheln.« *Junger Mann:* »Wozu macht man das?« *Alter Mann:* »Das ist eine Liebeserklärung an die Nudelsuppe.« *Junger Mann:* »Aahh!« *Alter Mann:* »Als nächstes führen wir die Spitzen der Stäbchen in Richtung des gebratenen Schweinefleischs.« *Junger Mann:* »Wir beginnen also mit dem Schweinefleisch?« *Alter Mann:* »Dieser Prozeß dient einzig und allein der Berührung! Wir heben mit den Stäbchen liebevoll das Schweinefleisch hoch und legen es rechts an den Rand der Schale, so daß es allmählich in die Suppe taucht. Nunmehr kommt das Allerwichtigste des gesamten Vorgangs: In diesem Moment mußt du das Schweinefleisch um Verzeihung bitten, indem du es anblickst und ihm zuflüsterst: bis bald!« *Junger Mann:* »Bis bald, was soll denn das wieder heißen?« *Alter Mann:* »Nun denn, es wäre jetzt wohl an der Zeit, mit den Nudeln anzufangen.« (Der junge Mann packt die Nudeln mit den Stäbchen und zieht sie schlürfend in den Mund.) *Alter Mann:* »O nein, so ist es unmöglich! Während du die Nudeln schlürfst, muß du unentwegt deinen Blick auf die drei gebratenen Schweinefleischscheiben in der Schale richten.« *Junger Mann:* »Ja, gut.« *Alter Mann:* »Dieser Blick muß voller Zuneigung sein.« *Der junge Mann erzählt weiter:* »Darauf nahm der alte Herr ein Stück von den chinesischen Bambussprossen, steckte es behutsam in den Mund und aß es voller Genuß. Nachdem er es heruntergeschluckt hatte, nahm er eine kleine Menge Nudeln, und während er diese kaute, nahm er dazu noch eine chinesische Bambussprosse. Erst dann hat er zum erstenmal die Suppe geschlürft. Und das dreimal hintereinander. Dann hat er seinen Körper aufgerichtet, tief durchgeatmet, danach mit großer Entschlossenheit eine Scheibe von dem gebratenen Schweinefleisch mit seinen Stäbchen hochgenommen und damit dreimal zärtlich auf den Rand der Suppenschale geklopft...« *Junger Mann:* »Meister, was bedeutet dieses Klopfen?« *Alter Mann:* »Nur, daß ich die Suppe habe abtropfen lassen.«

## Japanische Nudelsuppe
(für 4 Personen)

Wie der Film thematisiert, gibt es für diese Suppe so viele Rezepte, wie es Köche gibt. Und jeder Koch hält sein Rezept für den Inbegriff des kulinarischen Nationalheiligtums. »Tampopo« zeigt Stufen der kochtechnischen Annäherung an die »ideale« Nudelsuppe auf.
Eine mögliche Zubereitungsart ist – auf der Basis der Filmsequenz – die folgende. Das wichtigste dabei ist, daß die Suppe klar sein muß. Sie darf deshalb weder zu lange noch zu heftig gekocht werden. Kocht sie einmal, muß die Hitze sofort so klein gestellt werden, daß die Suppe nur noch simmert, bis sie fertig ist.

Pro Person:

| | |
|---|---|
| **3 dünne Scheiben Schweinefilet** | bereitstellen. |
| **60 g Udon-Nudeln** | (im Spezialgeschäft, ersatzweise dünne Spaghetti) in Wasser einweichen, |
| **4 Frühlingszwiebeln** | vorbereiten.* |
| **100 g Bambussprossen** | in dünne Scheiben schneiden. |
| **0,6 l Brühe** | (am besten eine Dashi**-Grundbrühe) und |
| **0,4 l Wasser** | kurz zum Kochen bringen, das Fleisch, das in wenig |
| **Öl (geschmacksneutral)** | leicht angebraten wurde, und |
| **Bambussprossen** | hinzufügen und zugedeckt knapp 10 Minuten schwach simmern lassen; die letzten fünf Minuten zusammen mit den eingeweichten und abgetropften Udon-Nudeln. |
| **1 El Sojasoße** | und |
| **1 El Sesamöl*** | hinzugeben, dann mit |
| **Salz und Pfeffer** | würzen. Mit den zerteilten |
| **Frühlingszwiebeln** | garnieren. |

*Die grünen Teile der Frühlingszwiebeln in ca. 5 cm lange Stücke schneiden. Die weißen Teile (mit einem Stück Grün daran) werden von vorn so eingeschnitten, daß sie sich, wenn man sie ca. 10 Minuten in Eiswasser legt, wie Blumen entfalten.
** »Dashi« ist die Basis klarer japanischer Suppen. Sie soll nur im Notfall von einer leichten Hühnerbrühe oder einer aus Suppengemüsen und Schinkenknochen hergestellten Brühe ersetzt werden. Die Zutaten für Dashi sind in Gewürzhäusern und manchen Kaufhaus-Spezialabteilungen erhältlich:
1 l Wasser wird mit einem 6 cm$^2$ großen Stück Kombu (eine Algenart) zum Kochen gebracht. Kombu wird herausgenommen und 3–4 El Katsuobushi (getrocknete Fischspäne) werden dazugegeben. Die kochende Brühe vom Feuer nehmen. Abwarten, bis sich die Fischspäne gesetzt haben. Dann die fertige Brühe abgießen.
*** Sesamöl wird in asiatischen Küchen als Gewürz verwendet.

# Maybe Baby

Maybe Baby. USA 1988. R: John G. Avildsen. D: Molly Ringwald (Darcy Elliot), Randall Batinkoff (Stan Bobrucz), Miriam Flynn (Mrs. Elliot).

*Die 18jährige Darcy ist schwanger, ohne es zunächst zu wissen. Später wird sie sich entgegen den Erwartungen ihrer Eltern und Freunde entschließen, das Kind auszutragen – danach kann sogar geheiratet werden.*

In der folgenden Szene sitzt das noch unwissende Mädchen mit der Mutter beim Essen. *Mutter:* »Wie findest du den Wein?« *Darcy:* »Nun, ich suche ihn auf dem Tisch, und... Da ist er auch schon.« (Beide lachen) *Mutter:* »Ich hole jetzt die ›pièces de résistance‹.« Darcy lüftet den Deckel der Schüssel. *Darcy:* »Oh, was ist das?« *Mutter:* »Coq au vin!« (Darcy sieht Hühnerteile in einer Flüssigkeit schwimmen, ihr wird übel.) *Mutter* (ruft der davonrennenden Tochter nach): »Darcy, es gibt auch noch andere Dinge im Leben als Big Macs!«

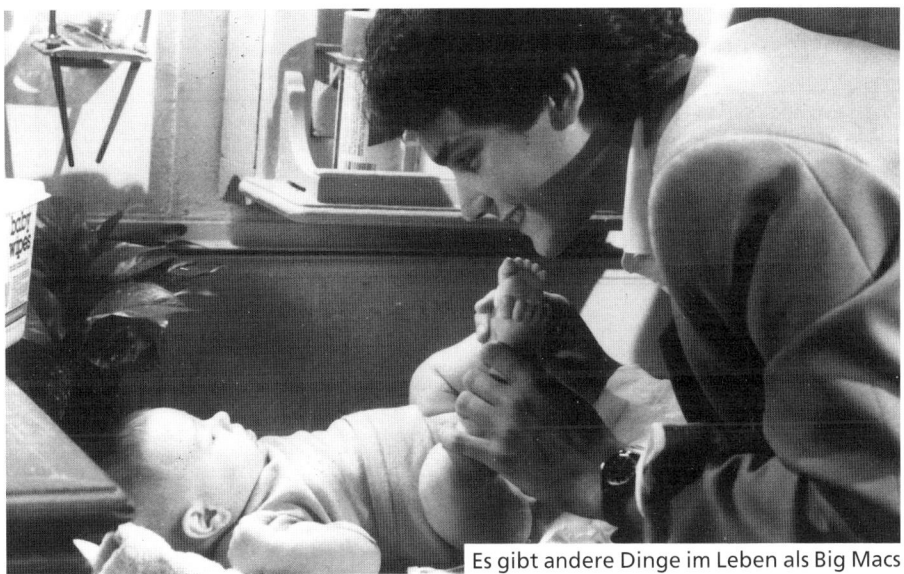

Es gibt andere Dinge im Leben als Big Macs

## Hähnchen in Wein/Coq au vin
(für 2 Personen)

| | |
|---|---|
| 1 Poularde | vierteln. |
| 2 El Öl und | |
| 20 g Butter | in einer Pfanne erhitzen. |
| 250 g Zwiebeln | hacken, |

# 28 HÄHNCHEN IN WEIN

| | |
|---|---|
| 250 g geräucherten Brustspeck | klein würfeln und beides glasig dünsten. Das Bratfett in eine Kasserolle abgießen. Zwiebeln und Speck warm stellen. Die Hähnchenteile im Bratfett von allen Seiten anbraten. Mit |
| 2 cl Cognac | flambieren. Mit |
| 1 El Mehl | bestäuben und wenden. |
| 0,5 l Riesling* | zugießen. |
| 1 Kräutersträußchen (Petersilie, Rosmarin, Lorbeerblatt) | dazugeben, mit |
| 2 Tl Zucker, Salz und Pfeffer | nach Geschmack würzen. Kurz aufkochen, dann zugedeckt bei milder Hitze ca. 25 Minuten garen. |
| 250 g Champignons | in |
| 10 g Butter | dünsten. Die Hähnchenteile auf einer vorgewärmten Platte anrichten und mit Zwiebeln, Speck und Champignons garnieren. Die entfettete, durchgesiebte Sauce darübergießen. Die Platte für einige Minuten in das mittelheiße Bratrohr stellen. |
| Weißbrotwürfel | in etwas Butter rösten und als Garnitur über das Gericht geben. |

*Die elsässische Variante des »Coq au vin« ist auf Speisekarten als Coq au Riesling zu finden. Bei weniger zeitaufwendigen Zubereitungen werden Zwiebeln, Speck und Champignons mitgeschmort, also nicht als getrennte Garnitur behandelt. Auch die Weißbrotwürfel sind nicht obligatorisch.
Bei anderen Zubereitungen nimmt man roten Burgunder.*

Warten auf Coq au vin

# Down by Law

Down by Law. USA 1986. R, B: Jim Jarmush. K: Robby Müller. M: John Lurie, Tom Waits. D: John Lurie (Jack), Tom Waits (Zack), Roberto Benigni (Bob).

*Ein Zuhälter, ein Tagträumer und ein Phantast aus Italien, der einen Mann unabsichtlich mit einer Billardkugel erschlug, fliehen auf wunderbare Weise aus einem Gefängnis in New Orleans. Doch in den Sümpfen des Mississippideltas fangen ihre Probleme erst richtig an. Hungrig, durstig und erschöpft, zerstreitet sich das Trio und trennt sich. Doch als Roberto ein Kaninchen fängt, wendet sich das Geschehen wieder. Man kommt doch noch zusammen und erlebt ein kleines Wunder.*

Roberto sitzt am Feuer, Zack und Jack haben sich nach ihrem gemeinsamen Ausbruch geprügelt und sind sauer, jeder für sich ist in den Sumpf gelaufen: **Roberto:** »Jack, Zack, warum laßt ihr mich allein? Ich brate das Kaninchen! Nach einem alten Rezept von Isolina, meiner Mutter! Mit Rosmarin, Olivenöl, Knoblauch. Und vielen Geheimnissen von Isolina.« Die beiden Gefährten kehren daraufhin ans Feuer zurück und beginnen gierig zu essen.

Jack, Bob und Zack – auf Knastdiät gesetzt

## Kaninchen à la Isolina
(für 3 bis 4 Personen)

Exaktes über die »vielen Geheimnisse von Isolina« verrät uns der Film nicht. Aber es könnte sich um jene handeln, die das nachfolgende typisch italienische Rezept »Wildkaninchen mit Rosmarin, Olivenöl und Knoblauch« enthält.
Im Gegensatz zu dem des Stallhasen ist das Fleisch des Wildkaninchens heller, schmeckt jedoch auch kräftiger. Es kann leicht süßsauer schmecken, eine entsprechende Beize verändert das.

| | |
|---|---|
| 1 Kaninchen (ca. 1,6 kg) | in 6 Stücke schneiden, waschen, abtrocknen, dabei alle eventuellen Knochensplitter sorgfältig entfernen. |
| 6 El Olivenöl, Saft von 1 Zitrone 1 El Weinessig | und zu einer Vinaigrette, einer würzigen, kalten Kräutersoße, rühren. |
| 5 Salbeiblätter 1 Rosmarinzweiglein 2 Knoblauchzehen 10 Wacholderbeeren 2 Lorbeerblättern | und kleinhacken, schälen und zusammen mit zerdrücken. Mit zusammen in die Marinade geben. Die Kaninchenteile darin, mindestens drei Stunden, unter mehrmaligem Wenden marinieren. Danach das Fleisch herausnehmen, abtropfen lassen, beidseitig braun anbraten und mit der Marinade ablöschen. In eine Kasserolle geben, diese mit einem Deckel gut verschließen, in den auf 180 Grad vorgeheizten Backofen stellen und 45 Minuten lang schmoren lassen. |
| 0,15 l Rotwein (gehaltvollen, würzigen) | aufgießen. Im offenen Topf bei mittlerer Hitze so lange kochen lassen, bis das leicht gebräunte Fleisch in nur noch ganz wenig Flüssigkeit liegt. |

Als Beilage empfiehlt sich Polenta.

## Polenta
(für 4 Personen)

| | |
|---|---|
| 200 g Maisgrieß<br>0,5 l kochendes Salzwasser | in streuen und unter Rühren zu einem dicken Brei kochen.* Auf einem Brett glattstreichen (etwa 1 cm dick). Rauten oder Vierecke ausschneiden und in |
| 2 El Butter<br>1 El Öl | und ausbacken. |

*\* Dies ist die einfache Variante, Polenta kann z. B. durch Zugabe von Parmesan oder anderen Käsesorten verfeinert werden.*

# Babettes Fest

Babettes Gästebud. Dänemark 1987. R: Gabriel Axel. D: Stéphane Audran (Babette), Jean-Philippe Lafont (Achille Papin), Jarl Kulle (alter Löwenhjelm), Bodil Kjer (alte Filippa), Birgitte Federspiel (alte Martine).

Die Tafel der Pietisten

*Ende des 19. Jahrhunderts halten zwei alt gewordene Töchter eines verstorbenen Propstes eine pietistische Gemeinde mitten im abgelegenen norwegischen Beerlevaag-Fjord zusammen. Zu ihnen stößt eines Wintertages die geheimnisvolle Babette, geniale und berühmte, aber hier anonyme Köchin aus Paris, die nun als Exkommunardin auf der Flucht ist. Unversehens gewinnt diese Babette in der Lotterie 10 000 Franc und bereitet aus Dankbarkeit gegenüber den beiden Schwestern ein Diner für zwölf Personen, zu dem die asketischen Gemeindemitglieder geladen werden, die der sinnlichen Lust abgeschworen haben. Der General Löwenhjelm erkennt als einziger die Raffinesse der fünf Gänge.*

*Die ignoranten Pietisten jedoch verspeisen stumm alle aufgetafelten Köstlichkeiten wie trocken Brot und merken nur am Ende, trunken von inneren Wonnen, die sie sich kaum erklären können, daß der Sternenhimmel über dem Beerlevaag-Fjord ihnen ein wenig näher gerückt ist.*

## Mockturtlesuppe*
(für 12 Personen)

| | |
|---|---|
| 1,5 kg Kalbskopf<br>1 Karotte,<br>1 Scheibe Sellerie,<br>2 Stengeln Thymian,<br>1 Lorbeerblatt,<br>1 Bund Petersilie,<br>1 Stange Lauch,<br>100 g Champignonköpfen<br>1 Prise Salz<br>2 l Wasser | waschen, zusammen mit<br><br><br><br><br><br><br><br>und<br>in<br>bei kleiner Hitze köcheln, bis die Zutaten weich sind. Den Kalbskopf herausnehmen und kalt stellen. Die Brühe durch ein Sieb passieren und auf ca. 1,5 l einkochen. |
| 0,5 l Kalbsfond (Fertigprodukt) | dazugeben, kurz aufkochen. |
| 1 El Schildkrötenkräuter** | in einen Leinenbeutel füllen und 5 Minuten kräftig in der Brühe ziehen lassen. Mit |
| 1 Schuß Madeira<br>1 Prise Cayennepfeffer | und<br>abschmecken.<br>Die verwendbaren Teile des Kalbskopfs in Würfel schneiden und als Einlage in die Suppe geben. Als weitere Einlage |
| Kalbfleischklößchen oder Hühnerklößchen (Fertigprodukte) | in die Suppe geben. |

\* Mockturtlesuppe von engl. mock = nachgemacht, unecht; turtle = Schildkröte, also eine nachgemachte Schildkrötensuppe, die mit einer echten Schildkrötensuppe durchaus wetteifern kann.
\*\* Schildkrötenkräuter bestehen aus Basilikum, Majoran, Bohnenkraut, Rosmarin, Salbei, Thymian, etwas Koriander, Lorbeerblatt, einigen Pfefferkörnern, frischer Petersilie und abgeriebener Zitronenschale. Man kauft sie entweder als fertiges Bündel oder stellt die Mischung selbst zusammen.

## Blinis »Demidoff«
(für 12 Personen)

| | |
|---|---|
| 800 g Kartoffeln | schälen und mit einer Raspel halb grob, halb fein in eine Schüssel reiben. |
| 250 g Zwiebeln | schälen und ebenfalls fein hineinreiben, dazu |

| | |
|---|---|
| 3 Eier | hineinschlagen und mit |
| Salz und Pfeffer | abschmecken. Alles gut vermischen. In einer Pfanne erhitzen und darin 24 Blinis goldgelb backen. Die Blinis auf ein Küchentuch legen und auf jedes |
| 5 g Kaviar* | geben. Auf warmen Tellern anrichten. Dazu in einer getrennten Sauciere |
| 200 g Crème fraîche | reichen. |

\* *Der teure Störkaviar kann durch preiswerteren Lachs- oder Forellenkaviar ersetzt werden.*

## *Wachteln im Sarkophag/Cailles en Sarcophage*
(für 8 Personen)

| | |
|---|---|
| (Tiefkühl-)Blätterteig | so formen und backen, daß »sarkophagähnliche« Pastetchen entstehen. Beiseite stellen. |
| 8 Wachteln | vom Rücken her auslösen, nur die Knochen an den Schenkeln belassen. Auf eine Platte legen, mit |
| 2 cl Cognac | und |
| Pfeffer aus der Mühle | marinieren. |
| 125 g rohe Gänsestopfleber | in 8 Streifen schneiden, mit |
| 2 cl Cognac | und |
| gemahlenem Pfeffer | marinieren. |
| 40 g schwarze Trüffeln | mit |
| 10 g Butter | in einer Pfanne kurz anschwitzen, mit dem nicht aufgesogenen Cognac der Stopfleber und der Wachteln flambieren. Die Wachteln mit der Leber und den Trüffeln füllen, mit |
| Salz | würzen und in die Pastetchenform geben. Mit einem Holzspieß zustecken und kalt stellen. |
| 2–3 El Tafelöl | in einem Topf erhitzen und die |
| Wachtelknochen | darin anbräunen. |
| 3 Schalotten | sowie |
| 1 Karotte | und |
| 50 g Sellerie | in Würfel schneiden und zu den Knochen geben, noch einmal leicht bräunen. Mit |
| 0,15 l Weißwein | ablöschen und einköcheln lassen. |
| 1 l Kalbsfond (Fertigprodukt) | dazugeben, langsam eine halbe Stunde lang köcheln lassen. Die Soße dann durch ein Sieb passieren. Mit |

| | |
|---|---|
| Salz | und |
| gemahlenem Pfeffer | abschmecken. |
| 8 Champignonköpfe | in |
| 20 g Butter | langsam bräunen, wieder mit |
| Salz | und |
| gemahlenem Pfeffer | würzen und warm stellen. |
| Je 20 g Butter | und |
| Speiseöl | in einer Pfanne erhitzen, die Wachteln auf den Brustseiten braun anbraten, danach im heißen Ofen bei 200 Grad 6–8 Minuten braten. Den |
| Blätterteig-»Sarkophag« | auf ein Backblech setzen. Je eine Wachtel nehmen, den Holzspieß entfernen und sie hineinlegen. Das Fett aus der Pfanne abgießen, mit |
| je 2 cl Cognac und Portwein | den Satz loskochen und zur Soße geben. Den |
| Blätterteig | mit den Wachteln nach ca. 3–4 Minuten in den heißen Backofen geben. Die Soße erhitzen und |
| 40 g eiskalte Butterwürfel | einschwenken. Die Wachteln im Blätterteig auf Teller legen, Champignonköpfe beilegen, mit wenig Soße übergießen. Den Rest der Soße in einer Sauciere getrennt servieren. |

## *Napfkuchen mit Rum/Baba au rhum*
(für 12 Personen)

| | |
|---|---|
| 500 g Mehl | in eine Schüssel sieben, eine Mulde in die Mitte drücken. In |
| 0,1 l lauwarmer Milch | |
| 20 g Hefe | auflösen und diese zusammen mit |
| 7 Eiern | in die Mehlmulde geben. Kurz mit der Hand verkneten, die Oberfläche mit |
| 300 g Butterflöckchen | belegen, abdecken und den Teig auf das Doppelte aufgehen lassen. |
| 3 El Salz, 25 g Zucker, 50 g Korinthen, 50 g Sultaninen | und |

| | |
|---|---|
| 0,3 l Rum | einarbeiten. Teig schlagen, bis er sich von der Schüssel löst. In 10 ausgebutterte kleine Näpfchen geben, die nur zu etwa einem Drittel gefüllt werden dürfen. Nachdem der Teig ganz aufgegangen ist, die Förmchen 30–40 Minuten bei 180 Grad im Ofen backen. Stürzen und mit einem *Riesling-Sabayon\** überziehen. Mit |
| Minze- oder Kerbelblättchen | garnieren. |

\* *Riesling-Sabayon wird während des Baba-Backens folgendermaßen zubereitet: 4 Eigelb mit 0,2 l Riesling und 100 g Zucker in einer Schüssel (möglichst über Wasserdampf) vorsichtig zu Schaum schlagen. Den Napfkuchen mit Rum servieren und mit dem Sabayon halb überziehen. Mit Kompottfrüchten garnieren.*

# *Victor, Victoria*

Victor/Victoria. USA 1982. R: Blake Edwards. D: Julie Andrews (Victoria Grant), Robert Preston (Toddy), James Garner, Lesley Ann Warren, Alex Karras.

- *Die Koloratursopranistin Victoria Grant sucht im Paris des Jahres 1934 erfolglos ein Engagement. Erst als der alternde Homosexuelle Toddy sie überredet, als Mann aufzutreten, läßt der Erfolg nicht auf sich warten.*

In der folgenden Szene ist jedoch daran noch nicht zu denken. Victoria hat seit vier Tagen nichts gegessen und beschließt daher, in einem Restaurant zu speisen und die Zeche zu prellen. Sie hat das Etablissement bleich und wegen der anregenden Gerüche einer Ohnmacht nahe betreten und sich gleich im Mantel an einen freien Tisch gesetzt. **Kellner:** »Was zu trinken?« **Victoria:** »Bringen Sie mir bitte die Weinkarte.« **Kellner:** »Wir haben einen weißen 34er, einen roten 34er – vorige Woche hatten wir auch einen Rosé, aber den verwenden wir für den Salat.« **Victoria:** »Welchen empfehlen Sie?« **Kellner:** »Der rote ist sechs Centimes billiger.« **Victoria:** »Dann nehme ich den weißen!« **Kellner:** »Ich möchte wetten, daß Sie Rockefeller sind.« Er bringt die Flasche Weißwein und schaut mit gespielter Irritation unter den Tisch. **Victoria:** »Suchen Sie was?« **Kellner:** »Ich dachte, Sie hätten einen Hund.« **Victoria:** »Einen Hund?!« **Kellner:** »Ich bin nur fünf Minuten fort gewesen, und da dachte ich, irgendwas hat Ihnen geholfen, das aufzuessen.« **Victoria:** »Es war köstlich!« **Kellner:** »Möchten Sie einen Salat?« **Victoria:** »Später. Das Hähnchen war so gut, daß ich vielleicht auch das Schweinefleisch probieren sollte!« **Kellner:** »Bitte.«

*Victoria:* »Dauert das lange?« *Kellner:* »Ungefähr eine halbe Stunde.« *Victoria:* »Was ist mit dem Bœuf bourguignonne?« *Kellner:* »Das ist fertig.« *Victoria:* »Dann nehme ich das und den Salat bitte hinterher.« *Kellner* (entkorkt die Flasche): »Sie wissen natürlich, daß Sie Anspruch haben auf zwei Salate?« *Victoria:* »Können Sie bitte beide auf einen Teller tun?« *Kellner:* »Ja, selbstverständlich.« Er schenkt Wein ein, sie zieht das Glas fort und trinkt gierig. *Victoria:* »Köstlicher Wein!« *Kellner:* »Vielleicht möchten Sie auch Ihre beiden Desserts aussuchen? Apfeltorte und Coupe Jacques würden gut zusammen passen.« (Video 750)

## *Rindfleisch Burgunder Art/Bœuf à la bourguignonne*
(für 4 Personen)

| | |
|---|---|
| **100 g geräucherten Speck** | in Scheiben schneiden. Mit der Hälfte der Scheiben einen gußeisernen Topf auslegen. Darauf die Hälfte von |
| **8 Karotten** und **250 g Zwiebeln,** | und beides in feinen Scheiben, auf dem Speck verteilen. |
| **750 g Rindfleisch aus der Hüfte** | in fingerdicke Scheiben schneiden; die Hälfte davon auf das Gemüse legen. Mit |
| **Salz und Pfeffer** **Knoblauchzehe** | sowie einer zerdrückten würzen. Die Prozedur in einer zweiten Lage wiederholen. |
| **250 g Champignons** | in feine Scheiben schneiden und auf dem Fleisch verteilen. Mit einigen Speckscheiben abschließen. |
| **2 cl Cognac und** **0,5 l roten Burgunder** | angießen. Im vorgeheizten Backofen bei milder Hitze* 2½ Stunden schmoren. |

\* *Um das Aroma des Weins zu erhalten, ist sanftes Schmoren in einem fest schließenden Topf wichtig.*

## *Apfeltorte/Tarte Tatin*
(für 8 Personen)

Am einfachsten nimmt man einen fertigen, tiefgekühlten Mürbeteig. Wer diesen selbst zubereiten möchte, reibt mit den Handflächen

| | |
|---|---|
| 250 g Mehl | und |
| 150 g Butter | in Flecken zu einem trockenen Teig, arbeitet |
| 1 Ei | darunter und |
| 100 g Zucker | und würzt mit |
| 1 Tl Salz. | Der Teig wird in ein Leintuch eingeschlagen und mindestens 1 Stunde kühl gestellt. Inzwischen in einer Kasserolle |
| 200 g Butter | schmelzen lassen (nicht bräunen). |
| 120 g Zucker | und |
| 2 kg Äpfel, | geschält, entkernt und geviertelt, dazugeben und leicht karamelisieren lassen. In einer flachen Kuchenform verteilen, mit |
| 80 g Zucker | und |
| 1 Päckchen Vanillezucker | bestreuen, im vorgeheizten Backofen weiter karamelisieren. Den Teig dünn ausrollen und die Form damit abdecken. Einige Löcher in die Teigoberfläche stechen. Bei starker Hitze im Backofen backen, bis der Teig anbräunt (ca. 25 Minuten). Mit Alufolie abdecken und noch ca. 10 Minuten bei mäßiger Hitze weiterbacken lassen. Nach dem Herausnehmen die Backform 10 Minuten auf ein nasses Tuch stellen, dann noch einmal ganz kurz stark erhitzen und stürzen.* Bei Tisch zerteilen. |

*Spezialisten verzieren die Oberfläche der Tarte Tatin mit Teigresten.*

## *Coupe Jacques*
(für 4 Personen)

| | |
|---|---|
| 2 El Kirschlikör | in eine Schüssel geben. Darin |
| frisches Obst: 100 g Erdbeeren, 50 g Kirschen, 2 gehäutete Pfirsiche Erdbeereis und Zitroneneis | ca. 1 Stunde ziehen lassen. Je eine Kugel in ein Glas geben, das mit Kirschlikör getränkte Obst darübergeben. Den Rest des Kirschlikörs darübergießen und mit |
| süßer Sahne Vanillezucker | und ein wenig krönen. |

# Perfect Match

Perfect Match. USA 1987. R: Mark Deimel. D: Marc McClure (Tim), Jennifer Edwards (Nancy), Diane Stilwell, Rob Paulsen.

* Der verschrobene, sensible Junggeselle Tim hat Probleme mit den Frauen. Eines Tages lernt er über eine Anzeige die verschrobene, sensible Nancy kennen. Beide verabreden sich zum Essen und tasten sich vorsichtig aneinander heran.

Im Restaurant: **Kellner:** »Äh... mit welchem Hors d'œuvre möchten Sie beginnen?« **Tim:** »Auf keinen Fall mit Pferd.« **Kellner:** »Hm... unser Kaviar ist vorzüglich, frisch aus der See.« **Nancy:** »Oh, offen gestanden, ich glaube nicht, daß ich mich dazu überreden lassen kann, schwarze Fischeier zu essen. Ich habe eine Schwarze-Fischeier-Allergie.« **Kellner:** »Äh... Schnecken sind auch superb. Sautiert in köstlicher französischer Knoblauch-Butter-Sauce.« **Nancy:** »Niedliche, liebe Tierchen, die ihre Häuser auf den Schultern tragen, sollte man nicht in Knoblauch tränken!« **Tim:** »Dann schlage ich vor, daß wir mit einem kalten Bauernsalat anfangen.« **Nancy:** »Das klingt sehr gut!« **Kellner:** »Das hätte mir selber ja auch einfallen können!... Und als Hauptgericht?« **Tim:** »Da verlassen wir uns ganz auf Sie. Können Sie uns was empfehlen?« Kellner schüttelt verneinend den Kopf. **Tim:** »Hast du schon was entdeckt?« **Nancy:** »O ja, ich glaube, ich nehme die gebackene Kartoffel.« **Kellner:** »Aha! Buttergesäuert in Sahne oder geschnitten in Lauch?« **Nancy:** »Ja bitte!« **Kellner:** »Aha! Einmal ›ja bitte‹. ›Ja bitte‹ ist eine feine Wahl, Madame. Und für Sie, Sir?« **Tim:** »Ich hätte gern ein paar Informationen über...« (hebt die Speisekarte hoch und tuschelt dahinter mit dem Kellner): »...Es ist unser erstes Rendezvous!...« **Kellner:** »Möchten Sie sie wiedersehen?« **Tim:** »Bitte, ja!« **Kellner:** »Dann Vorsicht mit der Bestellung!« **Tim:** »Der falsche Hase?« **Kellner:** »Nein! Sie denkt sofort an Osterhase und fängt an zu weinen.« **Tim:** »Mit Orange!« **Kellner:** »Zu gefährlich. Sie denkt an ihre Quietscheente. Und wer will schon Quietscheente mit Orange!« **Tim:** »Aha!« Beide kommen wieder hinter der Speisekarte hervor. **Kellner:** »Also, haben Sie sich für das Kalbfleisch entschieden, Sir?« **Tim:** »Nein, das war doch hier eins tiefer, hier unten!« **Kellner:** »Das war die große Spare Rib.« **Tim:** »Die spar' ich mir. Mm... vielleicht bekommt mir das hier!« **Kellner:** »Das Weiße-Hai-Steak!« **Tim:** »Ich bin sicher, der ist nur in Notwehr geangelt worden!«
(Video 1420)

## Sautierte Schnecken in Knoblauch-Butter-Soße französische Art

(pro Person)

| | |
|---|---|
| **6–12 Weinbergschnecken** (fertig geputzt aus der Dose*) **ca. 100 g Butter** | in einer Schneckenpfanne mit 10 Minuten bei mittlerer Hitze in den vorgeheizten Ofen stellen. Währenddessen die |
| **Knoblauch-Butter-Soße** | herstellen: |
| **2 Knoblauchzehen** | zerreiben, |
| **Salz und Pfeffer** | dazugeben und |
| **Butterflöckchen** | untermischen. |
| **Einige Tropfen Zitronensaft** | dazugeben. Zum Schluß einen Teelöffel heißes Wasser einrühren. Die sautierten Schnecken werden in der Soße geschwenkt und heiß serviert. |

\* Man kann auch lebende Schnecken verwenden. Doch die Zubereitungsprozedur ist langwierig, schwierig und nicht sehr angenehm.

## Steak vom Weißen Hai

(pro Person)

Da der Hai ein gefährlicher Fisch ist, empfiehlt es sich, ihn aggressiv zu behandeln. Er wird deshalb in diesem Fall, auch wegen seines relativ strengen Eigengeschmacks, angebraten.

| | |
|---|---|
| **200 g Haifisch (am besten Katzenhai)** **Salz und Pfeffer** **Öl-Butter-Gemisch** | kurz wässern, abtrocknen, mit würzen und in einem bei mittlerer Hitze anbraten. Für die Soße |
| **50 g Butter** **1 El Öl** | in erhitzen, ohne daß sie braun wird. Unter ständigem Schwenken den |
| **Saft von 1 Zitrone** | untermischen und |
| **1 Strauß gehackten Dill** | darunterziehen. Diese Soße über den heißen Fisch geben, dessen dicke Haut, die einen kräftigen Trangeschmack hat, nach Belieben auf dem Teller abgelöst wird. |

# Local Hero

Local Hero. Großbritannien 1982. R: Bill Forsyth. D: Peter Riegert (MacIntire), Peter Capaldi (Oldsen), Burt Lancaster (Knox), Denis Lawson (Gordon), Jennifer Black (Stella), Fulton Mackey (Ben), Norman Chancer (Moritz).

*Der texanische Ölmulti und fanatische Hobbyastrologe Knox plant an der schottischen Küste eine Raffinerie. Aber in diesem Umweltmärchen wendet sich alles zum Guten: Am Ende baut er dort eine Sternwarte.*

Doch bevor es soweit ist, reist Jungmanager MacIntire im Auftrag von Knox nach Schottland, um dort eine ganze Bucht aufzukaufen. Er wird begleitet von dem Schotten Oldsen und einem Kaninchen, das dieser im Nebel mit dem Auto angefahren hat. In einem kleinen Hotel am Ort warten beide auf erste Ergebnisse ihrer Aktivitäten. Eines Abends sitzen MacIntire und Oldsen im Hotel beim Abendessen. Der Besitzer Gordon Urquhart erscheint und gießt Rotwein nach. *Oldsen:* »Kann ich noch ein Brötchen haben?« *Gordon:* »Gewiß.« *MacIntire:* »Wer ist der Alte, den wir in der Bucht gesehen haben?« *Gordon:* »War bestimmt Ben.« *MacIntire:* »Ist das seine Hütte?« *Gordon:* »Ja.« *MacIntire:* »Da lebt er das ganze Jahr?« *Gordon:* »Gewiß.« *MacIntire:* »Ist das nicht zu kalt?« *Gordon:* »Er ist daran gewöhnt... Wie ist die Casserolle de lapin?« *MacIntire:* »Ganz exzellent, vielen Dank!« *Oldsen:* »Lapin heißt Kaninchen! Auf französisch!« *MacIntire:* »Ist das mein Kaninchen?!!« *Gordon:* »Ja.« *Oldsen:* »Harry!« *Gordon:* »Tiere im Zimmer sind nicht erlaubt. Vielleicht hätte ich Ihnen das vorher sagen müssen.« (Video 37'00")

## Kaninchen-Kasserolle/Casserolle de lapin
(für 4 Personen)

| | |
|---|---|
| 1 Kaninchen von ca. 1,5 kg | zerteilen und unter mehrmaligem Wenden 24 Stunden in einer *Beize* marinieren, die folgendermaßen hergestellt wird: |
| 1 l trockenen Weißwein | und |
| 1 El Olivenöl | vermischen. Darin einlegen: |
| 2–3 Knoblauchzehen, | in Scheiben geschnitten, |
| 1 Lorbeerblatt, | |
| 6 Wacholderbeeren, | |
| 1 Zweig Thymian, | |
| 1 Zweig Rosmarin. | |

| | |
|---|---|
| Salz und Pfeffer | Die Kaninchenteile nach dem Marinieren herausnehmen, abtrocknen, mit würzen. |
| 60 g durchwachsenen Speck in Streifen | in eine Kasserolle (Stielpfanne mit flachem bis mittelhohem Rand, in diesem Fall mit Deckel) geben und in heißem |
| Olivenöl | auslassen. Die Kaninchenteile dicht nebeneinander in die Kasserolle legen und von allen Seiten darin anbräunen. |
| 500 g Schalotten, | geschält, |
| 1 Knoblauchzehe, | kleingehackt, |
| 300 g Karotten, | in Scheiben geschnitten, |
| 2 Stangen Lauch, | ebenfalls in Scheiben geschnitten, und |
| 150 g Sellerie, | gewürfelt, dazugeben. Mit |
| ½ l Weißwein | übergießen, mit |
| Salz und Pfeffer | sowie |
| Thymian, Rosmarin Majoran | und je nach Geschmack würzen. Fest zugedeckt etwa 1½ Stunden schmoren lassen. Heiß in der Kasserolle servieren. |

Beilagen: angeröstete Weißbrotscheiben oder Kartoffelkroketten.

# *John Hustons The Dead*

The Dead. USA 1987. R: John Huston. D: Anjelica Huston (Gretta), Donal McCann (Gabriel Commeroy), Helena Caroll (Tante Kate), Cathleen Delany (Tante Julia), Lyda Anderson (Miß Daily), Katherine O'Toole (Miß Furlong).

- *Eine irische Familie trifft am Abend des traditionellen Dreikönigstags in Dublin zusammen. Die warme Herzlichkeit täuscht nicht über Lebensängste und Einsamkeit der einzelnen Familienmitglieder hinweg.*

Nach dem Vorgeplänkel und dem Tischgebet sitzt die Gastgesellschaft zu Tisch. Die gebratene Gans dampft, und Gabriel Commeroy greift zum Tranchiermesser. ***Commeroy:*** »Miß Daily, was hätten Sie gern? Flügel oder ein Scheibchen Brust?« ***Miß Daily:*** »Nur ein Scheibchen Brust bitte!« Commeroy legt die saftige Scheibe auf den

Teller, der beim Weiterreichen an seine Adressatin noch mit einer mehligen Kartoffel und Mincemeat bzw. Schinkenscheiben bereichert wird. *1. Gast:* »Ich esse für mein Leben gern Gänsebraten. Der hier sieht besonders gut aus. Wunderbar!« *Commeroy:* »Miß Furlong, was darf es sein?« *Miß Furlong:* »Ach, einfach irgendwas, Mr. Commeroy.« *Tante Kate* (gießt Weißwein nach): »Ihr müßt schleunigst anfangen zu essen. Die Gans ist ja schließlich nicht gebraten worden, damit sie kalt wird.« *1. weiblicher Gast:* »Ich finde, alles sieht so köstlich aus, Miß Malcolm.« *Tante Kate:* »Ist sie nicht zu trocken?« *2. Gast:* »Nein, sieht prächtig aus, Miß Malcolm.« *3. Gast:* »Normalerweise schätze ich Gänsebraten überhaupt nicht. Aber in diesem Fall nehme ich alles zurück.« *2. weiblicher Geist:* »Ich mag Gans lieber als Truthahn. Truthahn schmeckt wie in Wasser eingeweichtes, ausgelaugtes Huhn.« *4. Gast:* »Wer älter wird, braucht mehr Würze... Wo ist das Apfelmus?« *Junge Gastgeberin:* »Es gibt leider keins!« *4. Gast:* »Kein Apfelmus?« Junge Gastgeberin (flüstert Tante Kate zu): »Ich hab' doch gesagt, wir brauchen Apfelmus!« *Tante Kate* (laut): »Gänsebraten ohne Apfelmus war mir noch immer gut genug. Und ich hoffe, daß es mir nie schlechter geht!« (Video 1635)

### *Irischer Gänsebraten (Roast Goose) mit Apfelsoße (statt Apfelmus) und Mincemeat*
(für 4 Personen)

**Gänsebraten**

| | |
|---|---|
| **1 Gans** | vorbereiten, mit |
| **Salz und Pfeffer** | würzen und mit Küchengarn binden. Bei starker Hitze rundherum in |

Abends am Dreikönigstag in Dublin

| | |
|---|---|
| Speiseöl | anbraten. Mit Alufolie die empfindliche Brust abdecken. Bei mäßiger Hitze ca. 2½ Stunden weiterbraten. Gegen Ende der Bratzeit die Brust mit dem ausgebratenen |
| heißen Gänsefett | bestreichen, mit |
| etwas Mehl | bestäuben und kurz zu Ende braten. |

*Salbei-Zwiebel-Füllung*

| | |
|---|---|
| 250 g Zwiebeln | würfeln, |
| 4 frische Salbeiblätter | kleinhacken, in |
| 1 El Butter | andünsten. Alle Ingredienzien mit |
| 1 Eiweiß | (für die Konsistenz) vermischen und nach Geschmack mit |
| Salz und Pfeffer | würzen. |

*Apfelsoße/Apple sauce*

| | |
|---|---|
| 500 g Kochäpfel | schälen, vierteln, entkernen, in |
| 0,25 l Wasser, | zusammen mit dem Saft von |
| ½ Zitrone | und |
| 1 Tl Butter, | weichdämpfen. Durch ein Sieb streichen. Noch einmal kurz aufwärmen und mit |
| etwas Zucker | abschmecken. |

*Mincemeat*

Mincemeat muß 2–3 Wochen vor Gebrauch vorbereitet werden. Mincemeat gibt es auch als Fertigprodukt in ausgewählten Geschäften. Wer die köstliche gewürzte Mischung als Beilage zu Roast Goose frisch zubereiten will, verfährt folgendermaßen:

| | |
|---|---|
| **500 g Kochäpfel** | schälen, vierteln und entkernen, in |
| **Wasser** | weichdämpfen und durch ein Sieb streichen. Die Masse in nachstehender Reihenfolge mit folgenden Zutaten vermischen: |

**500 g Rinderfett, 500 g Rosinen, 250 g Sultaninen, 250 g Rohzucker, 20 g gehackte Mandeln, 1 Schnapsglas Rum, je 20 g Zitronat und Orangeat, etwas unbehandelte Zitronenschale (abgerieben), Saft von 2 Zitronen, ½ Tl gemahlene Nelken, ½ Tl Zimt, ½ Tl Muskatblüte, etwas Muskatpulver, ½ Tl Ingwerpulver, ½ Tl Salz, ⅛ l Brandy.**

Diese Zutaten vermischt in einen ausgewaschenen, trockenen Keramiktopf füllen. 2 bis 3 Wochen durchziehen lassen. In Scheiben geschnitten kalt – mit gekochtem Schinken und heißen mehligen Salzkartoffeln – zur Gans reichen.

# Giganten

Giants. USA 1955. R: George Stevens. D: Elizabeth Taylor (Leslie Lynton Benedict), Rock Hudson (Jordan Bick Benedict), James Dean (Jett Rink), Mercedes McCambridge (Luz Benedict), Chill Wills (Onkel Bawley), Dennis Hopper (Jordan Benedict III.).

*Jordan Bick Benedict hat geheiratet. Jetzt bringt er seine Frau Leslie auf seine Ranch in der Steppe, wo er Herrscher über ein riesiges Areal von Rinderweiden ist. Leslie muß sich an den rauhen Lebensstil in der Einöde erst gewöhnen – und auch an die eifersüchtige Luz, die ältliche Schwester ihres Mannes.*

Teatime in Texas

Zum Empfang von Leslie gibt es ein Fest. Überall wird Fleisch im Freien auf einem Rost gebraten. Texanische Bedienstete von Benedict ziehen einen eingewickelten Kalbskopf aus einem Feuerloch. **Luz:** »Kommt essen, oder ich werfe alles in den Bach!« Bick und Leslie schreiten die mitten in der Steppe aufgebaute Tafel ab, die Serviererinnen schaufeln ihnen mit Soße übergossenen Schmorbraten, Bohnen und gebackene Kartoffeln auf den Teller. **Bick** (zu seiner Frau Leslie): »Was Besseres hast du nie gegessen! Ist 'ne mexikanische Spezialität. Bei uns nennt man es Barbecue.« Die Bediensteten wickeln inzwischen den dampfenden Kalbskopf aus. **Leslie:** »Was ist das!?« **Bick:** »Kalbskopf! Der wird erst in ein weißes sauberes Tuch, dann in Sackleinwand gewickelt, dann gräbt man ihn in heiße Asche ein und läßt ihn dort 18 Stunden schmoren. Du glaubst nicht, wie gut das Hirn schmeckt.« **Leslie:** »Wie aufregend!

... Aber Jordan, ich fürchte, ich habe gar keinen richtigen Appetit!... Das kommt von der Hitze, glaube ich...« **Luz:** »Was, das nennst du heiß? Da kannst du erst im Juli was erleben!« Ein Bediensteter schöpft aus dem Kalbskopf eine Kelle weißes Hirn auf den Teller der zurückweichenden Leslie. Sie fällt bei diesem Anblick in Ohnmacht.

### *Schmorbraten mit Barbecue-Soße/Barbecue**
(für ca. 10 Personen)

Für die *Barbecue-Soße*, falls man nicht die fertige Soße kaufen will, werden folgende Zutaten in der angegebenen Reihenfolge in

| | |
|---|---|
| **1 Flasche Ketchup** | eingerührt: |
| ⅛ l Essig, | |
| **1 Tl Zucker,** | |
| **¼ Tl schwarzer Pfeffer,** | |
| **¼ Tl Knoblauchsalz,** | |
| **1 Prise Cayennepfeffer,** | |
| **1 Prise Paprika,** | |
| **1 geriebene Zwiebel,** | |
| **¼ Tl Ingwerpulver,** | |
| **einige Tropfen Tabasco-soße.** | Die Ketchup-Soße mit diesen Zutaten wird anschließend 15 Minuten durchgekocht, vom Herd genommen und kalt gestellt. |

### *Schmorbraten*

| | |
|---|---|
| **1½–2 kg Schmorbraten vom Rind** | |
| **Öl** | in heißem von allen Seiten anbräunen, in eine Auflaufform legen, mit der fertigen Barbecue-Soße übergießen, mit |
| **Salz und Pfeffer** | würzen und im Ofen (wenn man nicht auf offenem Feuer grillt) bei mittlerer Temperatur zugedeckt etwa 2 Stunden garen. In Scheiben schneiden. |

Beilage: Kartoffeln, weiße Bohnen und gegrillte Tomaten

\* *Barbecue geht auf das indianische »barbacoa« (= »gebratenes Tier«) zurück, was das Braten von großen Fleischstücken im Freien auf einem einfachen Rost, der ebenfalls Barbecue genannt wird, meint. Man kann Barbecue jedoch auch im Backofen zubereiten.*

# 9½ Wochen

9½ Weeks. USA 1985. R: Adrian Lyne. D: Mickey Rourke (John), Kim Basinger (Elizabeth), Margaret Whitton (Molly), Karen Young (Sue), David Margulies (Harvey).

Mickey Rourke (John) hat Kim Basinger (Elizabeth) in der Stadt »angemacht«. Mit dem Auge des geübten Jägers erkennt er sofort, daß die junge geschiedene Frau ausgehungert ist – in jeder Beziehung. Er lädt sie zum Essen ein und beginnt sofort, sie zu füttern, Rotwein in sie hineinzufüllen und Geschichten zu erzählen. Sie ist von nun an in seiner Hand.

**John:** »Auf dem Stuhl, auf dem Sie gerade sitzen, saß einmal ein Typ namens Gino Gambini. Der wurde glatt erschossen, als er das gleiche aß wie Sie: Linguine con pesto. Er war nicht der einzige, der hier gestorben ist. Es muß so 1962/63 gewesen sein. Vielleicht kennen Sie sogar seinen Namen: Vito Postolino.« **Elizabeth:** »Nein, sicher nicht.« **John:** »Nein? (er hält ihr das Rotweinglas an die Lippen) Wollen Sie?« **Elizabeth:** »Ja, das ist ein sehr guter Wein.« **John:** »Vito saß genau auf dem Stuhl, auf dem die Frau mit dem Baby sitzt. Er aß gerade seine Lieblingsvorspeise: Sicilia al forno. Die Jungs kamen rein...« (Er hält ihr die Gabel mit Nudeln unter die Nase): »Möchten Sie?« **Elizabeth:** »Nein danke. Und was machten die Jungs dann?« **John** (schiebt sich die volle Gabel in den Mund): »Mmh, jetzt hab' ich den Mund zu voll... (kaut und schluckt)... es war Allerheiligen. Er saß am Tisch und aß seine Nudeln, sie kamen rein und knallten ihn einfach ab. Verstehen Sie, dieses Restaurant ist, was man in gewissen Kreisen ein Familienrestaurant nennt...« (schlürft seine Spaghetti)

---

### Linguine con pesto
(für 2 Personen)

**Pesto\***

| | Für den |
|---|---|
| 2 Knoblauchzehen (nach Geschmack mehr) | |
| 1 Bund Basilikum | und die Blätter von in einem Mörser zu einer Paste zerreiben. |
| 40 g Pinienkerne | in kleinen Portionen ebenfalls zerreiben, mit |
| 1½ El Olivenöl | cremig verarbeiten und |
| 80 g geriebenen Parmesan | unterrühren. Mit |

*\* Pesto ist eine Spezialität der ligurischen und der Genueser Küche (pesto genovese). Wichtig bei der Zubereitung ist, daß die feine Frische des Basilikumaromas durch die anderen Zutaten zur Geltung gebracht, auf keinen Fall überlagert wird.*

| | |
|---|---|
| Salz und Pfeffer | leicht würzen. Die cremige Konsistenz der Paste bei Bedarf mit |
| 1–2 El Nudelkochwasser | abstimmen. |
| 250 g Linguine** (evtl. Spaghetti) | in Salzwasser garen, in einer vorgewärmten Schüssel mit |
| 20 g Butter | durchschwenken und den Pesto unterheben. |

*\*\* Linguine sind schmale, spaghettiähnliche Bandnudeln.*

# Es muß nicht immer Kaviar sein

BRD/Frankreich 1961. R: Géza von Rádványi. D: O. W. Fischer (Thomas Lieven), Eva Bartok (Nancy), Senta Berger, Werner Peters, Fritz Tillmann, Jean Richard, Victor de Kowa.

- *Der englische Bankangestellte Thomas Lieven hat Geburtstag, er wird 38. Von diesem Zeitpunkt an wird er in einen Strudel politischer Verwicklungen stürzen und als Spion unterschiedlicher Auftraggeber eine fragwürdige und ungewollte Karriere machen.*

Thomas Lieven kocht gut gewürzt für Nancy

Am Anfang des Films steht er in seiner Küche und bereitet für sich und Nancy eine Geburtstagsmahlzeit. Ein »Voice over«-Kommentar führt in die Geschichte ein. **Kommentarstimme:** »Herr Lieven? Was hab' ich gesagt, er ist es! Jetzt wundern Sie sich, was? Ein Engländer und Koch aus Leidenschaft. Sie werden sagen, das gibt's gar nicht. Doch, doch, so einer ist unser Held. Ich kann Ihnen versichern, er versteht was vom Kochen. Was macht er denn gerade? Riecht ja großartig! Mal sehn, ob's gar ist – war wohl noch nicht. Was wird das? Die Soße. Schmeckt's? Fehlt Salz, was? Also das ist Thomas Lieven, 1,79 groß, 70 Kilo und 200 Gramm schwer, blond, kleiner Schnurrbart, Alter 38 Jahre. Auf den Tag genau, alles Gute zum Geburtstag!« Lieven schlägt mit dem Schneebesen die Soße, trällert ein Liedchen und kostet hin und wieder. Es klingelt. Nancy erscheint in der Wohnungstür und singt »Happy Birthday to you!« **Lieven:** »Oh, Nancy! Du machst Dummheiten! Du sollst doch kein Geld ausgeben. Was ist denn das?« **Nancy:** »Och, ein kleines Andenken, nichts Besonderes!« **Lieven:** »Zwei Serviettenringe und unsere vier Buchstaben! Und aus Silber! Nancy!« **Nancy:** »Ich denk' eben schon an unseren Haushalt. Unsere Servietten bekommen ihre Ringe eher als wir« (Sie geht zur Kommode, auf der Glückwunschbriefe stehen): »›Meinem lieben Tommy alles Liebe zum Geburtstag, ich umarm' dich. Frida.‹ – Frida?« Lieven marschiert verlegen in die Küche. **Nancy:** »Tom, hast du nicht was vergessen?« **Lieven:** »Was hab' ich vergessen?« **Nancy:** »Bekomm' ich heute keinen Kuß?« **Lieven:** »Nancy! I'm sorry!« **Nancy:** »Oh, was soll ich mit einem Kinderkuß, du bist doch heute achtunddreißig geworden. Sei nicht so englisch, du kochst doch auch französisch. Dann küß mich doch mal französisch.« **Lieven:** »Wie geht denn das?« **Nancy:** »Du hast mir schon mal einen gegeben! Es war köstlich!« Lieven küßt sie ungeschickt. **Nancy:** »O nein... ich glaube, es geht so!« (Sie biegt Lieven zurück und küßt ihn stürmisch.) **Lieven** (geht verlegen in die Küche zurück, mit dem Schneebesen die Soße traktierend): »Sonst würde das Essen kalt werden...« **Nancy:** »Tom!« **Lieven:** »Ich hab' dir was Wunderbares gemacht! Kaviar im Schlafrock!« **Nancy:** »Aber hast du denn vergessen, es ist zwei Uhr!« **Lieven:** »Ach so, aber jetzt wäre die Zunge gar, weißt du? Wenn die Zunge gar ist, dann muß man sie rausnehmen, Sahne drauftröpfeln... die ist sehr gut! Dann kommt die Soße, die ist ein bißchen dick, aber es geht auch so. Und als Höhepunkt: Kaviar!« **Nancy:** »Sehr schön, aber gegessen wird erst am Abend.« **Lieven:** »Nein, das kann man nicht aufwärmen, Nancy! Das muß gleich gegessen werden!« **Nancy:** »Aber wir müssen zur Kundgebung der Friedensfreunde!« **Lieven:** »Nein, wir gehen ein anderes Mal! Außerdem, ich hasse Menschenmassen!« **Nancy:** »Und ich dachte immer, du haßt den Krieg noch mehr!« **Lieven:** »Krieg und Menschenmassen!« **Nancy:** »Also wenn du gegen den Krieg bist, dann mußt du dich auf die Seite des Friedens schlagen, solange noch Zeit dazu ist!« **Lieven:** »Gut... ich schlag' mich ja schon.« **Nancy:** »Nein, also ich bitte dich, Tom! Miß jetzt nicht auch noch die Temperatur von deinem Grünzeug, wir müssen uns sowieso schon beeilen.« **Lieven** (grummelnd): »Dieser Hitler! Ungemütlicher Bursche!« (Beide gehen ab.)
(Video: Anfang des Films)

## Kaviar im Schlafrock*
(pro Person)

| | |
|---|---|
| 1 große, mehlig kochende Kartoffel | in Salzwasser garen, etwas abkühlen lassen, nicht schälen. Der Länge nach einen Deckel abheben; den unteren Teil der Kartoffel zu etwas mehr als ⅓ aushöhlen**. Leicht mit |
| Salz und Pfeffer | würzen. Mit |
| 1½ El Crème fraîche | (unbedingt eisgekühlt) füllen. Darauf |
| 1 El Kaviar*** | geben. Mit |
| ½ El Crème fraîche | überziehen und den Deckel aufsetzen. Mit je 1 eisgekühlten Wodka servieren. |

\* Da die im Filmdialog angegebenen Zutaten und Zubereitungen nicht eindeutig sind, wird hier eine Variante von »Kaviar im Schlafrock« angeboten, die u. a. auch zu den Lieblingsspeisen von Charles Spencer Chaplin gehörte.
\*\* Die aus den Kartoffeln herausgehobene Masse kann man unter Umständen (mit Milch, Salz und Pfeffer vermischt) als kleine Kartoffelküchlein ausbraten, die man mit Schnittlauch bestreut und extra serviert.
\*\*\* Für Thomas Lieven, den Helden von »Es muß nicht immer Kaviar sein«, kam sicher nur echter (Beluga-)Kaviar in Frage. Lachs- oder Forellenkaviar ist in dieser Rezeptvariante jedoch nicht wesentlich weniger schmackhaft.

# *Diner*

Diner. USA 1982. R, B: Barry Levinson. D: Mickey Rourke (Boogie), Steve Guttenberg (Eddie), Daniel Stern (Shrevie), Kevin Bacon (Fenwick), Timothy Daly (Billy), Paul Reiser (Modell).

> *Eine Clique junger Männer trifft sich regelmäßig zu ausgedehntem Essen, Trinken und Reden. Wir schreiben die 50er Jahre, und die Jungs sind zwar witzig, aber eigentlich frustriert. Nach vielen Affären, Erfahrungen, Abenteuern heiratet schließlich einer aus der Clique – danach wird alles anders.*

In der folgenden Szene sitzen Eddie, Fenwick, Modell und Billy im Imbißrestaurant »Fells Point Diner« und schwafeln. Modell bringt ihr Gespräch über Gott und die Welt in eine andere Richtung: **Modell:** »Was ist das, was du ißt, Billy, Roastbeef-Sandwich?« **Billy:** »Frag mich das nicht jedesmal, Modell. Ja!« **Modell:** »Wirst du's aufessen?« **Billy:** »Ja, ich werd's aufessen. Ich hab' dafür bezahlt.« **Modell:** »Wenn du's nicht aufessen würdest, würde ich es essen, aber da du es schon ißt...« **Billy:** »Was willst du, drück dich klar aus...« **Modell:** »Nein, iß nur, wenn du's schon ißt, ist alles in Ordnung...« **Billy:** »Sag doch einfach: ›Ich will dein Roastbeef-Sandwich!‹ Sag's, und ich gebe dir einen Stück davon ab...« *Eddie:* »Nun hört endlich auf damit, ist doch immer dasselbe...« *Billy:* »Na ja, er kann ja auch nichts sagen, er redet bloß immer! Er redet um den Brei herum; wenn er was sagen würde...« *Modell:* »Wenn ich das Sandwich wollte, würde ich dich doch darum bitten...« *Billy:* »Dann tu's!...!« *Eddie:* »Du bist heute unausstehlich.« *Billy:* »Ich, unausstehlich? Nur weil ich meine Portion allein essen will?« *Eddie:* »Wenn du es ihm geben willst, dann gib ihm das Sandwich. Wenn nicht...« *Billy:* »Ich will's ihm nicht geben! Er soll, er soll...« *Modell:* »Schau dir nur seine Augen an... Weißt du, was dein Problem ist?

Liebenswerte Taugenichtse im »American Diner«

Du kaust dein Essen nicht richtig. Deswegen bist du so schnell gereizt, das verklumpt bei dir. Du hast Roastbeef am Herzen, und da steht es bei dir...« *Billy:* »Oh, Modell, du bringst mich noch in Wut. Mein Blut ist am Kochen...« *Eddie:* »Schön, ich nehm' das Sandwich...« (legt das Sandwich auf seinen Teller und beißt hinein). *Billy:* »Siehst du, was du getan hast! Jedesmal...« *Modell:* »Was ist daran? Er hat dein Sandwich, ich sitz' hier und trink' meinen Kaffee, das ist alles.« *Eddie* (hält Billy das Sandwich scheinheilig hin): »Willst du's?« *Billy:* »Jetzt? Nein, nein!« *Eddi* (hält es Fenwick hin): »Du?« *Fenwick:* »Nein, nein, nein.« *Billy:* »Ich kann's nicht glauben! Ich seh's doch: Ihr zwei spielt gegen mich! Da liegt nämlich das Problem! Ihr steckt beide unter einer Decke!«

# *Der Unverbesserliche*

L'incorrigible. Frankreich 1975. R: Philippe de Broca. D: Jean-Paul Belmondo (Victor Vauthier), Geneviève Bujold (Marie-Charlotte), Julien Guiomar (Camille).

- *Ganovenspaß um den »unverbesserlichen« Belmondo, dem nur die süße Bewährungshelferin Marie-Charlotte gewachsen ist.*

Victor und Marie-Charlotte fahren bei Regen im offenen Sportwagen zum Essen. Als sie das Lokal betreten, stürzen sofort einige Gäste auf den Gauner und Verwandlungskünstler Vauthier zu. *1. Gast:* »Schön, daß du das bist, Max! Wenn du Zeit hast, muß ich unbedingt mit dir sprechen!« *Vauthier:* »Ja gut, machen wir.« *2. Gast:* »Herr Präsident, Sie sind wieder zurück! Wie schön.« *Vauthier:* »Guten Tag, mein Guter!« *3. Gast:* »Doktor, mein Magengeschwür meldet sich wieder!« *Vauthier:* »Schlucken Sie das mit 'n bißchen Wasser!« *Thérèse:* »Henri! Träum' ich, oder bist du's?« *Vauthier:* »Thérèse! Hast du 'n Tisch für uns frei?« *Thérèse:* »Für dich immer! Mach Nummer 8 fertig!« *Serviererin* (flüstert ihm zu): »Hör mal, um vier habe ich hier Schluß!« *Vauthier:* »Okay!« *Serviererin:* »Besonders zu empfehlen Porree vinaigrette.« *Vauthier:* »Also gut, zweimal Porree vinaigrette. Ah ja, hier gibt es eine Spezialität: Linsen mit Schweineschulter. Und die lassen wir uns nicht entgehen. Aber zum Anfang 'n kleinen Heilbutt und zum Dessert 'n Soufflé au Grand Marnier, aber besonders süß, wenn's geht. Sonst noch was? Ah ja, als Wein 'n schönen Beaujolais. Und 'n kleinen Sauvignon, damit der Heilbutt besser rutscht. Okay?«

## *Porree vinaigrette/Poireau vinaigrette*
(pro Person 2 Stück)

| | |
|---|---|
| **1 Lauchstange*** | in 10 cm lange Stücke schneiden und ca. 5 Minuten gut bedeckt in Salzwasser, das mit |
| **1 Schuß Essig** | und den Ringen von |
| **1 Zwiebel** | versehen wurde, nicht allzu weich blanchieren. Mit dem Sud in eine Schüssel geben, |
| **1 El Olivenöl** | untermischen. |
| **Einige Pfefferkörner** | und eine feingeschnittene oder, je nach Geschmack, eine zerdrückte |
| **Knoblauchzehe** | dazugeben, abdecken und für 1–2 Tage in den Kühlschrank stellen. Als kalte Vorspeise, wie in mittel- und nordfranzösischen Bistros geläufig, servieren. Dazu Baguette. |

\* *Nur das Weiße und Hellgelbe verwenden.*

## Linsen mit Schweineschulter
(für 4 Personen)

*Die Schweineschulter* (ca. 1000 g) sollte geräuchert sein. Sie wird gesalzen und gepfeffert, in einen Bräter gegeben, mit kaltem Wasser umgossen und ca. 2 Stunden im vorgeheizten Ofen bei 180 Grad gegart. Das Linsengemüse wird heiß dazu serviert.

*Linsengemüse\**

| | |
|---|---|
| **250 g Linsen** | waschen und über Nacht in 1¼ l Wasser einweichen. In diesem Einweichwasser, zusammen mit |
| **2 Gemüsebrühwürfeln,** | |
| **1 Lorbeerblatt** | und |
| **1 Zwiebel (gewürfelt)** | bei kleiner Hitze ca. 30 Minuten weichkochen.<br>In der Zwischenzeit |
| **1 Blumenkohl** | in Röschen schneiden und in schwach gesalzenem Wasser garkochen. |
| **1 Zwiebel** | in Ringe schneiden und mit den Scheiben von |
| **2 Staudensellerie** | in |
| **2 El Öl** | andünsten. Mit |
| **2 Tl Curry** | bestäuben und |
| **2 zerdrückte Knoblauchzehen** | dazugeben. Nacheinander die |
| **Blumenkohlröschen,** | |
| **2 Äpfel,** | in Scheiben geschnitten und entkernt, und die |
| **Linsen** | dazugeben, kurz mitdünsten und mit |
| **Kräutersalz** | sowie |
| **etwas Zitronensaft** | abschmecken. Vor dem Servieren mit |
| **gehackter Petersilie** | bestreuen. |

*\* Linsengemüse ist in Frankreich eine klassische Beilage zu Wild und Geflügel. Es paßt jedoch auch sehr gut zu Schweinefleisch.*

## Soufflé au Grand Marnier
(für 4 Personen)

| | |
|---|---|
| | Eine Backform einfetten und stehenlassen. |
| **½ Stange Vanille** | mit einem scharfen Messer halbieren und sie in |

| | |
|---|---|
| 0,5 l Milch | so lange ausköcheln, bis ihr Mark zerkocht ist und die Milch den Farbton von Vanilleeis besitzt. Die mitgekochten Schoten werden weggeworfen. |
| 125 g Zucker | und das Eigelb von |
| 4 Eiern | in einem Topf verrühren (Eiweiß beiseite stellen), |
| 40 g Mehl | hinzugeben und die Masse in die Vanille-Milch langsam einrühren. Kurz aufkochen lassen und |
| 2 cl Grand Marnier | untermischen. Das |
| Eiweiß | der 4 Eier zu Schnee schlagen, kurz vor dem Fertigwerden |
| 1 Dessertlöffel Zucker | untermischen. Das Ganze mit einem Holzlöffel verbinden und in die gefettete Form geben; ca. 10 Minuten bei mittlerer Hitze im vorgeheizten Backofen backen. |

# *Ödipussi*

BRD 1988. R, B: Loriot. D: Loriot (Paul »Pussi« Winkelmann), Evelyn Hamann (Dr. Margarethe Tietze), Katharina Brauren (Mutter), Edda Seippel (Mutter Tietze), Richard Lauffen (Vater Tietze), Klaus Schultz (Herr Weber), Walter Hoor (Ballettmeister).

- *Der 56jährige Möbelfachmann Paul Winkelmann läßt sich noch immer von seiner omnipotenten 78jährigen Mama verhätscheln und bekochen. Erst als er Frau Dr. Tietze kennenlernt, wird sich dies ein wenig ändern.*

Vorerst sitzt er noch im Wohnzimmer der altmodischen Villa von Mutter Winkelmann und verzehrt mit leichtem Widerstand, was sie ihm auftischte. **Mama:** »Sei ein lieber Junge und iß noch ein bißchen... Du willst mich doch nicht traurig machen!... Und halte dich gerade!...« **Winkelmann:** »Ja, Mama.« **Mama:** »Du kannst auch heute abend hier essen, es ist noch genug da! Schmeckt dir die Putenbrust?« **Winkelmann:** »Wundervoll, Mama, ganz wundervoll.« **Mama:** »Und wenn du hier schlafen möchtest, dein Kinderzimmer ist immer für dich bereit... Ich mach' dir das Püree noch mal warm.« **Winkelmann:** »Ich komme zu spät!« **Mama:** »Erst wird gegessen!... Paul?« **Winkelmann:** »Ja, Mama...« **Mama:** »Warum hast du dir bloß diese Wohnung genommen? Andere Jungens wohnen doch auch zu Hause...« **Winkelmann:** »Ja,

Mama.« **Mama:** »Pussi?« **Winkelmann:** »Ja.« **Mama:** »Hast du mir deine Hemden mitgebracht?« **Winkelmann:** »Ach nein, Mama, das muß doch nun wirklich nicht sein...« **Mama:** »Liebes Kind, ich wasche seit fünfzig Jahren deine Hemden, weil ich will, daß du ordentlich aussiehst! Die Haare könntest du dir auch mal wieder schneiden lassen...« **Winkelmann:** »Ja, Mama...« **Mama:** »Die Kundschaft sieht auf so was! Du bist jetzt der Chef von Winkelmann und Sohn... wie dein Vater und dein Großvater... Ich bin stolz auf dich!... Du ißt ja gar nichts!« **Winkelmann**: »Ich kann nicht mehr!«

---

### *Putenbrust mit Püree**
(pro Person)

| | |
|---|---|
| **1 fertig herausgelöste Putenbrust** | kurz unter fließendes Wasser halten, trockentupfen und von allen Seiten mit |
| **frisch gemahlenem Pfeffer,** | |
| **1 Prise Oregano** | und |
| **1 Prise Paprikapulver** | einreiben. |
| **½ Zwiebel** | hacken und in einem Brattopf mit |
| **1 El Öl** | glasig dünsten. |
| **Putenbrust** | dazulegen und von beiden Seiten braun anbraten. Danach herausnehmen, mit |
| **Salz** | würzen, mit |
| **2 dünnen Speckscheiben** | belegen und wieder in den Brattopf legen. Im Backofen bei mittlerer Hitze nochmals ca. 30 Minuten braten. Kurz vor Schluß mit einer |
| **Wasser-Zucker-Lösung** | bestreichen, damit die Putenbrust goldbraun wird. Vor dem Servieren mit |
| **Petersilie** | bestreuen. |

\* Püree – siehe »Hackbraten mit Kartoffelpüree« aus: *Arthur 2 On The Rocks*, S. 180

---

Im weiteren Verlauf des Films:
Herr Winkelmann und seine Angebetete, die Psychologin Frau Dr. Tietze, sind gen Italien aufgebrochen. Am Abend sitzen sie in gespannter Erwartung des Essens im Restaurant eines Luxushotels. **Winkelmann** (hebt den Finger): »Ober!« Der Ober gibt sich die Ehre, ihren Tisch anzusteuern. **Ober** (distinguiert): »Prego, Signore?« **Winkelmann:** »Wir hätten gern eine große Portion Spaghetti carbonara und einmal Tagliatelle funghi.« **Ober:** »Wir haben französische Woche. Alles, was auf der Karte ist.« **Winkelmann** (zu seiner Begleiterin): »Die haben französische Woche!« Beide

beugen sich bemüht über die Speisekarte. *Frau Dr. Tietze:* »Können Sie mir sagen, was eine ›Poitrine de beau voyage‹ ist?« *Winkelmann:* »Nicht direkt. Ähh... Herr Ober! Was ist wohl eine Poitrine de beau voyage?« *Ober:* »Das ist eine Suprème chevreux à la soubris gratinat.« *Winkelmann:* »Ah, ja. Das ist eine Suprème chevreux à la soubris überbacken. So war's doch?« *Ober:* »Ja«. *Frau Dr. Tietze:* »Und eine Mousse Rabelais à la laysanne?« *Ober:* »Das ist eine Queue d'écrivisage en sauce poupoulcorouse.« *Winkelmann:* »Pou... was?« *Ober:* »Poupoulcorouse.« *Winkelmann:* »Was ist denn das?« *Ober* (denkt angestrengt nach und zuckt dann die Schultern): »Moment.« Er verschwindet zu einem Kollegen im Hintergrund, der jedoch ebenfalls nur die Achseln zuckt. Kehrt zurück und sagt: »Das ist eine Timbalette volaille aux fines herbes avec pommerol dauphinoisette du crème à la Louis Quatorze.« *Frau Dr. Tietze:* »Na ja, dann nehmen wir das doch einfach.« *Winkelmann:* »Also zweimal die Visage de... äh... die Queue de visage mit der Soße, äh...« *Ober:* »Poupoulcorouse!...« Nachdem der Ober verschwunden ist, beginnen Herr Winkelmann und Frau Dr. Tietze die Konversation. Anschließend auch eine mit dem deutschen Nachbartisch. Dann kommt endlich die Vorspeise auf zwei großen Tellern. *Kellner:* »La Queue d'écrivisage poupoulcorouse.« *Winkelmann* (beäugt den winzigen Happen): »Das, äh... sieht sehr übersichtlich aus.« (Video 2390)

# *Blind Date – Verabredung mit einer Unbekannten*

Blind Date. USA 1986. R: Blake Edwards. D: Kim Basinger (Nadja Gates), Bruce Willis (Walter Davis), John Laroquette (David), William Daniels (Judge).

Chaos vor dem Essen

- *Nadja Gates wird von Walter Davis, einem aufstrebenden jungen Geschäftsmann, zu einer Verabredung in exklusivem Unternehmermilieu gebeten, obwohl sich beide überhaupt nicht kennen. Walter hofft, mit der attraktiven jungen Frau bei seinem Chef Eindruck machen zu können. Dieses Vorhaben geht jedoch gründlich schief, denn Nadja leidet unter einem »chemischen Ungleichgewicht«, das eine Allergie gegen Alkohol bewirkt. Da sie dennoch trinkt, kommt es auf der entscheidenden Party zu einem unkontrollierten Ausbruch Nadjas. Schon bei ihrem gemeinsamen Auftritt zerfetzt sie die Brusttasche von Walters schickem Anzug.*

Das Paar nimmt am Tisch Platz, Walter fragt vertraulich den Kellner: **Walter:** »Entschuldigen Sie, haben Sie vielleicht eine Sicherheitsnadel?« **Kellner** (pikiert): »Nein bedaure, Sicherheitsnadeln stehen hier nicht auf der Speisekarte.« **Nadja** (sieht sich um): »Die essen hier Roastbeef, als würde es verboten werden.« **Getränkekellner:** »Darf ich Ihnen vielleicht einen Cocktail servieren?« **Walter:** »Würden Sie mir wohl bitte eine Flasche von Ihrem besten Champagner bringen?« **Getränkekellner:** »Sehr wohl.« Der Grund des Geschäftsessens erscheint: Yakamoto, ein japanischer Großindustrieller. **Nadja** (erblickt ihn): »O mein Gott!« **Walter:** »Das ist Yakamoto!« Yakamoto und dessen Frau, die wie eine Geisha aussieht, und Walters Chef mit Frau werden einander vorgestellt, nach einem Konversationsgeplänkel ist die Kamera wieder bei Walter und Nadja. **Nadja:** »Das ist unglaublich! Sie sieht ja wie eine Geisha aus... Ich wußte nicht, daß man in Japan noch so altmodisch ist.« **Walter:** »Na, ich auch nicht.« Walters Kollege Danny **Gordon** kommt an ihren Tisch: »Walter! Du scharfer Hund du!« **Walter:** »Das ist Danny Gordon, das ist Nadja Gates!« **Gordon:** »Freut mich, Sie kennenzulernen.« **Nadja:** »Hallo!« **Gordon:** »Also, Walter, das muß ich dir lassen, deine Begleitung ist die aufregendste Frau im ganzen Restaurant.« **Nadja:** »Danke sehr! Ich mag Ihre Krawatte, wo haben Sie die her?« **Gordon:** »Weiß ich nicht, hab' ich vergessen. Wahrscheinlich aus irgendeinem Laden in Beverly Hills.« **Nadja:** »Wo ist denn das?« **Gordon:** »Sie wissen nicht, wo Beverly Hills liegt?« **Nadja:** »Natürlich weiß ich das. Ich wollte nur wissen, ob Sie's wissen.« **Gordon:** »Niedlich, äh... Walter, was ist passiert, ich meine: mit deiner Tasche?« **Walter:** »Oh, na ja, wir hatten einen kleinen...« **Nadja:** »Neue Mode, allerletzter Schrei!« (Sie reißt Gordons Brusttasche ebenfalls herunter.) »Sehen Sie, das sieht doch richtig gut aus!« **Walter:** »Gordon, vernachlässige nicht deine kleine Freundin!« **Gordon** (konsterniert): »Meine Freundin?... Da hast du recht... ich hoffe doch, daß wir uns wiedersehen werden!?« **Nadja** (liest Gordons Visitenkarte): »Anlageberatung und Immobilien...« **Gordon:** »Oh, wo haben Sie die denn her, muß mir aus der Tasche gefallen sein!« **Nadja:** »Nein, Sie haben sie mir in die Hand gedrückt!« **Gordon:** »Nein, das habe ich nicht, ehrlich!« **Nadja:** »Und warum? Meinen Sie, ich würde Sie anrufen?« **Gordon:** »Nun ja, mein Gott, Walter, du weißt ja, wie das ist!« **Nadja:** »Nein, ich glaube nicht, daß er weiß, wie das ist! Weil er kein eingebildetes, eitles, schleimiges Schwein ist, das sich nur von seinem Schwanz leiten läßt!« **Walter:** »Ich glaube, damit ist wohl alles gesagt, Danny!« **Danny:** »Walter, weißt du... ist doch alles erlaubt, was die Liebe angeht, häh?« **Walter:** »Weißt du eigentlich, daß sie recht hat? Du bist wirklich ein eingebildetes, eitles, schleimiges Schwein!« **Nadja** (hat sich inzwischen zum Nachbartisch mit Dannys Begleitung begeben und schreit von dort her durch den ganzen Saal): »He, Danny! Ihre Exverlobte hat sich gerade verabschiedet, da geht sie hin!« **Danny** (springt entsetzt auf): »Wieso... was?... O Gott!... Conny!... Schätzchen!!...« **Nadja** (kommt kichernd an Walters Tisch zurück): »Dem hab' ich's gezeigt!« **Walter:** »Psst! Mein Boß beobachtet uns gerade!« **Nadja:** »Wo sitzt er?... Hallo!!« Nadja will unbedingt noch Champagner trinken, Walter ist dagegen, der Streit wird entschieden durch das Auftreten des Obers. **Ober:** »Sind Sie fertig?«

*Walter:* »Ja, sind wir... (spricht die französischen Namen falsch aus): Wir werden anfangen mit der Étuvée de veau au vin rouge...« *Ober:* »Étuvée de veau au vin rouge! Welche Suppe?« *Walter:* »Wir würden gern die... Crème de con-com-bre nehmen.« *Ober:* »Concombre! Das ist Gemüse!« *Walter:* »Und dazu... das hier, ja?« (zeigt dem Ober die Karte). *Ober:* »Das Gratin dauphinois? Das harmoniert ziemlich falsch mit dem Veau vin rouge, meinen Sie nicht?« *Nadja:* »Oh, entschuldigen Sie bitte... Darf ich Sie etwas fragen? Sprechen Sie wirklich französisch? Oder verscheißern Sie die Leute nur mit Ihrem Menüfranzösisch?« (Video 1100)

### Gurkencremesuppe/Crème de concombre
(für 4 Personen)

| | |
|---|---|
| 500 g Schmorgurken | entkernen. |
| 3 Kartoffeln | und |
| 1 Zwiebel | schälen und ebenso wie |
| 50 g geräucherten Speck | in Würfel schneiden. |
| 1 El Olivenöl | in einem Topf erhitzen und in der Reihenfolge |
| Speck, Zwiebel, Kartoffeln, Gurken | darin andünsten. Mit |
| 0,75 l Hühnerbrühe | auffüllen und mit |
| 1 zerdrückten Knoblauchzehe | sowie |
| Salz und Pfeffer | würzen. Mit |
| 1 Bund feingehacktem Dill | bestreuen und servieren. |

### Gedünstetes Kalbfleisch in Rotwein/ Étuvée de veau au vin rouge
(für 4 Personen)

| | |
|---|---|
| 750 g Kalbfleisch (Schulter oder Backe) | in Würfel schneiden. |
| 1 Zwiebel | hacken und beides in |
| Öl | anbraten. Mit |
| 1 El Mehl | bestäuben und kurz mit |
| ⅛ l Fleischbrühe | ankochen. Danach |
| 150 g Champignons, | blättrig geschnitten, dazugeben, mit |
| Salz und Pfeffer | würzen. Am Schluß |
| 0,2 l leichten Rotwein | aufgießen und das Fleisch gut eine Stunde lang bei kleiner Hitze darin dünsten. |

> **Überbackene Kartoffeln nach Art der Dauphiné/Gratin dauphinois**
>
> | | |
> |---|---|
> | | Mit |
> | 1 Knoblauchzehe | eine feuerfeste Form ausreiben und mit einigen Butterflöckchen auslegen. |
> | 1 kg rohe Kartoffeln* | schälen, in dünne Scheiben schneiden und in einer Schicht in die Form legen. Mit |
> | Salz und Pfeffer | würzen und |
> | etwas süße Sahne | darübergießen. Mehrere dünne Schichten auf diese Weise auffüllen. Über die oberste Schicht |
> | 0,25 l Milch | gießen, in die vorher |
> | 2 Eigelb | verquirlt worden sind. Mit weiteren Butterflöckchen garnieren, mit geriebenem |
> | Gruyère-Käse | bestreuen, mit einer Prise geriebenem |
> | Muskat | würzen und im Ofen ca. 30 Minuten bei mittlerer Hitze überbacken. |
>
> * *1 kg Kartoffeln reicht für 4 Personen als Hauptgericht, für 6–8 Personen als Imbiß.*

# Wetherby

Wetherby. England 1984. R: David Hare. D: Vanessa Redgrave (Jean Travers), Ian Holm (Stanley), Judi Dench (Marcia), Tom Wylkinson (Roger).

- *Die Lehrerin mittleren Alters Jean Travers gibt eines Abends ein Essen für ihre Freunde. Dabei schleicht sich der Student Stanley in die Gesellschaft ein, der später vor Jeans Augen Selbstmord begeht, eine Tat, die sie zwingt, sich mit ihrer Vergangenheit auseinanderzusetzen. Der Film macht in Gespräch und Verhalten der Individuen die Kommunikationslosigkeit einer Generation deutlich.*

**Stanley:** »Ganz einfach Rache! Das ist es nämlich. Ganz einfach Rache! Sie nimmt andauernd Rache.« **Jean:** »Wer?« **Stanley:** »Die Premierministerin. Sie nimmt da irgendwie ganz furchtbar Rache für irgendwas. Eine gravierende Verletzung, ganz tief im Inneren. Weiß der Himmel was. Für Verbrechen hinter der Ligusterhecke! Und jetzt leidet das ganze Land dafür! Dabei haben wir ihr gar nichts getan!« **Roger:** »Glaubst du das im Ernst?« **Stanley:** »Ja, das glaube ich.« **Jean** (kommt mit einem eisernen Kochtopf zum Tisch, die Kamera erfaßt das Gericht in Großaufnahme): »Coq au vin!« **Alle durcheinander:** »...Oh, wunderbar!... Sieht ja köstlich aus!... Da vergess' ich meine Diät!« Jean Travers teilt aus. (Video 3070)
Es handelt sich in dieser Sequenz nicht einfach um Coq au vin, sondern um »Coq au

vin à la bourguignonne« (Burgunder Art). Dies ist einer Einstellung am Anfang des Films (Video 150) zu entnehmen, in der die Hauptdarstellerin das Rezept einem dickleibigen Kochbuch mit dem Titel »French Cookery« entnimmt. Da die Erzählweise nicht linear ist, wird die Mahlzeit erst am Ende des Films eingenommen.

### Hähnchen in Wein Burgunder Art/ Coq au vin à la bourguignonne
(für 4 Personen)

| | |
|---|---|
| 1 Junghahn | in vier Teile schneiden, zusammen mit |
| 100 g Speck, | in Würfel geschnitten, |
| 2 gehackten Zwiebeln | und einer zerdrückten |
| Knoblauchzehe | anbraten. Mit |
| 2 cl Cognac | ablöschen, mit |
| Salz, Pfeffer | und etwas |
| Thymian | würzen, |
| 0,4 l roten Burgunder | dazugeben und zugedeckt auf kleiner Flamme dünsten lassen. |
| 1 El Mehl | und |
| 40 g Butter | dazugeben und eine Weile leicht kochen. Am Schluß |
| 100 g Champignons | in Scheiben schneiden, in Butter andünsten und für kurze Zeit mit dem Hähnchen mitdünsten. Mit |
| 1 Tl Petersilie | und |
| 1 Tl Selleriekraut | bestreuen. |

# Die Fantome des Hutmachers

Les Fantômes du Chapelier. Frankreich 1982. R: Claude Chabrol. D: Michel Serrault (Hutmacher), Charles Aznavour (Schneider), Monique Chaumette (Hausmädchen), Aurore Clément (Ehefrau).

- *Der solide, in seiner Kleinstadt geachtete Hutmacher hat eines Abends, nach einer Auseinandersetzung, seine verzweifelte, ewig nörgelnde behinderte Frau erwürgt. Nachdem er sie im Keller verscharrt hat, zeigt die Filmszene ihn bei einem guten, stärkenden Abendessen, das ihm sein Hausmädchen zubereitete.*

***Mädchen*** (deckt den Tisch): »Erst nach dem Essen das Tablett?« (Gemeint ist das Tablett mit dem Abendessen für die Frau des Hutmachers.) ***Hutmacher*** (sehr matt): »Ja, nach dem Essen.« ***Mädchen*** (kommt mit der Mahlzeit und einer Flasche Rotwein in das Wohnzimmer): »Es gibt Spickbraten und Sauerampfer!« ***Hutmacher:*** »Ja, wunderbar.« ***Mädchen:*** »Während Sie essen, werde ich die Fensterläden vortun. Ich hab' gesehen, daß sie noch nicht vor sind.« ***Hutmacher*** (sehr erschöpft und abwesend): »Ja gut.« Während das Mädchen die Läden des Geschäfts zur Straße hin schließt, setzt sich der Hutmacher, schnüffelt am Essen und tut sich erst den Spickbraten, dann das Sauerampfergemüse auf. Während er ißt, beginnt er, mit Mimik und gemurmelten Worten in ein imaginiertes Gespräch mit seiner toten Frau einzutreten. Er ißt und trinkt anscheinend mit Appetit, jedoch wie unter Einfluß und scheint völlig versunken in seine inneren Vorstellungen und Bilder. Plötzlich schreit er wie von Sinnen auf: »Ein Stück Brot!!!« (Video 2940)

Dem Hutmacher und dem Schneider vergeht der Appetit

*Spickbraten mit Sauerampfergemüse*
(für 4 Personen)

**Spickbraten** kann aus magerem Fleisch, Wild, Geflügel usw. zubereitet werden. Welcher Sorte der Hutmacher zuspricht, kann der Sequenz des Films nicht entnommen werden. Gespickt wird das Fleisch im allgemeinen mit Streifen von geräuchertem Speck (auch Trüffeln, Sardellen oder Käsestreifen sind möglich). Die Speckstreifen, mit denen das Austrocknen des Fleisches beim Braten verhindert werden soll, sind ca. 4–5 cm lang und bleistiftdick. Sie werden mit Hilfe einer im Handel erhältlichen Spicknadel im Abstand von etwa 2 cm durch das Fleisch gezogen. Für 4 Personen 800–1000 g Spickbraten.

*Sauerampfergemüse*

| | |
|---|---|
| **1 kg Sauerampfer** | waschen und fast trockentupfen, die Stielenden wegschneiden. |
| **1 El Butter** | im Topf zerlaufen lassen, den Sauerampfer dazugeben, leicht mit |
| **Salz und Pfeffer** | würzen und ca. 15 Minuten bei kleiner Hitze unter häufigem Umrühren im eigenen Saft dünsten. Vom Feuer nehmen und |
| **⅕ l Sahne** | unterziehen. |

# *Der Schrei der Eule*

Le cri du hibou. Frankreich 1987. R: Claude Chabrol. D: Christophe Malavoy (Robert), Mathilda May (Juliette), Jacques Penot (Patrick).

- *Der sensible Robert lernt die junge Juliette kennen. Nachdem er sie eine Zeitlang heimlich beobachtet hat, gibt er sich ihr zu erkennen. Juliette verliebt sich ihrerseits in ihn, doch er will keine gewöhnliche Liebesbeziehung. Die verwirrte Juliette verläßt ihren Verlobten Patrick, der Robert aus Eifersucht bedroht. Im Verlauf des Films sterben die angeblich »normalen« Personen in Gegenwart des angeblich »verrückten« Robert, von dem sie sich in ihrem mühsam ausbalancierten seelischen Gleichgewicht provoziert fühlen.*

Wieder einmal ist Juliettes Verlobter gegenüber Robert handgreiflich geworden. Beim Kampf im Wald zog er jedoch den kürzeren. Danach ist er spurlos verschwunden. Hat Robert ihn ermordet? Juliette wartet in einem Restaurant auf Robert. **Kellner:** »Darf ich Ihnen die Karte bringen, Madame? Oder einen Apéritif?« **Juliette:** »Nein... doch, ich hätte gern... die Karte bitte.« **Kellner:** »Sehr wohl, Madame, bitte sehr, Madame.« Juliette studiert nervös die Karte, da betritt Robert das Restaurant, vom Kampf mit Patrick sehr mitgenommen, blutend. **Juliette:** »Mein Gott, was ist denn mit Ihnen passiert!« **Robert:** »Nichts! Halb so schlimm! Ich hatte eine Begegnung mit Patrick.« **Juliette:** »Aber der ist ja verrückt geworden! Was wollte er von Ihnen?« **Robert:** »Er hat mir offensichtlich weh tun wollen!... Wir bestellen, und ich erzähl's Ihnen, ja?« Schnitt. Der Kellner balanciert die Silberschüsseln auf erhobenen Händen. **Kellner:** »Cassolettes von Langustinen. Madame, Monsieur, besten Appetit!« (Video 2000)

## *Cassolettes von Langustinen*
(für 4–6 Personen*)

Cassolettes sind Ragoutnäpfchen, also kleine Porzellanformen, in denen exquisite Dinge angerichtet werden. In diesem Fall also Langustinen.

| | |
|---|---|
| **2 Schalotten** | feinhacken und in einem beliebigen Brattopf mit |
| **30 g Butter** | andünsten, |
| **500 g geschälte Langustinen** | dazugeben. |
| **0,25 l Weißwein** | eingießen und zugedeckt 15 Minuten kochen, dann |
| **2 cl Cognac** | hinzufügen. Die Langustinen herausnehmen und warm stellen. Aus dem Fond und |
| **2 El Tomatenmark, Salz und Pfeffer,** | abgeschmeckt mit eine Sauce einkochen und die Langustinen wieder einlegen. |
| **Gruyère-Käse** | Cassolettes innen buttern, mit den Langustinen in Soße füllen und dicht mit geriebenem bestreuen. Butterflöckchen draufsetzen und im Backofen in ca. 10 Minuten bei starker Oberhitze goldbraun überbacken. |

\* *Das hängt von der Größe der Cassolettes ab.*

# Die Ferien des Monsieur Hulot

Les Vacances de Monsieur Hulot. Frankreich 1953. R: Jacques Tati. D: Jacques Tati (Hulot), Nathalie Pascaud (Martine), Michèle Rolla (Tante), Valentine Camax (alte Dienerin), Louis Perrault (Bootfahrer), André Dubois (Oberst), Lucien Frégis (Hotelinhaber), Raymond Carl (Kellner).

• *Der unfreiwillig schusselige Hulot stiftet Konfusion unter Sommergästen am Meer in der Bretagne. Unglaublich witzige Einfälle machen diese Komödie zu einem Glanzstück der Filmgeschichte.*

Im »Hôtel de la Plage«, wo Hulot abgestiegen ist, kommen die unterschiedlichsten Charaktere zusammen. Höhepunkt eines langen Badetages ist das Abendessen im Speiseraum: *1. Gast:* »Ich finde, daß sie hier den Tomatensalat sehr lecker machen.« *2. Gast:* »Wunderbar! Laß dir doch das Rezept geben – für zu Hause!«

### Tomatensalat »Hôtel de la Plage«
(pro Person)

| | |
|---|---|
| **1 Fleischtomate** | häuten, entkernen, würfeln, mit |
| **1 El weißen Bohnen (aus der Dose)** | und |
| **1 mittelgroßen Zwiebel** | (gehackt) mischen. Aus |
| **2 El Olivenöl** | (am besten kaltgepreßtes aus der Provence), |
| **1 El Weinessig,** | |
| **½ Tl Senf** | und |
| **½ Knoblauchzehe** | (mit Salz zerrieben) eine Vinaigrette zubereiten, leicht mit |
| **Pfeffer** | würzen. Die Vinaigrette unterheben. Den Salat mit feingehackter |
| **Petersilie** | bestreuen und servieren. |

# Bananas

Bananas. USA 1971. R: Woody Allen. B: Woody Allen, Mickey Rose. D: Woody Allen (Fielding Mellish), Louise Lasser (Nancy), Carlos Montalban (Vargas), Howard Cosell (er selbst).

- *Fielding Mellish, vertrottelter Produktetester in einem Labor für Büromaschinen, verknallt sich in eine attraktive Soziologin, die gegen die diktatorische Militärjunta von San Marcos agitiert. Um seiner Angebeteten zu gefallen, greift Mellish auf Seiten der Rebellen in den Kampf um San Marcos ein.*

Eines Tages wird er vom Diktator Vargas höchstpersönlich zum Dinner eingeladen, weiß jedoch noch nicht, daß er das Essen selbst bezahlen muß. – Alle haben zu Ende gespeist. Der Domestik kommt. **Fielding:** »Das Essen war ausgezeichnet!« **Kellner:** »Danke, Sir.« (Er überreicht ihm die Gesamtrechnung.) **Fielding:** »Äh... wer hatte Roastbeef?« **Vargas:** »Das hatte ich!« **Fielding:** »Zwölf Dollar und sechzig. Wer hatte Corned beef und Röstkartoffeln?« **General:** »Das war ich.« **Fielding:** »Aha, aha. Irgendwas stimmt hier nicht. Hier stehen doch zwei Roastbeefs. Was hatten Sie gegessen?« **2. General:** »Chili con carne.« **Fielding:** »Chili con carne... Aber hier stehen doch zwei Roastbeefs.« **Vargas:** »Aber ich habe nur ein Roastbeef bestellt.« **Fielding:** »Ja, aber hier ist einmal Chili und zweimal Roastbeef...« **Vargas:** »Also wer hatte Chili?« **2. General**: »Chili con carne, ja ich.« **Fielding:** »Vielleicht haben Sie das auch selbst gegessen... Äh, sind Sie im Diner's Club?« **Vargas:** »Haben Sie Bank of America?« **Fielding:** »Äh... ja.« **Vargas:** »Das ist besser.« **Fielding:** »Hier.« **Vargas:** »So, und nun lassen Sie uns im Salon noch 'n Brandy nehmen.«

»Äh, sind Sie im Diner's Club?«

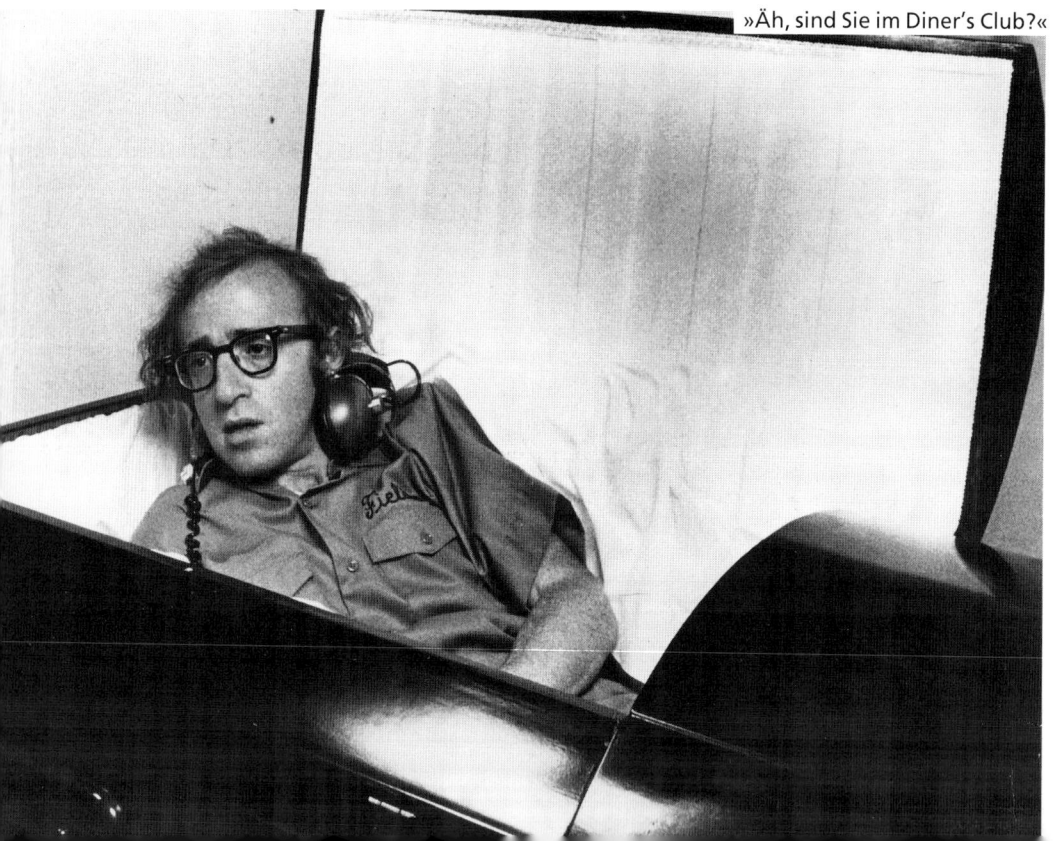

## Chili con carne
(für 4 Personen)

| | |
|---|---|
| 4 Zwiebeln | und |
| 2 Knoblauchzehen | kleinhacken, in |
| 3 El Butter | glasig dünsten, |
| 1 kg Hackfleisch | vom Rind dazugeben und unter ständigem Rühren braun anbraten. |
| Gehäutete Tomaten (gr. Dose, 850 ml) etwas Wasser | mit hinzufügen, ebenso |
| Salz und Pfeffer 1 Lorbeerblatt. | und Ca. 10 Minuten kochen lassen. |
| 2 Dosen weiße Bohnen* 3 El Chili-Gewürz** | und dazugeben und alles ca. 1 Stunde auf kleiner Flamme kochen, bis die Flüssigkeit verdampft ist. Das Gericht kann mehrmals aufgekocht werden, ohne an Geschmack zu verlieren. |

Dazu Cracker und kühles Bier reichen.

\* *Besser als weiße Dosenbohnen sind rote und schwarze Bohnen, die dann jedoch über Nacht eingeweicht werden müssen.*
\*\* *Das Chili-Gewürz sollte je nach Geschmack dosiert werden, es muß aber unbedingt dezent scharf und nach Koriander schmecken.*

# *Amarcord*

Amarcord. Italien/Frankreich 1973. R: Federico Fellini. D: Magali Noël (Grandisca), Pupella Maggio (Mutter), Armando Brancia (Vater), Bruno Zanin (1. Sohn), Stefano Proietti (2. Sohn), Giuseppe Lanigro (Großvater), Nandino Orfei (Bruder, gen. Lalino), Carla Nord (Gina).

- *Eine italienische Familie in Rimini, mit der Fellini sich an seine eigene Familie und Jugendzeit erinnert, durchlebt in den 30er Jahren die politischen Zeitläufte. Wie in einem kleinen Welttheater vollziehen sich pittoreske Ereignisse, die kaleidoskopartig und episodenhaft vorgeführt werden.*

Eines Tages sitzt die Familie in der Küche beim Essen: **Vater:** »Hör mal, Junge, vor der Suppe trinkt man nicht! Nicht vor der Minestra!« **Mutter:** »Hah, wo steht denn das geschrieben?« **Vater:** »Das bläht nur den Magen auf. Stand in der heutigen Wochenendausgabe ...« **Mutter:** »Zu heiß, Lalino? Ist sie dir zu heiß?« **1. Sohn:** »Das verbrennt dir die Zunge.« **2. Sohn:** »Gib mir die große Portion, Mama, ja?« **Mutter:**

»Du kriegst, was dir zusteht! Willst *du* noch 'ne Kelle voll? Es ist noch genug da, Lalino.« *Großvater:* »Ist sie genügend gesalzen?« *1. Sohn:* »Ja, Opa. Gina, der Opa hat noch nichts bekommen!« *Gina:* »Der hat doch schon gegessen.« *Großvater:* »Nein, nichts mehr für mich. – Der Vater meines Vaters, er wurde ›Der Wüstling‹ genannt, der starb mit 106 und war noch ganz schön pff, pff, pff...« (Er vollführt obszöne Gesten.) *Mutter:* »Fängt der schon wieder an!« *Vater:* »Na und weiter?« *Mutter* (zu ihrem Bruder): »Na, ist sie gut? Schmeckt sie dir?« *Lalino:* »Ja, wunderbar.« *Mutter:* »Du tust noch Salz dran? Sie ist doch gesalzen!« *Vater:* »Willst du überhaupt nicht essen?« *Mutter:* »Nein!...« Die Mutter serviert ein tranchiertes, gebratenes Huhn auf Reis. *Lalino:* »Mir bleibt das Hühnerfleisch immer zwischen den Zähnen hängen.« *1. Sohn:* »Papa, ich nehme mir noch 'n Stückchen, ja?« *Vater:* »Hände weg!« *1. Sohn:* »Nur noch 'n Flügel!« *Vater:* »Ich geb's dir.« *Lalino:* »Eins interessiert mich aber jetzt, Miranda. Hast du da Minze rangetan?« *Mutter:* »Aber doch nicht Minze! Salbei! Das merkt mein Bruder sofort, wenn da ein anderes Gewürz dran ist. Hast 'ne feine Zunge, Lalino!«

## *Huhn mit Salbei auf Reis*
(für 4 Personen)

| | |
|---|---|
| **1 mittelgroßes Huhn** | innen und außen mit |
| **Salz und Pfeffer** | einreiben, |
| **1 Kräuterstrauß Salbei** | in das ausgenommene Huhn legen. Das Huhn außen mit |
| **Olivenöl** | bepinseln und rundum in einem |
| **Butter-Öl-Gemisch** | in der Pfanne anbraten. Die Pfanne mit |
| **ca. 0,5 l Hühnerbrühe** | auffüllen, alles zugedeckt bei mittlerer Hitze ca. 1½ Stunden schmoren lassen. Wenn das Huhn gar ist, herausnehmen, warm stellen. |
| Bevor das Huhn gar ist: | |
| **300 g Reis** | in |
| **kochendes Salzwasser** | geben und 10 Minuten kochen lassen, im Sieb abtropfen, lauwarm abspülen und bei schwacher Hitze in einem abgeschöpften Teil – ca. 5 El – der |
| **Hühnerbrühe** | ausquellen lassen. Mit |
| **Parmesankäse** | und |
| **etwas Butter** | verfeinern, auf einer vorgewärmten Platte anrichten, das Huhn tranchieren und auf dem Reis servieren. Mit |
| **gehacktem Kerbel** | bestreuen.* |

\* Dies ist das Rezept für eine spezielle Art Risotto, leicht und problemlos in der Zubereitung.

## Minestra
(für 4 Person)

Minestra ist die leichtere, weniger gehaltvolle Ausgabe der Minestrone – man könnte die Suppe als »Minestrone der Armen« bezeichnen. Vom folgenden Minestrone-Rezept kann deshalb je nach Bedarf das eine oder andere Gemüse, der Speck oder die Nudeln weggelassen werden.

| | |
|---|---|
| **1 halbe Sellerieknolle,** | |
| **200 g Blumenkohl,** | |
| **2 Stangen Porree,** | |
| **200 g Möhren** | waschen, schälen und putzen, in Streifen schneiden und zu |
| **50 g durchwachsenem Speck** | (gewürfelt) und |
| **2 gehackten Zwiebeln** | in einen Topf mit wenig |
| **Olivenöl** | geben und mitdünsten lassen. |
| **Ca. 1,5 l Wasser** | hinzugießen, |
| **4 El Fleischbrühe (Instant)** | unterrühren und zum Kochen bringen. |
| **125 g Spaghetti** | in ca. 5 cm lange Stücke brechen, in der Suppe gar kochen. |
| **250 g gehäutete Tomaten** | in Würfel schneiden und mit |
| **100 g Erbsen (aus der Dose),** | gewaschen, kurz vor Ende der Garzeit (ca. 25 Minuten) dazugeben. |
| **Parmesankäse** | getrennt reichen. |

Mittags in Rimini

# Um Mitternacht

Round Midnight. Frankreich 1988. R: Bertrand Tavernier. D: Dexter Gordon (Dale Turner), François Cluzet (Françis Borier), Gabrielle Haker (Bérangère), Sandra Reaves-Phillips (Buttercup), Lonette McKee (Darcey Leigh), Martin Scorsese (Goodley).

*Der weltberühmte Tenorsaxophonist Dale Turner spielt abends im Pariser »Blue Note«. Da er alkoholkrank ist, haben seine Vertrauten ihn entmündigt. Erst durch die Hilfe seines leidenschaftlichen Fans Françis kommt Turner wieder auf die Beine. Françis, der mit seiner Tochter Bérangère lebt, quartiert Turner bei sich ein, und der Musiker beginnt wieder zu komponieren.*

Eines Tages beschließt Dale Turner, für seine beiden Gastgeber zu kochen. Mit Bérangère kommt er vom Einkaufen. **Bérangère:** »Côte de bœuf!« **Turner:** »Côte de bœuf!« **Bérangère:** »Ja! Côte de bœuf!« **Turner:** »Côte de bœuf! Oui! Côte de bœuf!« Zu Hause in der Küche klatschen Françis und Bérangère beim Auftritt des Kochs Dale Beifall: **Bérangère:** »Es ist fertig!« **Turner:** »Ahh! Einen Guten!« Françis lädt seiner Tochter ein gewaltiges Stück Fleisch auf den Teller. **Françis:** »Es ist wirklich wunderbar!« **Turner:** »Merci.« **Françis:** »Du bist ein King!« **Turner:** »Wie Ludwig der XIV.?« **Françis:** »Ganz genau!« **Turner:** »Okay. Ich weiß nichts von diesen Kings. Aber du behandelst mich wie einen von ihnen, Françis.« **Bérangère:** »Was hat er gesagt?« **Françis:** »Daß wir ihn behandeln wie einen König. Fast wie 'n König!...« (Er spießt eine große Pellkartoffel auf die Gabel, für die auf dem Teller kaum noch Platz ist.) »Kartoffel? Daneben oder obendrauf?« **Bérangère:** »Das ist ja ein enormes Stück Fleisch!« (Video 3050)

Dexter Gordon um Mitternacht im »Blue Note«

> **Gebratenes Ochsenrippenstück/Côte de bœuf**
> (für 3 Personen)
>
> **3 Scheiben abgehangene Hochrippe.**
>
> **Salz und Pfeffer**
> **2 El Öl und 40 g Butter**
>
> Überflüssiges Fett am Fleisch abschneiden, aber einen dünnen Fettrand lassen. Die Ochsenrippenstücke mit einreiben. In von jeder Seite knusprig anbraten: 12 Minuten von jeder Seite rosa, mit blutigem Kern, 15 Minuten à point. Während des Bratens ständig mit Bratenfett begießen. 2–3 Minuten vor dem Servieren ruhen lassen, einmal wenden, damit sich der Fleischsaft verteilt.
>
> Dazu Pellkartoffeln – möglichst neue Kartoffeln –, die in Salzwasser gekocht, abgegossen und ausgedampft sind.

# *Der Mann, der die Frauen liebte*

L'homme qui aimait les femmes. Frankreich 1976/77. R: François Truffaut. D: Charles Denner (Bertrand Morane), Brigitte Fossey (Geneviève Bigey), Nelly Borgeaud (Delphine), Geneviève Fontanel (Hélène), Nathalie Baye (Martine Desdoits), Nella Barbier (Liliane).

- *Der Erzähler des Films erinnert sich anläßlich eines Buches, das er schreibt, an all die Frauen, mit denen er je eine Affäre hatte.*

Wir hören in einem »Voice over«-Kommentar die Stimme des von Charles Denner gespielten Erzählers Bertrand Morane: »Ich muß in meinem Buch auch Liliane erwähnen. Wir haben noch immer ein gutes Verhältnis miteinander, das in jene Zeit zurückreicht, als sie noch Kellnerin in einem eher armseligen Restaurant war, in dem ich manchmal zu Abend aß. Schnitt auf das Restaurant, innen. Liliane geht auf den Tisch von Bertrand Morane zu und reicht ihm die Speisekarte. **Liliane:** »Bitte!« **Bertrand:** »Danke!« (Er steckt sich eine Zigarette an.) **Gast:** »Sie rauchen? Ich habe vor zwei Monaten aufgehört!« Liliane kommt und bringt diesem Gast die Karte. Der

**70  KALBSRAGOUT NACH ART DES CHEFS**

Gast zieht an ihrer Schürzenschleife und sagt: »Vielen Dank, Germaine!« *Liliane:* »Ich bin nicht Germaine!« *Gast:* »Janine!« *Liliane:* »Auch nicht Janine!« *Gast:* »Macht nichts, ich krieg's schon raus!« *Liliane* (ist zum Tisch Bertrands gegangen): »Haben Sie schon gewählt?« *Bertrand:* »Ja, bringen Sie mir bitte das Tagesgericht. Das Kalbsragout.« *Liliane* (wirft einen schnellen Blick über die Schulter zurück zum Chef): »Kein Kalbsragout!« *Bertrand:* »Na gut. Dann nehme ich Brathähnchen, mit grünem Salat.« *Liliane:* »Brathuhn mit grünem Salat, bringe ich sofort!« Sie geht zum Tisch des anderen Gastes und fragt: »Haben Sie gewählt?« *Gast:* »Ich nehme das Kalbsragout nach Art des Chefs.« *Liliane:* »Ein Kalbsragout nach Art des Chefs. Sehr wohl, Monsieur.« Als sie weggeht, zieht ihr der Gast erneut die Schürzenschleife auf. *Liliane* in der Küche: »Und ein Kalbsragout!« (Video 2110)

### *Kalbsragout nach Art des Chefs**
(für 4 Personen)

| | |
|---|---|
| **6 Tomaten** | abbrühen, enthäuten und kleinschneiden, beiseite stellen. |
| **1 kg Kalbsbrust oder -schulter** | in ca. 5 cm dicke Würfel schneiden, von allen Seiten in |
| **2 El Öl** | und |
| **2 El Butter** | anbraten. |
| **2 kleingehackte Zwiebeln, 1 Karotte in Scheiben, 1 zerdrückte Knoblauchzehe Salz und Pfeffer** | dazugeben und mit würzen. |

Bertrand riskiert einen Blick über den Tellerrand hinaus

| | |
|---|---|
| 1 El Mehl<br>0,1 l Weißwein<br>0,1 l Fleischbrühe<br>Tomaten (ohne Kerne)<br>1 Zweig Thymian,<br>1 kleines Lorbeerblatt<br>3 Stengel Petersilie | darüberstäuben, hellgelb anrösten. Mit und auffüllen. Die kleingeschnittenen zum Fleisch geben,<br><br>und dazugeben. In geschlossenem Topf bei kleiner Hitze ca. 1¼ Stunden schmoren. |
| 12 Perlzwiebeln<br>(aus dem Glas)<br>etwas Butter<br>100 g geviertelte<br>Champignons | in bräunlich andünsten.<br><br>dazugeben und noch einmal 5 Minuten durchschwenken. Das Ganze die letzte halbe Stunde lang zum Fleisch geben und mitschmoren lassen.<br>Zum Schluß die Soße mit einem Rest von |
| Petersilie,<br>1 Tl Zitronensaft,<br>Salz und Pfeffer<br>ca. 1 El Sahne | abschmecken und mit vollenden. |

*\* Dies ist eine kernige südländische Variante des etwas blassen deutschen Kalbsragouts.*

# Fetty – Der Dicke legt los

Fatso. USA 1980. R: Anne Bancroft. D: Dom DeLuise (Domenico DiNapoli), Ron Carey (Junior), Anne Bancroft (Candice Azzara).

- Domenico DiNapoli ist fett. Seine Freßsucht ist grenzenlos. Eines Tages rät ihm der Arzt zu fasten. Domenico probiert es. Er kocht für seinen Bruder Frankie, mit dem er zusammenwohnt, lukullische Köstlichkeiten, und für sich gesunde Mahlzeiten. Da der Junior nicht fasten muß, ist der Konflikt vorauszusehen.

Eines Tages in der Küche: **Domenico:** »Es gibt Essen! Lasagne für dich und gegrilltes Hühnchen mit Grünkohl und Magermilch für mich. Und kein Brot! Komm jetzt essen!« **Junior** (ist gerade von seiner Arbeit nach Hause gekommen): »Es ist kaum zu fassen, die Müllberge auf meiner Tour werden immer größer!« Domenico hat aus der gläsernen Auflaufform eine Portion überbackene Lasagne auf den Teller des Bruders getan. Er gießt Béchamelsoße über die Lasagne und bestreut sie anschließend mit Parmesankäse. Lustlos stochert er selbst im Grünkohl herum und beäugt sehnsüchtig die köstliche Lasagne. **Domenico** (seufzend): »Jesus und Maria, helft mir!« **Junior:** »Man hat eine Skulptur aus einer alten Schreibmaschine gemacht, die man auf dem Müll fand. Man hat sie einfach auf den Kopf gestellt, erinnerst du dich? Sie sah aus wie die Madonna mit Kind, und Mama hat sie geliebt.« Domenico stopft sich angeekelt Grünkohl in den Mund und sieht seinem Bruder zu, der heißhungrig die Lasagne zu essen beginnt. *Junior.* »Hmm, 'ne tolle Lasagne! Wie schmeckt dein Kohl?« *Domenico:* »Umwerfend! Ganz toll!... Willst du Brot, hm? Eine Scheibe!« (Als ihm der Bruder, der kein Brot mag, einen vernichtenden Blick zuwirft, legt er ihm dennoch vorsichtig eine Scheibe an den Tellerrand.) »Falls du es dir überlegst!« Junior, der das Gefühl hat, sich gegen die Brotzuteilung wehren zu müssen, schmeißt das Brot trotzig auf den Boden. Beide stochern danach frustriert in ihrem Essen herum, wobei Domenico weiterhin Blicke auf die Lasagne wirft. (Video 1420)

---

## *Überbackene Lasagne/Lasagne al forno*
(für 2–4 Personen)

| | Aus |
|---|---|
| ca. 400 g Mehl, 4 Eiern, 1 Prise Salz | einen Nudelteig kneten (wenn man ihn nicht fertig kaufen* will). Den Teig ausrollen und nach dem Umfang der Auflaufform in der Breite ausschneiden. Auf einem Tuch trocknen lassen. |
| 1 Zwiebel, 1 Karotte 1 Stück Sellerie 100 g Butter | und kleinhacken und in schmoren lassen. |
| 300 g Rinderhack | dazutun und bräunen. |
| 200 g rohen Schinken | hacken und dazutun. |
| 1 El Tomatenmark 1 Schuß Fleischbrühe 0,1 l Weißwein. etwas Fleischbrühe Salz und Pfeffer | mit verrühren und dazugeben, ebenso Die Masse ab und zu mit saftig halten, weiterschmoren, mit abschmecken. |

*Béchamelsoße* herstellen (Rezept siehe Seite 86, »Mord im Orientexpress«) oder als Fertigprodukt kaufen.

| Lasagne | in |
|---|---|
| heißem Wasser | kochen, abgießen. Eine Auflaufform mit |
| 100 g Butter | einfetten und schichtweise Lasagne, Ragout, |
|  | Lasagne, Béchamelsoße mit |
| geriebenem Parmesan- |  |
| käse | einfüllen. Mit |
| einigen Butter- |  |
| flöckchen | und |
| Parmesankäse | abschließen. Im Backofen bei mittlerer Hitze |
|  | 15–20 Minuten überbacken. Nach dem Her- |
|  | ausnehmen noch einmal wenig Parmesan- |
|  | käse darüberstreuen. |

*\* Lasagne-Teig gibt es z. B. tiefgefroren oder in Form getrockneter Platten, die nach Vorschrift in Salzwasser gegart werden. Auch als – mit Spinat(saft) grün gefärbte – Lasagne verde erhältlich.*

Im weiteren Verlauf des Films:
Domenico DiNapoli hat ein attraktives, nicht mehr ganz junges Mädchen kennengelernt. Doch er schafft es noch immer nicht, seine Fettpolster loszuwerden. Verzweifelt hält er Diät, trinkt nur noch heißes Wasser und joggt in der Wohnung. Eines Tages hält er es nicht mehr aus. Er ruft die »anonymen Freßsuchtler«, Chubby Checkers genannt, zu Hilfe. Zwei Chubby Checkers kommen auch sogleich angejoggt. **Domenico:** »Gott sei Dank, daß ihr da seid!« *Chubby Checker 1:* »Ich kam so schnell wie möglich.« Domenico und sein Bruder machen sich mit ihnen bekannt, und alle reden dann, nach Jogger-Art auf der Stelle tretend, durcheinander. **Bruder:** »Darf ich euch was anbieten? Wir haben schönes heißes Wasser!« *Chubby Checker 1*: »Ja, schön!... Äh... hört auf! Warum hopsen wir eigentlich?« **Domenico:** »Ja, äh...« *Chubby Checker 1:* »Also warum setzen wir uns nicht hin und sprechen alles durch?« Alle setzen sich. Domenicos Bruder schenkt heißes Wasser ein. *Chubby Checker 1:* »Also wie können wir dir helfen?« Domenico beginnt zu weinen, Chubby 1 hält ihm die Hand. *Chubby Checker 1:* »Sprich dich aus, mein Junge.« **Domenico:** »Allein schaffe ich's einfach nicht! Vor ein paar Tagen, ich lag in meinem Bett, ich lag so da und war bemüht, nur an das Mädchen zu denken! Ich hatte vor, mich heute nachmittag mit ihr zu verabreden. Aber ich konnte es nicht, ich traute mich nicht, und so bin ich weggelaufen. Ich lief zu Dino, und dort aß ich ei... eine große Pizza!!« *Chubby Checker 2*: »Mit Peperoni?« **Domenico** (schluchzend): »Mit allem!... Alles kann ich haben, nur dieses Mädchen nicht... dieses hübsche Mädchen! Bin ich nicht zu bedauern? Wenn ich sie nicht so mögen würde, hätte ich mich nicht mit ihr verabredet. Sie hat alles, was man sich nur wünschen kann! Sie ist blond, sie ist katholisch, Halbitalienerin... ach, Junior, kann ich noch etwas heißes Wasser haben?« *Junior:* »Ja.« **Domenico:** »Ich hatte einen Cousin, bei dem war's genauso. Er ist vor kurzem

gestorben.« ***Chubby Checker 2:*** »Gerade erst jetzt?« ***Junior:*** »Gerade erst jetzt!« ***Domenico*** (trinkt eine Tasse heißes Wasser): »Ja. Das einzige, womit er sich beschäftigte, so richtig, waren seine Mahlzeiten! Er hat für sein Leben gern gegessen, vor allem… Maiskolben! Stimmt's, er liebte doch Mais?« ***Junior*** (weinerlich): »Ja!« ***Domenico:*** »Seine Mutter kochte immer mehr, damit er am nächsten Tag noch kalt essen konnte.« ***Chubby Checker 2:*** »Ich liebe kalten Mais!« ***Junior:*** »O ja, ich auch!« ***Domenico*** (heißes Wasser trinkend): »Ich mag nichts Kaltes. Sogar Obst muß temperiert sein!« ***Chubby Checker 2:*** »Magst du keine schönen kalten Äpfel?« ***Domenico:*** »Doch, einen kalten Apfel mag ich schon, aber Apfelkuchen, der muß warm sein.« ***Chubby Checker 2:*** »Mit Vanilleeiscreme!« ***Domenico:*** »Hast du das jemals probiert mit Schokoladenraspeleiscreme? Apfelkuchen mit Schokoraspeleiscreme!« Alle machen »Hmm!« ***Chubby Checker 2:*** »Und ich mag Glibberpudding so gerne!« ***Domenico:*** »Was ist das?« ***Chubby Checker 2:*** »Pudding aus Nudeln mit Eis und Schokoladenraspeln.« ***Junior:*** »Sandkuchen mit Schokoeiscreme ist auch gut!« Chubby Checker 1 macht zu allen Ausführungen immer: »Hmm!« ***Domenico:*** »Vanilleeiskringel mit Schokoladeneiscreme, nein, mit Schokoraspeleiscreme ist noch besser!« ***Chubby Checker 1:*** »Das ist gar nichts. Versuch das mal: aus einem Berliner die Marmeladenfüllung schlecken und ihn dann wieder mit Schokoladenraspeleis füllen.« ***Domenico***: »Ich dagegen fülle einen Pfannkuchen gern mit Erdnußbutter, überziehe ihn mit Schokolade und lass' das Ganze dann im Backofen schön verlaufen.« ***Chubby Checker 1:*** »Ahhh!« ***Chubby Checker 2:*** »Wie findet ihr Erdnußbuttercreme auf einem mit Schokolade überzogenen Cracker?« ***Chubby Checker 1:*** »Mit Bananenscheiben drauf!« Alle machen »Ahh!«, »Ohh!« und »Hmm!« und trinken eigentümlich versonnen ihr heißes Wasser. ***Chubby Checker 2:*** »Kann ich 'n bißchen Zitrone in mein Wasser kriegen?« ***Junior:*** »Ja sicher.« ***Domenico:*** »Ich backe Schokoladenplätzchen, so was habt ihr noch nicht gesehn!« ***Chubby Checker 1:*** »Das kann ich mir vorstellen.« ***Domenico:*** »Junior, kann ich auch ein bißchen Zitrone in mein Wasser haben?« ***Junior:*** »Sie auch, Mister?« ***Chubby Checker 1:*** »Ich hätte lieber eine frischgepreßte Orange in mein Wasser, wenn Sie die haben?« ***Junior:*** »Nein, tut mir leid!« ***Chubby Checker 1***: »Na gut, dann Zitrone.« ***Chubby Checker 2:*** »Im Kaufhaus Nasa gibt es Orangenscheiben, in Schokolade getaucht! Das schmeckt vielleicht köstlich!« ***Domenico:*** »Junior, kann ich ein wenig Honig hier rein kriegen? Nur ein Tröpfchen!« ***Chubby Checker 2:*** »Ein Stückchen einer Frucht! Umhüllt mit dieser dunklen, dicken Schokolade, verstehst du?!« ***Chubby Checker 1:*** »O Mann, und das dann alles in einem Omelett!« ***Domenico:*** »Hol den Honig, Junior.« ***Chubby Checker 1:*** »Gib ihm den Honig, Junior!« ***Junior:*** »Er ist eingeschlossen.« ***Domenico:*** »Dann hol ihn raus! – Was kann man eigentlich noch mit Schokolade umhüllen außer diesen Orangenscheiben. Trauben? Pfirsiche?« ***Chubby Checker 2:*** »Erdbeeren!!!« ***Domenico:*** »Junior! Den Honig!« ***Chubby Checker 2:*** »O Mann, frisch gepflückte Erdbeeren, überzogen mit Vollmilchschokolade!« Die Stimmung wird langsam, aber sicher ekstatisch. Alle machen wiederholt »Hmm!« und stellen die Tassen mit heißem Wasser weg. Sie stehen auf und gehen auf Junior zu. ***Chubby Checker 1*** (drohend):

»Hol den Honig! Hol den Honig!!« *Junior:* »O nein!« Junior steckt blitzschnell den Schlüssel in den Mund. Chubby Checker 1 geht zum Küchenschrank und reißt die Tür samt vorgelegten Ketten auf. Domenico versetzt Junior einen Schlag in den Nacken, und der spuckt den Schlüssel zur Vorratskammer aus. Jetzt brechen endgültig die Dämme. Alles stürzt zur Küche und beginnt dort hausfraulich zu arbeiten. Am Telefon werden Zutaten bestellt. *Domenico* (am Telefon, nimmt Anregungen der anderen entgegen): »Haben Sie's notiert? Ja, 72 Baker Street, erster Stock. Ja, wir haben eine große Party, mit allem, was dazugehört; warten Sie, geben Sie noch Butternußeiscreme dazu!... Magst du Himbeereis?... Jaah!!... Und Himbeereis!... Und ich brauche Schokoladenraspeleis... entschuldige... eine große Portion davon, ja? Haben Sie gefüllte Berliner? Ja, bringen Sie auch davon welche. Und heiße Vanillesoße nicht vergessen. Womit sind die Berliner gefüllt? Ja, das ist gut. Ach ja, und natürlich die Erdbeeren nicht vergessen!« (Video 2380)

# *Himmel vorhanden, Engel gesucht*

This Wife for Hire. USA 1984. R: James R. Drake. D: Pam Dawber (Marsha), Robert Klein (Allan), David White (Larry), Ann Jillian (Valerie), Tim Kazurinsky (Mel Greenfield).

* *Marsha, Ehefrau und Mutter von zwei bezaubernden Kindern, fühlt sich unausgelastet. Sie beschließt, sich als »Leihhausfrau« für andere Männer geschäftlich zu etablieren. Bestärkt wird die tatendurstige Ehefrau auch dadurch, daß ihr Mann jede berufliche Betätigung für Zeitvergeudung hält – aus durchsichtigen Gründen.*

Eines Morgens am Frühstückstisch: *Marsha:* »Probier die Pfannkuchen mit Himbeersoße, die gibt's auch morgen abend... Na?« *Allan:* »Großartig! Wirklich großartig! Du bist phantastisch! Einfach Spitze!... Oh, übrigens, wenn du zufällig bei der Reinigung vorbeikommst, holst du meinen Anzug?« *Marsha:* »Ich komme zufällig bei der Reinigung vorbei.« *Allan:* »Heißt das, ja?« *Marsha:* »Mhm!... Allan, ich habe von der Personalabteilung gehört, daß ein Job frei wird...« *Allan:* »Haben wir das nicht schon vor Monaten geklärt?« *Marsha:* »Nein, wir haben es nicht geklärt. Wir haben es fallen gelassen wie eine heiße Kartoffel.« *Allan:* »Warum willst du wieder in unseren Laden zurück?« *Marsha:* »Ich war sehr gerne da.« *Allan:* »Meine Frau ist zu schade, um Schriftsätze für meine Partner zu tippen. Außerdem sollte ein Genie, das solche Himbeersoße zubereitet, nicht seine Zeit im Büro verschwenden.« (Video 170)

## *Pfannkuchen mit Himbeersoße*
(pro Person 3–4 kleine Pfannkuchen)

| | |
|---|---|
| **4 El Weizenmehl** | und |
| **1 Tl Backpulver** | in eine Schüssel geben. |
| **1 Ei** | und |
| **eine Prise Salz** | in eine Mehlmulde legen und mit ausreichend |
| **Milch,** | die langsam hineingegossen wird, zu einem cremigen Teig verquirlen, bis dieser gut vom Löffel läuft. In einer gußeisernen Pfanne etwas |
| **Pflanzenfett oder Butterschmalz** | erhitzen. Darin kleine Fladen bei mittlerer Hitze ausbacken. |

### *Himbeersoße*

| | |
|---|---|
| **1 Packung tiefgefrorene Himbeeren** | antauen und mit |
| **2 cl Himbeergeist** | durchziehen lassen. Währenddessen |
| **0,5 l Himbeersaft** | mit der dünn abgeschälten Schale von |
| **1 unbehandelten Zitrone,** | |
| **2 El Zucker** | und |
| **1 Stange Zimt** | aufkochen, die Soße mit |
| **1–2 El Speisestärke** | binden, die vorher mit etwas Wasser angerührt wurde. Die Himbeeren dazugeben, vorsichtig durchrühren und heiß über die Pfannkuchen gießen. |

# Das Leben ist ein langer ruhiger Fluß

La vie est un long fleuve tranquille. Frankreich 1987. R: Etienne Chatilliez. D: Benoît Magimel (Maurice), Valérie Lalande (Bernadette), Maurice Mons (Monsieur Groseille), Christine Pignet (Mme. Groseille), André Wilms (Monsieur Le Quesnoy), Hélène Vincent (Mme. Le Quesnoy).

- *In einer Klinik wurden als Racheakt einer Krankenschwester die Babys einer reichen und einer armen Familie vertauscht. Jetzt sind die Kinder zwölf Jahre alt, und die Wahrheit kommt ans Licht. Die begüterte Bernadette ist bei den verschlampten Groseilles, der arme Maurice bei den reichen Le Quesnoys. Dort will er aber auf keinen Fall bleiben. Eines Tages sitzt die Familie Le Quesnoy zu Tisch. Der Herr Papa hat gekocht: Ravioli in Tomatensauce aus der Dose, da Madame leider verhindert ist.*

Vorspiel zum Essen bei den Le Quesnoys

Die Kinder maulen. Jeder stochert lustlos in der Raviolisoße herum. **Monsieur Le Quesnoy:** »Was ist denn schon wieder los!« **1. Kind:** »Ich mag die nicht! Mama kocht besser!« **2. Kind:** »Ach was, die hier sind genausogut.« **3. Kind:** »Denkt an die, die nichts zu essen haben!« **Maurice:** »Die haben vielleicht ein Glück.« Alle lachen, außer Monsieur. **Le Quesnoy:** »Schluß jetzt!« 1. Kind steht auf. **Le Quesnoy:** »Warum stehst du auf?« **1. Kind:** »Ich mach' mir ein Brot mit Ketchup.«

So hätte Mama die Ravioli zubereitet:

### Ravioli in Tomatensoße
(für 4 Personen)

| | |
|---|---|
| 500 g Tomaten | in heißes Wasser legen, danach schälen und kleinschneiden. |
| 1 Knoblauchzehe | zerdrücken, in |
| 3 El Olivenöl | anrösten, die |
| Tomaten | dazugeben, mit |
| etwas Oregano, Salz und Pfeffer | würzen, |
| 0,2 l Weißwein | zugießen und ¼ Stunde schmoren. |
| 500 g Ravioli* | kochen und mit der Tomatensoße vermischen. Eine Hälfte der Ravioli in eine Auflaufform legen, mit einer in Scheiben geschnittenen Schicht von insgesamt |
| 200 g Mozzarella | belegen, darauf die restlichen Ravioli und die letzte Lage Mozzarella legen, mit |
| etwas Semmelbrösel | bestreuen. Ein paar |
| Butterflöckchen | darauf verteilen und das Ganze im Ofen etwa 15 Minuten bei mittlerer Hitze überbacken. |

*Fertigprodukt, am besten vakuumverpackt.*

# Fellinis Schiff der Träume

E la nave va. Italien/Frankreich 1983. R: Federico Fellini. D: Freddie Jones (Orlando), Barbara Jefford (Ildebranda Cuffari), Norma West (Lady Dongby), Peter Cellier (Sir Reginald Dongby), Pina Bausch (Prinzessin), Victor Poletti (Aureliano Fuciletto).

- *Berühmte Opernstars und Durchlauchten aus aller Welt befinden sich im Juli 1914 auf einem Luxusdampfer, der die Passagiere zur Seebestattung einer berühmten Diva bringen soll.*
- *Bis es soweit ist, bzw. bis das Schiff auf Kollisionskurs mit einem österreichischen Kriegsschiff gerät, vertreiben sich die Herrschaften die Zeit vorwiegend beim Essen.*

Im opulenten Speisesalon: **Prinzessin:** »Die Suppe gestern war ausgezeichnet. Gibt's die auch heute?« **Küchenchef:** »Maître, Sie erinnern sich sicher, was die Prinzessin gestern...« **Oberkellner:** »...Potage printanier!...« **Großherzog** (deutet auf die Speisekarte): »Ohh... das hier: Cailles truffées, o ja!« **Oberkellner:** »Sehr wohl.«

## Frühlingssuppe/Potage printanier/Consommé printanier
(für 12 Personen)

| | |
|---|---|
| 250 g Blumenkohl | in Röschen schneiden, zusammen mit |
| 3 Stangen Spargel | in |
| Salzwasser | und |
| 1 Schuß Milch | garen. In einem separaten Topf |
| 100 g Brechbohnen, 200 g Erbsen und Möhren | mit kochendem Wasser garen. |
| 2 l Fleisch- oder Geflügelkraftbrühe (Fertigprodukt) | erhitzen, den gegarten Spargel und Blumenkohl dazugeben, die Brühe mit |
| Salz, Muskatnuß, div. Frühjahrskräutern (z. B., wenn möglich, Sauerampfer, Kresse, Löwenzahn) | abschmecken. Zusammen mit dem restlichen Gemüse* in eine Terrine geben und mit |
| Petersilie | bestreuen. Mit einer Einlage von Grießklößchen oder Eierstich servieren. |

*Natürlich können auch andere Gemüse zusätzlich verwendet werden, z. B. kleine Steckrüben, Kohlrabi oder Sellerie. Wenn man die dazu geeigneten Gemüse in »Julienne« (feine Streifen) schneidet, verkürzt sich der Kochvorgang, was den Vitaminen zugute kommt. Wichtig ist auch die Qualität der Kraftbrühe.

Im Bauch des Schiffs der Träume

## Getrüffelte Wachteln/Cailles truffées
(für 4 Personen)

| | |
|---|---|
| **8 mittelgroße Wachteln** | werden entbeint (was man am besten dem Händler überläßt). |
| **1 Zwiebel, 2 Karotten, 10 Champignons** | hacken und mit den ebenfalls kleingehackten Knochen der Wachteln, mit |
| **Thymian und 60 g geräuchertem Speck in Würfeln** | braun anrösten. Mit |
| **etwas Fleischbrühe** | und |
| **0,3 l trockenem Weißwein** | auffüllen und 50 Minuten bei schwacher Hitze kochen lassen. Danach durch ein Sieb passieren. |
| **250 g Gänseleber** | in ganz kleine Würfel schneiden, ebenso |
| **1 Trüffel (aus der Dose), wenig Butter Leber der Wachteln, Salz und Pfeffer** | beides zusammen in einer Pfanne mit dünsten. Mit zerdrückter und |
| **1 Schuß Cognac** | zu einer Farce verarbeiten. Damit die entbeinten Wachteln füllen. Die Wachteln zunähen und nebeneinander in eine gebutterte Bratpfanne legen, mit |
| **1–2 El flüssiger Butter** | beträufeln. Zugedeckt bei mittlerer Hitze gute 15 Minuten im Backofen schmoren. Etwas |
| **Mehl** | darübergeben, umrühren und aufkochen lassen. Die Soße mit |
| **Trüffelessenz (aus der Dose)** | abschmecken, die fertigen Wachteln auf eine vorgewärmte Platte legen, den Fond mit Soße und |
| **1 Schuß Madeira 2 weitere Trüffeln** | ablöschen. Die restliche Soße sowie feinhacken und dazugeben. Die Wachteln mit etwas Soße begießen. Restliche Soße getrennt servieren.* |

*\* Rezept nach Straßburger Art*

# Cheech und Chong im Dauerstreß

Things Are Tough All Over. USA 1982. R: Tom Avildsen. D: Richard »Cheech« Marin (er selbst und Mr. Slyman), Tommy Chong (er selbst und Habib), Rip Taylor (er selbst), Shelby Fiddis, Rikki Marin.

- *Zwei Freaks, übriggeblieben aus der Hippie-Pop-Ära, fahren im Auftrag eines Scheichs eine Luxuslimousine von Chicago nach Las Vegas. Was sie nicht wissen, ist, daß unter dem Vordersitz ein riesiges Dollarbündel versteckt ist. Nach dem Streß der Fahrt in Las Vegas angekommen, gehen sie erst mal piekfein essen – aus purem Jux als Frauen verkleidet.*

**Cheech:** »He, Mann, die spachteln hier aber tierisch.« **Chong:** »Ja, man muß die alten Pansen eben füllen.« **Cheech:** »Und aufgedonnert sind die!« **Kellner:** »Allez, voilà!« **Chong:** »Das heißt ›holla‹!« **Cheech:** »Hast du was im Pansen, knattern dir die Fransen, hahaha!« **Kellner:** »Verzeihung, es ist ein bißchen eng... hier bitte sehr, die Karte!« **Cheech und Chong:** »Oh, danke, danke!« **Kellner:** »Wenn ich Ihnen die Spezialkreation des Hauses empfehlen dürfte: Wir haben da einige herrliche Dinge dabei, zum Beispiel Schnecken mit Champignons, sautiert in einer Weißweinsoße! Oder wie wäre es mit...« Chong, der absolut bekifft ist, weil er kurz zuvor getrocknete Pferdeäpfel vernascht hat, nimmt nur noch Fetzen der Kellnerrede war, er rülpst laut und deutlich. **Kellner:** »Oh, Madame scheinen schon gespeist zu haben!... Dann schlagen wir gleich zwei Fliegen mit einer Klappe und gehen über zum Dessert! Da würde ich vorschlagen...« Chong versteht nun gar nichts mehr, es sind auch überhaupt nur noch Wortfetzen zu hören... **Kellner:** »... kleiner... Eierkuchen... Birne Helene... Vanillesahne... Romanoff!« **Cheech** (packt den Kellner am Kragen und schreit): »Brot!!!« (Video 2760)

...eine Art Dauerstreß

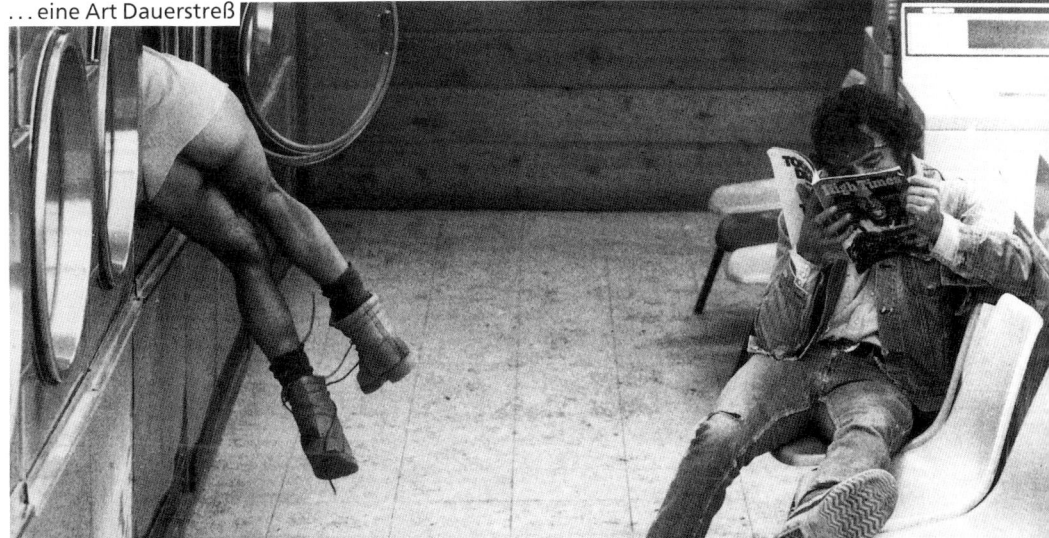

> ### *Sautierte Schnecken mit Champignons in Weißwein\**
>
> Die Zahl der Schnecken pro Person richtet sich danach, ob sie als leichte Vorspeise oder als kleines Hauptgericht gedacht sind – je nachdem werden 6 bis 12 Schnecken berechnet. Das Verhältnis Schnecken – Champignons sollte 1:1 sein.
>
> | | |
> |---|---|
> | **Weinbergschnecken** | (aus der Dose, fertig geputzt) in |
> | **Butter** | sautieren**. |
> | **Champignons** | in Scheiben schneiden und mitdünsten. Nach Geschmack mit |
> | **Salz, Pfeffer und kleingehackter Knoblauchzehe** | würzen. Mit |
> | **Weißwein (trocken)** | und |
> | **Fleischbrühe** | ablöschen. Den Wein fast völlig einkochen lassen. Das Gericht, mit |
> | **Petersilie** | bestreut, zu Tisch bringen. Dazu Baguette und den auch zum Kochen verwendeten Weißwein. |
>
> \* *Das Gericht erfordert gewisse Erfahrung, da es schlecht möglich ist, genaue Proportionen anzugeben. Sowohl Schnecken als auch Champignons vertragen kräftiges Würzen.*
> \*\* *Sautieren von frz. sauter = schmoren. Dabei ist es wichtig, daß die Teile in einer Stielkasserolle rasch angebraten und u. U. bis zum Garen geschwenkt werden. Gewürzt wird erst nach dem Anbraten.*

# *Fellinis Roma*

Roma/Fellini – Roma. Italien 1971. R: Federico Fellini. D: Peter Gonzales (junger Fellini), Pia de Dores (Prinzessin), Fiona Florence (Dolores), Marne Maitland (Katakombenführerin) sowie Federico Fellini, Alberto Sordi, Marcello Mastroianni, Anna Magnani, Gore Vidal (als sie selbst).

- *Ein sehr persönliches Porträt des Regisseurs Fellini von der Stadt, in der er lebt. In Form eines Bilder- und Episodenpuzzles erzählt der Film von Verfall und Größe, Vitalität und Dekadenz – vor allem aber von Sinnlichkeit.*

Eines Sommerabends auf der Via Albalonga in Rom. Man schreibt das Jahr 1939. Die Trattorien und Osterien stellen ihre Tische und Stühle auf die Straße, und die Römer kommen wie jeden Abend in Scharen, um in der angenehmen Abendkühle zu essen.

***Wirtin einer Trattoria:*** »Sie wissen schon, wie man sagt: ›Wer ohne Gesellschaft ißt, den am End' der Teufel frißt!‹...« ***Kellner:*** »Alles haben wir und alles speziell zugerichtet: Spaghetti mit Muscheln...« ***Weiblicher Gast:*** »Hmmmm! Das getrau ich mich nicht... und was gibt's sonst?« ***Kellner:*** »...Nudeln mit Eiersoße, Wickel mit Schafkäs' und Pfeffer, Teufelsfedern, Makkaroni auf Zuchthausart...« ***Weiblicher Gast*** (zum Ehemann): »Warum nimmst du nicht die Teufelsfedern?« ***Mann:*** »Nein, ich will essen, was ich mag, nicht, was ihr sagt...« ***Kellner:*** »...Engelssäckel mit Tomatensoße...« ***Weiblicher Gast:*** »Was meinst du? Aber nein!« ***Kellner:*** »Aber nehmen Sie doch die mit Schafkäs' und Pfeffer, Signora Jolande!« ***Weiblicher Gast:*** »Schafkäs' und Pfeffer... aber die hab' ich erst heute früh gegessen, wer mag denn das zweimal... was gäb's sonst?« ***Kellner:*** »...Also dann dicke Nudeln mit Sardellen, gesalzene Ohrfeigen...« ***Junger Mann:*** »Wie? Gesalzene Ohrfeigen?« ***Mann:*** »Das sind Pfaffenärmel mit Schweinsblut... sind recht fein.. meine Mamma hat die immer sehr gut gemacht...« ***Wirtin:*** (zählt weitere Speisen auf): »Bandnudeln mit Hühnerklein, Röhrennudeln auf Köhlerart... Und außerdem gibt's noch die Spezialgerichte: Kutteln, Schnecken, Schweinshaxen...« ***Weiblicher Gast:*** »Wollen wir die gesalzenen Ohrfeigen nehmen, was meinst du?« ***Mann:*** »Ja, meinetwegen, nehmen wir sie...« ***Weiblicher Gast:*** »Hallo, für mich eine kleine Portion, weil ich gestern nacht so zu tun gehabt hab' mit dem Magen...« ***Wirtin:*** »...Heute hat sich die Mutter in die Küche gestellt, die hat selber Pajata gemacht... Hören Sie auf meinen Rat: Nehmen Sie die Pajata!« ***Junger Mann:*** »Und was ist denn das – Pajata?« ***Wirtin:*** »Das ist ein Stück Kalbsdarm, mit Milch gefüllt.« (Zum Kellner): »Remo, bittschön, den jungen Mann recht gut zu bedienen!« ***Kellner:*** »Mach' ich, mach' ich.«

Gäste vor dem überwältigenden Speisenangebot

# Das Appartement

The Apartment. USA 1959. R: Billy Wilder. D: Jack Lemmon (Bud Baxter), Shirley MacLaine (Fran Kubelik), Fred MacMurray (J. D. Sheldrake), Ray Walston (Mr. Dobisch), David Lewis (Mr. Kirkeby).

- *Der kleine New Yorker Büroangestellte Bud Baxter überläßt sein Appartement Vorgesetzten für Schäferstündchen, um beruflich aufzusteigen. Eines Tages begreift er, daß das Mädchen Fran, in das er verliebt ist, auch in eine dieser Affären verstrickt ist. Deshalb beschließt er, sein Verhalten radikal zu ändern.*

Baxter bereitet ein italienisches Dinner für sich und die aus der Nacht zuvor »übriggebliebene« Fran. Er nimmt die Spaghetti vom Herd – schüttet sie in Ermangelung eines Siebs über einen Tennisschläger, schreckt sie ab und schüttelt kräftig. Fran erscheint im Morgenmantel. **Fran:** »Müssen wir uns zum Dinner umziehen?« **Baxter:** »Aber nein, kommen Sie so, wie Sie sind.« **Fran:** »He, Sie können das aber gut mit dem Tennisschläger.« **Baxter:** »Da sollten Sie erst meine Rückhand sehen! (Kippt die Spaghetti auf eine Platte). Und warten Sie, bis ich die Fleischsoße serviere!« **Fran:** »Soll ich die Kerzen anzünden?« **Baxter:** »Unbedingt!« Fran geht ins Wohnzimmer, Baxter verteilt kunstvoll die Soße über die Spaghetti. Fran zündet die Kerzen im Wohnzimmer an und bemerkt auf dem Tisch Servietten, die jedoch noch von den vorherigen Benutzern der Wohnung stammen. **Baxter:** »Man soll sich nicht lumpen lassen.« Er bringt die Platte mit den Spaghetti und der Fleischsoße aus der Küche, stellt sie auf den Tisch und streut geriebenen Käse darauf. Dann schenkt er Wein ein. **Baxter:** »Wissen Sie, ich habe immer gelebt wie Robinson Crusoe... ein Schiffbrüchiger unter acht Millionen Menschen. Dann, eines Tages sah ich einen Fußabdruck im Sand... und da waren Sie... (reicht ihr den Rotwein)... etwas Wunderbares... ein Dinner für zwei.« **Fran:** »Essen Sie meistens allein?« **Baxter:** »O nein. Manchmal speise ich mit Ed Sullivan, manchmal mit Dinah Shore oder Perry Como... unlängst dinierte ich mit Mae West... allerdings war sie da viel jünger... Prost!« **Fran:** »Prost!«

## Spaghetti mit Fleischsoße/Spaghetti con ragù bolognese*
(für 2 Personen)

### Fleischsoße

| | |
|---|---|
| **3 El Olivenöl** | erhitzen, |
| **½ Zwiebel,** | |
| **100 g mageren Speck,** | |
| **1 Karotte,** | |
| **1 Scheibe Sellerie,** | alles kleingehackt, zusammen andünsten. |

| | |
|---|---|
| 300 g mageres Rindfleisch, | in Würfel geschnitten, dazugeben. |
| 3 El Fleischbrühe | beigeben, damit die Soße flüssig bleibt, mit |
| Petersilie, Thymian, 1 Lorbeerblatt, 1 Nelke, Salz und Pfeffer | würzen. Kurz aufkochen lassen, dann bei kleiner Hitze ca. 1 Stunde köcheln lassen. Lorbeerblatt und Nelke entfernen. Die Soße zu den in Salzwasser mit einem Schuß Olivenöl »al dente« gekochten (ca. 6–8 Min.) Spaghetti reichen; den geriebenen Parmesankäse getrennt servieren. |

\* Die allgemein bekannte Bologneser »Soße« ist eigentlich ein Ragout. Die Zubereitung mit Hackfleisch ist ein Tribut an Eile und Faulheit.

# Mord im Orientexpress

Murder on the Orient Express. Großbritannien 1974. R: Sidney Lumet. D: Albert Finney (Poirot), Lauren Bacall (Mrs. Hubbard), Martin Balsam (Bianchi), Ingrid Bergman (Greta), Jacqueline Bisset (Gräfin), Wendy Hiller (Prinzessin Dragomiroff), Sean Connery (Arbuthnot), Anthony Perkins (McQueen), Richard Widmark (Ratchett).

- *Der berühmte Orientexpress bleibt auf freier Strecke im Schnee stecken. Ein Toter wird im Zug entdeckt. Der belgische Detektiv Hercule Poirot macht sich daran, den Mörder zu entlarven. Währenddessen versuchen die exklusiven Fahrgäste, die angespannte Situation durch Essen und Trinken zu neutralisieren.*

»Mordshunger« im Orientexpress

*Oberkellner* (nähert sich devot einer distinguierten alten Dame in Schwarz, die im Pullman-Speisewagen zu warten geruht): »Was nehmen Sie zum Abendessen, Hoheit?« *Hoheit:* »Sie werden die Güte haben, mir die pochierte Seezunge zu servieren, mit einer *neuen* Kartoffel und einer winzigen Portion Salat, ohne Dresse...« *Poirot:* »Wer ist denn diese majestätische Dame?« *Kellner:* »Die Prinzessin Dragomiroff.« *Poirot:* »Ah, die Prinzessin!« (Er schlürft genüßlich seinen giftgrünen Cocktail.)

## Pochierte Seezunge mit Béchamelsoße
(pro Person)

| | |
|---|---|
| **1 Seezunge (350–400 g)** | in eine gebutterte Sauteuse oder eine flache Pfanne legen. Leicht mit |
| **Salz und Pfeffer** | würzen. |
| **3 El Fischfond (Fertigprodukt)** | und |
| **0,2 l Weißwein** | hinzufügen. Zugedeckt im Ofen bei Mittelhitze pochieren (= in siedender Flüssigkeit kurz garen). Zwei- bis dreimal mit der Flüssigkeit begießen. Sobald der Fisch gar ist (ca. 15 Minuten), auf vorgewärmtem Teller warm stellen. Der Fischsud ist Grundlage für die Béchamelsoße. |
| *Béchamelsoße* | |
| **Den Fischsud 0,15 l Milch, 1 geviertelten Zwiebel, 1 Lorbeerblatt, 6–10 Pfefferkörnern, 1 Messerspitze Muskat** | mit |
| **1 Stengel Petersilie** | und in einen Topf geben. Zudecken und bei kleiner Hitze 10 Minuten erhitzen, nicht kochen. 10 Minuten stehenlassen, dann durch ein Sieb passieren. |
| **50 g Butter** | im Topf für eine Mehlschwitze zerlassen, nicht bräunen, |
| **50 g Mehl** | dazugeben und gut durchrühren. Durchgeseihten Sud unter stetigem Rühren dazugeben, so lange, bis die Soße cremig ist. Mit Salz und Pfeffer abschmecken. Die Seezunge mit Soße übergießen, mit |
| **etwas Kresse grünem Salat** | und garnieren. |

Dazu eine mehlig gekochte große Kartoffel mit Schale.

# Der Stadtneurotiker

Annie Hall. USA 1976. R: Woody Allen. B: Woody Allen, Marshall Brickman. D: Woody Allen (Alvy Singer), Diane Keaton (Annie Hall), Tony Roberts (Rob), Carol Kane (Allison), Paul Simon (Tony Lacey).

- *Der Komiker Alvy Singer hat die leicht neurotische Annie Hall kennengelernt. Mit ihr erlebt er erst die schönste Zeit seines Lebens und danach die normalen Beziehungskatastrophen amerikanischer Großstadt-Intellektueller.*

Eines Abends, noch am Beginn der Beziehung, nachdem Annie in einem Nachtclub »Seems Like Old Times« gesungen hat, gehen beide durch das abendliche Manhattan. *Alvy:* »So, jetzt hör'n Sie mir mal zu. Ähh... gib mir 'n Kuß.« *Annie:* »Jetzt?« *Alvy:* »Ja! Wir gehn später doch zusammen nach Hause, nicht?« *Annie:* »Ja.« *Alvy:* »Und wenn wir uns jetzt küssen, bauen wir gleich die Spannung zwischen uns ab. Wer weiß, ob ich gleich den richtigen Dreh kriege. Wenn wir uns jetzt küssen, haben wir das schon hinter uns und können in Ruhe essen. Dann verdauen wir das Essen auch besser.« *Annie:* »Okay!« Sie küssen sich. *Alvy:* »Okay? Also gehn wir jetzt das Essen verdauen.« *Annie:* »Du meinst, das klappt?« *Alvy:* »Selbstredend!« Im Restaurant: *Alvy:* »Ich nehm' Pökelfleisch.« *Annie:* »Und ich möchte Wiener Schnitzel auf Weißbrot, mit Tomaten und Mayonnaise und Selleriesalat.«

Alvy Singer und Annie Hall beim Verdauungsspaziergang

## Wiener Schnitzel auf Weißbrot mit Tomaten und Mayonnaise
(pro Person)

| | |
|---|---|
| **1 Schnitzel vom Kalb** (ca. 160 g) **Salz und Pfeffer** **20–40 g Butter** | flachklopfen, mit würzen, panieren und in braten. |
| **2 Scheiben Weißbrot** **Mayonnaise,** | (kein Toastbrot!) kurz antoasten, innen mit je nach Geschmack, bestreichen, das Schnitzel dazwischenlegen, die Scheiben von |
| **½ Tomate** | auf das Schnitzel legen. |

## Selleriesalat
(für 2 Personen)

| | |
|---|---|
| **200 g Sellerieknolle** **1 Prise Salz,** **Zucker** **Zitronensaft** | schälen und feinraspeln. Mit je und abschmecken. Diese Sellerieraspel kann man je nach Geschmack mit |
| **2 El Mayonnaise** | binden. |

# *Liebe und Anarchie*

Film d'amore e d'anarchia. Italien 1973. R: Lina Wertmüller. D: Giancarlo Giannini (Tonino), Mariangela Melato (Salome); Lina Polito, Eros Pagni.

- *Die in einem römischen Bordell arbeitende*
- *Prostituierte Salome will dem naiven Bauern-*
- *burschen und Anarchisten Tonino helfen,*
- *Mussolini zu ermorden. Salome schleicht sich*
- *bei einem faschistischen Kommandanten der*
- *Sicherheitspolizei ein, der sie, einige »Bord-*
- *steinschwalben« und ihren angeblichen Cou-*
- *sin Tonino auf eine Landpartie mitnimmt.*

Mittags machen sie Rast im Wirtshaus eines Gutshofes. **Wirt:** »Kommt, kommt! Heute empfehle ich Ihnen Bucatini alla matriciana, Fettuccine mit Ei und Hühnchen!« **Faschist:** »Bucatini alla matriciana? Toll, Romuletto! Sehr gut, sehr gut!« Die Bedienung bringt Rotwein. **Faschist:** »Wer ist denn die da? Diese jungen Dinger, sind das deine Töchter? Donnerwetter! Süß, pummlig und knackig! Ein Glück für sie, daß sie 1922 noch nicht gebrauchsfähig waren, hahaha! Stellt euch vor, 2000 waren wir damals, die gesamte Schlägertruppe. Wir hatten hier unser Lager, bevor wir nach Rom marschierten. Erinnerst du dich, Romuletto?« **Wirt** (hält seine Hände hoch, an der rechten fehlen zwei Finger): »Und ob ich mich erinnere, seit damals heiße ich nur noch, ›Fünf und drei sind acht‹!« **Faschist:** »Hahaha! Genau! Weißt du, wir waren ausgehungert, total besoffen von diesem Wein, haben kurzen Prozeß gemacht. Er war langsam beim Servieren und sagte an einem gewissen Punkt: ›Kommandant, haben Sie Geduld!‹ Zack! Ein Messer blitzte auf, und zwei Finger flogen durch die Luft!« Alle lachen. **Nutte:** »Der Arme!« **Faschist:** »Na ja, wir Faschisten sind nun mal so! Romuletto, unsere Eier waren am Kochen wie Hochöfen! Hahaha! Schließlich hatten wir doch eine Revolution, oder? Mussolinis Italien erwachte gerade, dabei kamen Romulettos zwei Finger unter die Räder. Du mußt mächtig stolz sein, es ist wie eine große Medaille!« **Wirt:** »Na klar doch, ich bin sehr stolz! Die Sache hat nur einen politischen Haken! Gestatten Sie, Herr Kommandant, daß ich mir eine kleine Frechheit erlaube? Wenn ich die Hand zum Gruß erhebe (er hebt die Hand mit den fehlenden beiden Mittelfingern), sieht es so aus, als würde ich dem Duce die Hörner zeigen! Und auf keinen Fall möchte ich den Duce beleidigen. Hahaha!...« (Video 1340)

---

### *Bucatini alla matriciana\**

(für 4 Personen)

| | |
|---|---|
| **175 g Schweinebacke (ersatzweise etwas weniger delikaten Bauchspeck)** | klein würfeln und in |
| **2 El Olivenöl** | scharf anbraten. Auf Küchenkrepp entfetten und warm stellen. |
| **6 kleine Tomaten** | überbrühen, enthäuten, entkernen und grob würfeln. Zu |
| **1 gewürfelten Zwiebel** | und |
| **1 roten Peperoni** | in die Pfanne geben, die dort bereits im restlichen Fett glasig angedünstet wurden. Einige Minuten durchziehen lassen. Mit |
| **Salz** | abschmecken. Die warmgestellten |
| **Fleischwürfel** | dazugeben und mehrmals umrühren. Währenddessen |
| **500 g Bucatini (kurze, breite Hohlnudeln)** | in Salzwasser garen, in einer Schüssel mit der Soße anrichten und mit |
| **geriebenem Schafskäse** | bestreuen. |

\* *Es handelt sich hierbei um ein Hirtenrezept aus den Abruzzen. Die Zubereitung »alla matriciana« setzt eine gesunde Schärfe voraus. Die Anzahl der Peperoni sollte von persönlicher Vorliebe und Verträglichkeit bestimmt sein. Die hier angegebene Menge ist nur ein Vorschlag.*

### Fettuccine mit Ei und Hühnchen
(für 4 Personen)

|  |  |
|---|---|
| 200 g Tomaten | in heißem Wasser anbrühen, enthäuten und kleinhacken; anschließend in |
| 100 g Butter | etwa 5 Minuten dünsten und warm stellen. |
| 2 Hühnerbrustfilets | in Stücke schneiden und mit |
| 60 g Butter | anbraten, danach |
| 2 cl Cognac | und |
| 0,2 l saure Sahne | dazugeben. Etwas einkochen lassen. |
| 0,2 l Weißwein, | |
| 1 El feingehackte Petersilie, | |
| Salz und Pfeffer | unterrühren und nochmals gut durchschmoren lassen. Vom Feuer nehmen und |
| 4 Eigelb | vorsichtig darunterheben. Währenddessen |
| 500 g Fettuccine (Bandnudelvariation) | in ausreichend Salzwasser kochen, abgießen und dann mit dem warmgestellten |
| Butter-Tomaten-Püree* | vermengen. Nudeln servieren, die heiße Hühnerfleischsoße in die Mitte hineingeben, |
| Parmesankäse | darüberstreuen. |

\* *Eine Variante des traditionellen Tomatenconcassé, das in Olivenöl stärker eingekocht wird.*

# Harry und Sally

When Harry met Sally... USA 1989.
R: Rob Reiner. D: Billy Crystal (Harry), Meg Ryan (Sally), Carrie Fisher, Bruno Kirby, Lisa J. Persky.

- *Die beiden Titelhelden sind seit Jahren befreundet, ohne Sex miteinander zu haben. Sie genießen diese Tatsache, weil sie die Möglichkeit eröffnet, offen über Dinge zu sprechen, über die Mann und Frau sonst schweigen.*

Eines Tages sitzen sie in einem der typischen »Deli«-Restaurants in New York. Sie haben sich diverse Sandwiches und Selleriesalat bestellt und reden über Harrys Liebesleben. **Sally:** »...und danach steigst du einfach aus dem Bett und gehst?« **Harry:** »Na klar.« **Sally:** »Irgendwas mußt du ihnen doch sagen?« **Harry:** »Daß ich ganz plötzlich zu einer Besprechung muß, zum Friseur oder zum Squash...« **Sally:**

»Du spielst nicht Squash!« **Harry:** »Das wissen die doch nicht.« **Sally:** »Das ist ja ekelhaft.« **Harry** (mit vollen Backen kauend): »Ich fühl' mich auch furchtbar.« **Sally** (schichtet sich Käse und Salami aufs Sandwich): »Ehrlich, ich bin froh, daß ich nie was mit dir hatte. Sonst wäre ich vielleicht eine von denen, denen du mitten in der Nacht erzählst, daß du fort mußt, um dein Kaminbesteck zu reinigen – daß du in Wirklichkeit keinen Kamin hast, hätte ich ja nicht gewußt.« **Harry:** »Was regst du dich so auf, dich betrifft es ja gar nicht.« **Sally:** »Sicher tut es das! Du bist ein lebendiger Affront gegen alle Frauen! Und ich bin eine Frau!« **Harry:** »Es klingt vielleicht eitel, aber bis jetzt hat sich keine beschwert.« **Sally:** »Wie denn auch, wenn du so schnell verschwindest!« **Harry:** »Ich glaube, sie hatten alle ihren Spaß.« **Sally:** »Woher willst du das wissen?« **Harry:** »Woher ich das wissen will! Ich weiß es!« **Sally** (macht eine obszöne Geste): »Du meinst, weil sie . . .« **Harry** (ebenfalls mit obszöner Geste): »Ja genau, weil sie . . .« **Sally:** »Woher willst du wissen, daß sie wirklich . . . äh!? . . .« **Harry:** »Soll das heißen, daß sie den Orgasmus, äh . . .!?« **Sally:** »Das wär' doch möglich.« **Harry** (beißt selbstzufrieden ins Sandwich): »Ist gar nicht drin.« **Sally:** »Wieso? Die meisten Frauen haben es irgendwann schon mal vorgetäuscht.« **Harry** (mit vollem Mund): »Das hat bei mir noch keine gemacht.« **Sally:** »Woher willst du das wissen?« **Harry:** »Ich weiß es eben!« **Sally:** »Oh! Entschuldige! Richtig, ich hätt's fast vergessen – du bist ein Mann!« **Harry:** »Was willst du damit sagen?« **Sally:** »Nichts, nichts! Nur, daß sich jeder Mann sicher ist, daß es ihm nicht passiert, während es fast jede Frau öfter tut. Also denk nach!« **Harry:** »Glaubst du, ich würde den Unterschied nicht merken?« **Sally:** »Nein!« Harry schüttelt vollmundig den Kopf und beißt ins Sandwich. Sally überlegt einen Moment und beginnt dann wie im Orgasmus zu stöhnen. Auf dem »Höhepunkt« angelangt, beginnt sie lustvoll zu schreien und fällt dann am Tisch vornüber. Harry ist perplex, die anwesenden Gäste, die die Szene mit offenem Mund verfolgten, ebenfalls. Als Sally sich seelenruhig wieder ihrem Selleriesalat zuwendet, winkt ein älterer weiblicher Gast den Kellner herbei. **Älterer weiblicher Gast** (auf Sally deutend): »Ich will genau das, was sie hatte!«

Sally und Harry im koscheren »Deli«-Restaurant

# *Shirley Valentine – Auf Wiedersehen, mein lieber Mann!*

Shirley Valentine. USA 1989. R: Lewis Gilbert. D: Pauline Collins (Shirley Valentine), Marc Zuber (Renos), Tom Conti (Costas), Julia McKenzie (Gillian), Bernard Hill (Joe), Alison Steadman (Jane).

- *Shirley, eine Frau um die Fünfzig, ist mit Joe verheiratet. Irgendwann hat die Ehe aufgehört, Spaß zu machen. Der Mann ödet die Frau an. Ihre Ausbruchsphantasien nehmen deshalb immer mehr zu.*

Eines Donnerstags in der Küche ihres Hauses: **Joe** (öffnet die Küchentür): »Ich krieg' mein Essen um sechs, es ist zehn nach sechs, was ist los?« **Shirley:** »Es ist fertig. Setz dich.« Shirley serviert, beide setzen sich. Joe starrt ungläubig auf seinen Teller. **Joe:** »Was soll das sein?« **Shirley:** »Was?« **Joe:** »Was ist dieses!!« **Shirley:** »Mir sieht das ganz nach Chips mit Ei aus. Aber vielleicht stellst du eine Trickfrage.« **Joe:** »Am Donnerstag gibt es bei uns Steak. Es gibt am Donnerstag bei uns immer Steak!« **Shirley:** »Ich weiß, daß heute Donnerstag ist. Aber Chips mit Ei ist doch mal was anderes! Du ißt doch Chips mit Ei sonst gern!« **Joe:** »Am Dienstag! Ich esse Chips mit Ei gern. Am Dienstag!! Heute jedoch ist Donnerstag!« **Shirley:** »Dann tu mal so, als sei Dienstag.« **Joe:** »Wo ist mein Steak?« **Shirley:** »Das hat der Hund gekriegt!« **Joe:** »Was? Welcher Hund?« **Shirley:** »Der Hund von Gillian, auf der andern Straßenseite.« **Joe:** »Du hast sie nicht alle! Dir muß es doch wohl um den Kopf rum zu eng sein!... Sieh mich an! Da schufte ich von morgens bis abends! Schufte mir die Seele aus dem Leib! Um was zu finden? Du hältst Selbstgespräche mit der Wand! Und mein Donnerstags-Steak ist verfüttert an den nächstbesten Köter! Und es wird von mir erwartet, daß ich... (er stippt mit dem Zeigefinger in das Eigelb auf seinem Teller) ...das esse! Aber ich werde das da nicht essen! Weil ich keine Scheiße esse!!« Er schubst den Teller mit Schwung über den Tisch, dieser landet in Shirleys Schoß. Beide starren sich feindselig an. Shirley erhebt sich langsam, Chips mit Spiegelei im Schoß. **Joe:** »Chips mit Ei! Chips mit Spiegelei! Wo ich mich Gottes lieben langen Tag abschufte! Wofür sich zu Tode schuften! Wofür, frage ich mich, mache ich das?!« Shirley ist zum Wandschrank gegangen, den sie öffnet. Sie schmiert die Eireste über ein Plakat, auf dem ein griechisches Urlaubsmotiv zu sehen ist. **Joe:** »Was ist das?« **Shirley:** »Das ist eine Insel. Und da flieg' ich hin!« **Joe:** »Ahh, so! Jetzt komme ich dahinter! So läuft das ab, so war's geplant! Ich bekomme kein Steak mehr auf den Teller, weil du auf einen Urlaub im Ausland sparst. Damit du gleich klarsiehst, das kannst du vergessen! Mich kriegst du nicht nach diesem Griechenland!... Gecheckt?!« Er verläßt wütend die Küche.

Im weiteren Verlauf des Films:
Shirley ist auf eine griechische Insel gefahren. Ihre Begleiterin, die Feministin Jane, hat einen Mann im Flugzeug kennengelernt und sich zum Essen einladen lassen. Shirley nimmt ihr Abendessen im Hotel allein ein. Sie betritt das Restaurant. Alle Gäste drehen sich nach ihr um. **Shirley** (mit »Voice over«-Kommentar): »Irgendwie komisch nicht? Eine alleinstehende Frau scheint ihre Umgebung in Unruhe zu versetzen!« Sie setzt sich. Der Kellner erscheint. **Shirley:** »'n Abend, Renos!« **Kellner:** »Guten Abend, Madame! Darf ich fragen, wie es Ihnen heute geht?« (Er gießt Wein ein.) **Shirley:** »Oh, ganz wunderbar! Und wie geht es Ihnen?« **Kellner:** »Gut. Im ganzen: gut! Ich habe nur von Zeit zu Zeit einen Schmerz im Rücken, aber ich sage mir: Was wärst du bloß, wenn du den Schmerz im Rücken nicht hättest? Na ja, tot wäre ich, oder?« Beide lachen. **Kellner:** »Nun, Madame, heute abend habe ich für sie Calamares! Gekocht mit etwas Knoblauch, ja? Mit Butter und mit Limonen, viel Limonen! Ist wunderbar!« **Shirley:** »Ich freu' mich!« **Kellner:** »Bon appétit, Madame!«

---

Nach den im Film angegebenen Zutaten und dem, was dann im Bild wirklich zu sehen ist, nämlich panierte und gebackene Tintenfischringe, bieten sich folgende zwei Varianten an:

Rezept 1:

## *Tintenfische (Calamares) mit Knoblauch, Butter und Limonen*
(für 4 Personen)

| | |
|---|---|
| **750 g Tintenfische** | kleinschneiden. |
| **3 Knoblauchzehen** | und |
| **1 kleine Zwiebel** | hacken und in |
| **1 Tl Öl** | und |
| **30 g Butter** | bei mittlerer Hitze andünsten, ohne daß sie Farbe annehmen. Die kleingeschnittenen |
| **Tintenfische** | dazugeben und 5 Minuten weiterdünsten.* Den Inhalt von |
| **ca. 125 g gehäuteten Tomaten (½ gr. Dose)** | (ohne Saft) dazugeben, mit |
| **Salz** | würzen und zugedeckt etwa 30 Minuten weichschmoren.** |
| **2 Limonen*** | achteln und zum Beträufeln dazugeben. |

*\* Wenn Tintenfische nicht im schützenden Teigmantel – wie in Rezept 2 – zubereitet werden, sollten sie nicht mit sehr heißem Fett in Berührung kommen. Sie werden sonst zäh wie Leder.*
*\*\* Die Garzeit richtet sich nach Art (griechische Kalamarákia, italienische Sepia) und Größe der Tintenfische.*
*\*\*\* Limonen sind eine sehr würzige, dünnschalige kleine Zitronenart mit glatter Oberfläche.*

Rezept 2:
**Fritierte Calamares/Kalmare**
(für 4 Personen)

| | Für den Teig |
|---|---|
| 150 g Mehl | in eine Schüssel geben, |
| Salz und Pfeffer | sowie |
| 1 Eigelb | und |
| 2 El Pflanzenöl | dazugeben. Mit |
| 0,25 l Bier | und |
| etwas Wasser | zu einem dickflüssigen Teig verrühren, bis alle Mehlklümpchen aufgelöst sind. Diesen Teig 60 Minuten ruhen lassen. Dann |
| 2 Eiweiß | steif schlagen und unter den Teig heben. |
| 4 El Pflanzenfett | auf 180 Grad erhitzen, |
| 750 g (tiefgefrorene) Tintenfischringe (Calamares, Kalmare) | mit einer Gabel in den Teig tauchen, in das heiße Fett geben und ca. 5 Minuten knusprig backen. Herausnehmen, auf Küchenkrepp abtropfen lassen und mit |
| Petersilie | garnieren. |
| 2 Limonen | achteln und zum Beträufeln dazugeben. |

# *Die Chaotenkneipe*

Waitress!/Soup to Nuts. USA 1981. R: Samuel Weil, Michael Herz. D: Jim Harris (Jerry), Carol Drake (Andora), Carol Bever (Jennifer), David Hunt (Phil), Renata Majir (Lindsay Cavendish), Augie Grompone (Pinball).

*Vier junge Girls aus unterschiedlichen Berufen verdienen ihren Lebensunterhalt in einer Kneipe, in der es drunter und drüber geht. Besonders schlimm ist es in der Küche, wo der ständig unter Wodkaeinfluß stehende russische Koch Rabzoff das Regiment führt. Irgendwann reicht es sogar dem Besitzer des Restaurants, Jerry – er kündigt. Lindsay Cavendish führt die Kneipe provisorisch weiter.*

An einem ganz normalen Tag in der Chaotenkneipe... **Lindsay:** »Rabzoff, da draußen warten die Gäste, und sie warten unter anderem auf deine russische Borschtsch-Suppe!« **Koch:** »Borschtsch-Suppe! Borschtsch-Suppe!! Ich spucke in die

Borschtsch-Suppe!« (Spuckt in den Kochtopf mit Borschtsch-Suppe.) **Lindsay:** »Dann werde ich auch reinspucken!« (Spuckt ebenfalls in die Borschtsch-Suppe.) **Koch:** »Das hat noch nicht gereicht!« (Spuckt noch mal in die Suppe.) **2. Koch:** »Hey, da fehlt noch 'n bißchen Tellergewürz!« (Spuckt in die Suppe.) **3. Koch:** »Südamerika und die Latinos lassen auch schön grüßen!« (Spuckt in die Suppe.) **Kellner:** »Hey, hey, hey, ich arbeite hier schon seit vier Jahren, ich möchte auch mal reinspucken!« (Spuckt in die Suppe.) Nach und nach spuckt das ganze Personal in die Borschtsch-Suppe. **Koch:** »Nein!... Ihr sollt sofort aufhören! Schluß!« (Zieht einen Revolver und schießt in die Luft.) »Wenn ein Russe in die Borschtsch spuckt, ist es immer noch eine Borschtsch! Wenn ein Amerikaner hineinspuckt, ist die Suppe versaut! Ich kündige!« (Video 2550)

## *Borschtsch-Suppe*
(für 4 Personen)

| | |
|---|---|
| **500 g Suppenfleisch (Rinderbrust)** | in 1 l Wasser aufkochen; abschäumen. |
| **150 g geräucherten Speck** | dazugeben. |
| **150 g rote Bete, 150 g Weißkohl, 100 g Lauch, 75 g Petersilienwurzel 50 g Knollensellerie, 100 g Schmalz** | und alles kleingeschnitten bzw. gewürfelt, in andünsten. |
| **1 El Tomatenmark** | dazugeben. Mit der Fleischbrühe ablöschen, das Suppenfleisch und den Speck würfeln und mit den Gemüsen garen. Mit |
| **Salz und Pfeffer** | abschmecken. Heiß servieren und auf jede Tellerportion |
| **1–2 El saure Sahne** | geben.* |

*\* Dieses Rezept ist eine einfache Variante der russischen Nationalsuppe. Wichtig ist, daß möglichst frische rote Bete verwendet wird. Wer Knoblauch mag, kann die Suppe auch damit noch abrunden.*

# Ein Single kommt selten allein

The Lonely Guy. USA 1984. R: Arthur Miller. D: Steve Martin (Larry), Charles Grodin (Warren), Judith Ivey (Iris), Steve Lawrence, Robyn Douglass.

- *Der erfolglose Schriftsteller Larry Hubbart beginnt nach enttäuschenden Erfahrungen ein einsames Single-Dasein. Eines Tages lernt er den alten Single-Hasen Warren Evans kennen. Gemeinsam vertreiben sie sich die Zeit.*

Eines Abends will Warren nicht mehr weiterleben. **Larry** (läuft auf der Suche nach seinem Freund Warren eine Eisenbahnbrücke entlang, die als Selbstmörder-Mekka bekannt ist): »Warren! Warren!« (Ein Mann springt schreiend vom Geländer ins Wasser.) »Warren!...« Es war nicht Warren. Ein anderer Mann steht auf dem Geländer, fertig zum Sprung... **Larry:** »Warren!!« **Mann:** »Nein, haha... Henry!« (Springt schreiend in die Tiefe.) **Larry** (läuft weiter): »Warren!... Warren!!« **Warren** (steht schon auf dem Brückengeländer): »Komm nicht näher, Larry!« **Larry:** »Komm da runter, Warren! Es gibt soviel, wofür es sich lohnt zu leben!« **Warren:** »Nenn mir drei Gründe.« **Larry:** »...!« **Warren:** »Zwei Gründe!« **Larry:** »...!« **Warren:** »Einen Grund!« **Larry:** »...Es nicht zu tun! Nicht zu sterben ist doch schon ein Grund zum Leben!« **Warren:** »Wo ist da der Unterschied! Wer interessiert sich dafür!« **Larry:** »Warren, Warren, ich interessiere mich dafür, weil du mein Freund bist! Ich will nicht, daß dir was passiert, glaub mir das!« **Warren:** »Du bist großartig, Larry. Ich meine, eine Menge Leute sagen, daß sie deine Freunde sind, aber...« Larrys Bekannte Iris kommt aus dem Dunkel die Brücke entlang. **Iris:** »Larry...?« **Larry** (zu Warren, der noch immer auf dem Geländer steht): »Entschuldige bitte, eine Sekunde! Bin gleich zurück!« Larry und Iris umarmen und küssen sich. **Larry:** »O Iris, endlich!... Los, komm mit, mein bester Freund ist gerade dabei, da runterzuspringen!« **Iris:** »Was?!« **Larry:** »Warren, bitte, komm da runter!« **Warren:** »Wer ist das?« **Larry:** »Das ist Iris! Ich habe dir doch von ihr erzählt, ich habe sie heute wiedergefunden.« **Warren:** »Ach, jajaja, sie sieht großartig aus... Wie geht es Ihnen?« **Iris:** »Oh, großartig! Und Ihnen?« **Warren:** »Ähh...« **Larry:** »Tu es nicht, tu es nicht!« **Warren:** »Nein, nein, du brauchst mich nicht. Du hast doch sie!« **Larry:** »Nein, das wird doch nicht lange halten! Sie hatte schon zwei Ehemänner!« **Iris:** »Sechs!« **Warren:** »Sechs?« **Larry:** »Sechs?« **Iris:** »Sechs!« **Larry:** »Sechs! Siehst du! Eine dauerhafte Beziehung mit so einer Frau ist doch gar nicht möglich!« **Warren:** »Es ist sehr nett von euch beiden, aber ich sehe doch, was ihr füreinander empfindet.« **Larry:** »Okay! Aber das heißt noch lange nicht, daß ich dich nicht auch in meinem Leben brauche!« **Warren:** »Weißt du, welchen Platz ich in deinem Leben einnehmen werde? Du wirst eine wunderhübsche Frau haben und großartige Kinder und ein gemütliches Zuhause. Und ich werde dein Junggesellenfreund sein, den du aus schlechtem Gewissen zum Essen einlädst, weil du ihn seit Ewigkeiten nicht gesehen hast! Aber Iris hat keine alleinstehenden Freundinnen mehr, die sie mir vorstellen könnte. Also zerbricht sie sich den Kopf und findet schließlich eine Witwe, die 15 Jahre älter ist als ich, Übergewicht hat und schlechte Zähne!... Eigentlich klingt das gar nicht so übel! Ich mag Frauen mit üppiger Figur! Zähne kann man immer richten! Und was bedeutet schon das Alter, wenn man eine starke Persönlichkeit hat, stimmt's?!« (Er steigt vom Brückengeländer herunter.) *Larry:* »Ja, das ist richtig!« *Warren* (zu Iris): »Würden Sie mir bitte eine schöne Lammkeule kochen?« *Iris:* »O ja!« *Warren:* »Ich liebe Lammkeule!« *Selbstmörder:* »Entschuldigen Sie bitte! Benutzen Sie dieses Geländer?« *Warren:* »Nicht mehr!« *Selbstmörder:* »Ich danke Ihnen!« *Warren:* »Mit Knoblauchsoße?« *Iris:* »Natürlich mit Knoblauchsoße!« Selbstmörder springt schreiend in die Tiefe. *Larry:* »Laßt uns doch woanders hingehn, man versteht ja hier sein eigenes Wort nicht!« (Video 1760)

---

### *Lammkeule mit Knoblauchsoße*
(für 4 Personen)

**2–2½ kg Lammkeule (mit Knochen!)**
**1 Knoblauchzehe**
**Salz und Pfeffer**
**etwas Rosmarin**
**3 El Olivenöl**

(alles darüber sind Hammelkeulen) mit einreiben, mit sowie mit würzen. In anbraten und im Ofen unter mehrmaligem Begießen mit

**0,15 l Fleischbrühe**

zuerst bei starker, danach bei mäßiger Hitze ca. 2 Stunden weiterschmoren. In der letzten ¾ Stunde geschälte und geviertelte

**Kartoffeln (Menge nach Bedarf)**

mitgaren.

**4 Fleischtomaten**

achteln, separat dünsten, mit den Kartoffeln zu dem angerichteten Braten geben.

### *Knoblauchsoße*

Das Fett abgießen.

**4 Knoblauchzehen**
**kochendes Wasser**

schälen und den grünen Kern entfernen. In geben, 20 Sek. ziehen lassen, in kaltes Wasser legen. Zehen in einem Mörser zu Brei zerstampfen, in die Soße geben. Mit

**0,2 l Rotwein**
**1 El Mehl**
**etwas Senf**

und fein verrühren, mit abschmecken und kurz aufkochen lassen. Die Soße getrennt vom warmgestellten Braten servieren.

# Der Sizilianer

The Sicilian. USA 1986/87. R: Michael Cimino. D: Christopher Lambert (Salvatore Giuliano), Terence Stamp (Prinz Borsa), Joss Ackland (Don Masino Croce), John Turturro (Aspanu Pisciotta), Richard Bauer (Hector Adonis), Barbara Sukowa (Herzogin von Crotone).

- *Der mächtige Politiker Don Masino empfängt einen Lokalpolitiker, weil ihm der neue Bauernbandit Salvatore Giuliano Sorgen bereitet. Auf der Terrasse seines prächtigen Landsitzes speisen beide – von Leibwächtern schwer bewacht – zu Mittag.*

**Lokalpolitiker:** »Giuliano sagt nein! Er ist ein Romantiker! Er möchte den Leuten Land schenken oder verkaufen.« **Don Masino:** »Ist er Kommunist?« **Lokalpolitiker:** »Nein, nein, nein! Aber er ist mit Silvio Ferras Schwester verlobt.« Der Vorkoster von Masino Croce teilt die Suppe aus. Je zwei Schöpfkellen für den Don und seinen Gast. **Don Masino:** »Unsere Partei kann ganz schön ins Schwimmen kommen bei den Wahlen. Dank Silvio Ferra und seinen Freunden. Wo kommen die alle her? Sie schießen wie Pilze aus dem Boden, wenn's geregnet hat.« Der Vorkoster kostet die Suppe vom Teller des Don. Nach vorsichtiger Prüfung nickt er seinem Patron beruhigend zu. Erst dann beginnt dieser zu essen. **Don Masino:** »Jedenfalls ist der Minister außer sich.« (Er hält mißtrauisch beim Löffeln der Suppe inne, der Vorkoster verdreht entnervt die Augen.) »Ich spüre ein fürchterliches Brennen im Magen!« **Vorkoster:** »Die Suppe ist völlig in Ordnung. Überhaupt kein Grund zur Sorge.«

Die gefährliche Mahlzeit des Don Masino

*Lokalpolitiker:* »Sie haben immer dieses fürchterliche Brennen im Magen. So, wie Sie essen und trinken, ist es ein Wunder, daß sie überhaupt noch einen Magen haben!«
*Don Masino* (mit aufkeimendem Entsetzen): »Das ist Pilzsuppe! O Gott!! Ich wußte gleich, daß es Gift ist!!!« Plötzlich rülpst Don Masino laut. Alle Anwesenden, die die panische Angst des Don vor dem Vergiftetwerden schon kennen, kichern servil in sich hinein. Der Politiker ist nach dem Bäuerchen sehr erleichtert und ißt nun mit Genuß weiter. (Video 1300)

## *Pilzsuppe*
(für 4 Personen)

| | |
|---|---|
| **450 g geputzte Pilze** | (Champignons, Egerlinge, Morcheln usw.) ebenso wie |
| **1 Zwiebel** | kleinhacken und zusammen mit |
| **1 Lorbeerblatt** | in |
| **Butter** | anbraten. Mit |
| **0,5 l Weißwein** | und |
| **1 l Fleischbrühe** | ablöschen. Das Ganze zugedeckt ca. 30 Minuten köcheln lassen. Mit |
| **Salz und Pfeffer** | würzen. Zur Verfeinerung wird ein |
| **Eierstich mit Pilzessenz*** | empfohlen. Für diesen verquirlt man |
| **3 Eier** | mit |
| **150 g Pilzessenz** | und würzt mit |
| **Muskat, Knoblauchsalz Pfeffer.** | und Das Ganze wird in eine gut gebutterte Form getan und im Wasserbad im Backofen zum Stocken gebracht. Wenn es soweit ist, wird der Eierstich in Streifen geschnitten und in die Suppe gegeben. Nach Belieben mit frischen gehackten Kräutern oder auch nur mit |
| **Petersilie** | garnieren. |

\* *Essenzen von Fleisch, Fisch oder Pilzen sind stark eingekochte Fonds der genannten Bestandteile, die in allen guten Supermärkten zu kaufen sind. Kochaltmeister Auguste Escoffier verzichtet in seinem »Kochkunstführer« fast völlig auf die Beschreibung dieser Fonds. Er gibt den Rat, die Grundbestandteile selbst zu verwenden. Man kann also einem Eierstich je nach Zeitaufwand, Geschmack und Geldbeutel gehackte braune Champignons, Morcheln oder gar Trüffeln dazugeben.*

## *Die verlängerte Zeit*

Prodlonžený čas. ČSSR 1984. R: Jaromil Jíres. D: Milos Kopecký (Karel), Tatjána Fischerová (Alena), Petr Čepek (Antoš), Ota Sklenčka (Fořt).

- *Der alternde Kunsthistoriker Prof. Karel Svozil heiratet seine junge Geliebte Alena, nachdem er erfährt, daß er krebskrank ist. Aber plötzlich wird er geheilt. Ein herrlicher Lebensabend mit viel Arbeit, viel Liebe – und viel Dillsuppe steht ihm bevor.*

Eines Abends hat Alena für den Rekonvaleszenten in seiner Wohnung gekocht. **Karel:** »Meine Liebe, ich muß dir gestehen, deine Dillsuppe war wirklich ein Gedicht.« **Alena:** »Kannst du dir vorstellen, daß Julia für Romeo Knödel kochte?«

---

**Dillsuppe**
(für 2 Personen)

| | |
|---|---|
| **20 g Speisestärke** | mit |
| **1 Eigelb** | und |
| **etwas Milch** | anrühren. |
| **0,25 l Milch** | mit |
| **0,5 l Fleischbrühe** | aufkochen und mit der angerührten Stärke binden. Mit |
| **Salz und Zitronensaft** | abschmecken. |
| **6 gehäufte El feingehackten Dill** | in |
| **30 g Butter** | ganz leicht andünsten, mit einem weiteren |
| **½ El Fleischbrühe** | ablöschen und in die Suppe einrühren. |

---

## *Der Tod kennt keine Wiederkehr*

The Long Goodbye. USA 1972. R: Robert Altman. D: Elliott Gould (Philip Marlowe), Nina Van Pallandt (Eileen Wade), Sterling Hayden (Roger Wade), Mark Rydell (Marty Augustine), Henry Gibson (Dr. Verringer).

- *Philip Marlowe ist im Haus seiner Auftraggeberin Eileen Wade, deren Ehemann, der Schriftsteller Roger Wade, Alkoholprobleme hat. Marlowe empfindet so etwas wie Liebe für Mrs. Wade, die er auf seine Art ausagiert.*

*Marlowe:* »Ich, äh, würde Sie gern zu mir zum Essen einladen. Wie wär's mit, äh, Hühnchen Kiew?« ***Mrs. Wade:*** »Oh! Es ist mir immer rätselhaft geblieben, wie man die Butter in das Hähnchen hineinbugsiert.« *Marlowe:* »Das ist eins von meinen großen Geheimnissen!«

### Hühnchen Kiew/Poulet à la Kiew
(pro Person)

| | |
|---|---|
| 1 Hühnchenbrust | mit einem scharfen Messer seitlich so tief einschneiden, daß eine Tasche entsteht. Die Tasche mit |
| 1 El kleingehackter Petersilie | sowie |
| Salz und Pfeffer Stück eisgekühlte Butter | würzen. Danach ein walnußgroßes einlegen und die Tasche mit ein oder zwei Zahnstochern verschließen. Die Hühnchenbrust auch von außen mit |
| Salz und Pfeffer Gänseschmalz (oder Bratfett) | würzen und in goldbraun braten.* |

Beilagen: Salzkartoffeln oder Kartoffelpüree (s. S. 181) und frisches Gemüse. Ein doppelter Wodka sollte wegen der Fettverdauung griffbereit sein.

*\* Beim Essen der Hühnchenbrust ist mit Spritzern heißer Butter zu rechnen!*

Philip Marlowe (links) in Nöten

# Goldrausch

The Gold Rush. USA 1925. R, B, M: Charles Chaplin. D: Chaplin (Goldsucher/»Der kleine Kerl«), Mack Swain (Big Jim), Tom Murray (Black Larsen), Georgia Hale (Georgia).

*Charlie, der »kleine Kerl«, und Big Jim sind in ihrer Goldgräberhütte im hohen Norden eingeschneit. Seit Tagen haben sie nichts mehr gegessen. Da hat Charlie eine glänzende Menü-Idee:*

### Gekochter Lederschuh in heißer Schneewassersoße

Nachdem sein rechter Schuh lange genug in Schneewasser gekocht hat, nimmt Charlie ihn heraus und kostet am Leder. **Charlie:** »Noch nicht ganz gar. Vielleicht noch zwei Minuten!« **Big Jim:** »Nun hol ihn schon raus!« Charlie legt den gekochten Schuh auf eine Platte und gießt das heiße Wasser mit einer Soßenkelle darüber. Big Jim bekommt das Oberleder. Charlie die Sohle plus der Schnürsenkel und Nägel. Mit Feinschmeckermiene beginnt Charlie zu nagen. Die Schnürsenkel dreht er wie Bandnudeln auf die Gabel. Er ißt auch die Nägel bis zum letzten Exemplar auf. Nur ein leichtes Sodbrennen danach deutet bei beiden darauf hin, daß die Mahlzeit vielleicht etwas zu scharf gewürzt war. (Das genaue Rezept ging im Lauf der Filmgeschichte leider verloren).

Lederschuh in Schneewasser gekocht – köstlich!

# Is' was, Doc?

What's Up, Doc?. USA 1972. R: Peter Bogdanovich. D: Barbra Streisand (Judy), Ryan O'Neal (Howard Bannister), Madeline Kahn (Eunice), Kenneth Mars (Hugh Simon).

*Die Studentin Judy hat sich in ein Hotel eingeschlichen, in dem ihr Idol, der zerstreute Musikologe Bannister, mit seiner Verlobten Eunice abgestiegen ist. Daraus entwickelt sich eine spritzige »Love and Crime«-Story.*

Bevor sie sich an Bannister heranmacht, bestellt Judy sich unter der Behauptung, im Hotel zu wohnen, erst mal einen Imbiß. **Judy:** »Zimmerkellner? Äh, hier ist Zimmer 1717. Ich möchte ein doppeldickes Roastbeefsandwich, halb roh, auf Roggenbrot, unten Mayonnaise, oben Senf. Und Kaffee und ein, ähh... heißes Eis mit Früchten. Und so 'n Diät-Dingsbums... verstanden? Ja! Zimmer 1717. Und, äh, Zimmerkellner? Stellen Sie's vor die Tür. Bitte nicht klopfen, ich bringe nämlich mein Kleines ins Bettchen.«

## Doppeltes Roastbeefsandwich
(pro Person)

| | |
|---|---|
| **2 Scheiben Roggentoastbrot** | ganz kurz antoasten. Eine Lage von frisch heruntergeschnittenen |
| **4 dünnen Roastbeefscheiben** | kurz in etwas |
| **Bratensoße oder Fleischfond** | anwärmen, auf eine der mit |
| **1 grünen Salatblatt** | belegten und mit |
| **Mayonnaise** | bestrichenen Brotscheiben geben, mit der |
| **Bratensoße oder Fleischfond** | überziehen. Die andere Brotscheibe mit |
| **Senf** | bestreichen und auf die Scheibe mit Roastbeef etc. legen. Dazu noch eine |
| **Gewürzgurke Kartoffelchips** | und reichen.* |

*\* Englisches und amerikanisches Roastbeef wird in großen Portionen langsam im Ofen gebacken, bis es außen gut gebräunt und innen rosa bzw. noch halb roh ist; es hat mit dem deutschen Rinderbraten, der oftmals als Roastbeeffleisch bezeichnet wird, wenig gemeinsam. Besonders lecker schmeckt das Sandwich in den jüdischen »Deli(catessen)«-Restaurants, die es vor allem in New York gibt. Es kann hier als doppeltes »Hero-Sandwich« allerdings Maulsperre verursachen.*

# Kramer gegen Kramer

Kramer vs. Kramer. USA 1979. R: Robert Benton. D: Dustin Hoffman (Ted Kramer), Meryl Streep (Joanna Kramer), Justin Henry (Billy Kramer), Jane Alexander (Margaret Phelps), Howard Duff (John Shaunessy), Jobeth Williams (Phyllis Bernard).

> *Joanna Kramer, die Frau eines ehrgeizigen jungen Karrieremanns, macht sich eines Tages selbständig. Sie verläßt Sohn und Ehemann, um in Kalifornien zu sich selbst zu finden. Vater Ted und Sohn Billy versuchen recht und schlecht, allein zurechtzukommen. Das gelingt ihnen – zunächst – nicht besonders gut.*

Am Morgen nach der Trennung auf dem Weg in die Küche: **Vater** (betont aufgekratzt): »Okay, jetzt gehn wir beide erst mal richtig frühstücken, nur wir zwei Männer! Was darf's für den Herrn sein?« **Billy:** »Für mich Arme Ritter.« **Vater:** »Bestellung aufgenommen, deine Armen Ritter sollst du haben!... Daddy macht nur schnell Wasser heiß für Kaffee, und schon geht's los. Wieviel Eier brauchen wir? Zwei für dich und zwei für mich?« **Billy:** »Ja.« **Vater:** »Hier haben wir Milch, hier haben wir Butter, wir haben alles, was wir brauchen. Du sollst mal sehn, was ich alles kann. So... du sitzt hier... ich ernenne dich hiermit zu meinem Assistenten.« (Nimmt ein Ei in die Hand): »Achte mal darauf, wie Vater das macht! Ganz lässig, mit einer Hand! (zerschlägt das Ei auf einem Tassenrand) Wußtest du eigentlich, daß Männer die besten Köche sind? Geht das nicht wie geschmiert? Also ehrlich, wir sollten das öfter machen...« **Billy:** »Du, da ist Schale mit reingefallen...« **Vater:** »Mhm? O ja, entschuldige... Mit Kruste schmecken die Armen Ritter viel knuspriger. Und du magst sie doch knusprig, oder?« **Billy:** »Mhm...« **Vater:** »Okay, wir teilen uns die Arbeit. Du übernimmst das Rühren, und ich erledige den Rest. Wann mußt du in der Schule sein?« **Billy:** »Acht Uhr dreißig.« **Vater:** »Wir müssen uns beeilen. Ich muß noch duschen, mich rasieren, und das Haar muß ich mir auch noch waschen... Heute kommen Auftraggeber... schließlich muß Daddy hier die Brötchen verdienen. Was heißt hier verdienen, wie sich zeigt, muß ich sie auch noch servieren!... Wir kriegen das schon hin!... Also gut, Billy, weißt du, wo Mami die, äh...« **Billy:** »Ist im Backofen.« **Vater** (holt die Pfanne aus dem Backofen): »Klar, wo soll sie sonst sein, im Backofen... so, erstens brauchen wir 'ne heiße Pfanne... halt, du machst das falsch, gib mal her! Die Eier muß man viel schneller rühren! So... aus dem Handgelenk, verstehst du? Und dann nehmen wir das Brot und, äh...« Er versucht, die zu großen Weißbrotscheiben in die Tasse mit den Eiern, die er mit dem Schneebesen schaumig geschlagen hat, einzustippen, was ihm nicht gelingt. **Vater:** »Äh, ja natürlich! Wir klappen die Armen Ritter zusammen. Darum sind sie ja arme Ritter...« **Billy:** »Du hast die Milch vergessen!« **Vater:** »Durchaus nicht, die Milch kommt immer zum Schluß, das mußt du dir merken! Milch immer zum Schluß. Wenn's Spaß macht, vergißt man manchmal die wichtigsten Dinge, wie? Ich wollte nur mal sehn, ob du aufpaßt! Es ist lange her, daß ich sie gemacht habe.« Er taucht das Weißbrot in die Milch mit den verrührten Eiern und wirft die Scheiben dann in die Pfanne. *Vater:* »Geht mir flott von der Hand, was? Wann hat Mami die das letztemal so mit machen müssen?« *Billy:* »Solche zusammengeklappten Ritter mag ich nicht!« *Vater:* »Arme Ritter schmecken immer gleich, ob zusammengeklappt oder nicht! Ich meine: Brot ist Brot, oder? Und wie schon gesagt: Arme Ritter werden immer zusammengeklappt. In den besten Lokalen der Welt serviert man nur zusammengeklappte Arme Ritter! Und so werden sie auch bei uns serviert, nicht? Ja!« Er gießt den Rest des Ei-Milch-Gemischs über das Weißbrot in der Pfanne. *Vater:* »So, und während die Kameraden in der Pfanne brutzeln, brüht sich Daddy seinen Kaffee auf. So läßt sich's leben, stimmt's? Ich finde uns fabelhaft! Ich weiß gar nicht, wann ich mich das letztemal so gut amüsiert habe! So, Daddy macht sich jetzt ein gutes Täßchen Kaffee!...« *Billy:* »Das ist zuviel Kaffee!« *Vater:* »Nein, nein, ich trink' ihn gern stark. Mami macht ihn immer viel zu schwach!« *Billy:* »Kann ich Orangensaft haben?« *Vater:* »Orangensaft, klar! Orangensaft, das gibt Kraft...«

Vater und Sohn Kramer mit den »Armen Rittern«

Vater nimmt selbst, schon ein bißchen erschöpft von der Küchenarbeit, einen kräftigen Schluck. Inzwischen steigt dicker Rauch aus der Pfanne. *Billy:* »Du, Daddy, sie brennen, sie brennen!« *Vater:* »Wer?« *Billy:* »Die Armen Ritter!« *Vater:* »Oh! Ahh!« (Er verbrennt sich die Finger und läßt die Pfanne auf den Boden fallen.) »Verdammt soll sie sein!!!...« (Video 680)
Wenig später: Vater und Sohn sitzen beim Essen. Vater Ted liest die Zeitung, Sohn Billy hockt vor dem Teller und spielt dabei mit einem Holzflugzeug. *Billy:* »Brrr... brrr, brumm, brumm!« *Vater:* »Schluß jetzt, leg das bitte hin, und iß endlich, hörst du?« *Billy:* »Was soll 'n das überhaupt sein?« *Vater:* »Das ist ein Salisbury-Steak.«

*Billy:* »Das ess' ich nicht.« *Vater:* »Doch, das ißt du! Letzte Woche hat es dir sehr gut geschmeckt!« *Billy:* »Hat es nicht! ... Und was ist das für eine braune Pampe?« *Vater:* »Das ist keine braune Pampe, das ist 'ne Soße!« *Billy:* »Du weißt, ich kann die Soße nicht ausstehn!« *Vater* (zerschneidet ärgerlich das Fleisch seines Filius): »Doch, du kannst diese Soße ausstehn, denn du hast sie letzte Woche zu deiner Lieblingssoße erklärt, als du hörtest, daß sie früher meine Lieblingssoße war!« *Billy:* »Hab' ich nicht.« *Vater:* »Hast du doch ... So, jetzt iß das mal, schmeckt nämlich köstlich.« *Billy* (probiert mit gespitzten Lippen und läßt sofort angeekelt die Gabel fallen): »Bah!« *Vater:* »Was soll denn das?« *Billy:* »Es kommt mir hoch! Mir wird übel!« *Vater:* »Es kommt dir nicht hoch! Iß jetzt!« *Billy:* »Is' eklig!« *Vater:* »Laß endlich das Theater, Billy! Und iß jetzt!« (Er ißt selbst eine Gabel Mais.) *Billy* (nach kurzer Pause): »Hast du mir auch das Eis mit den Schokoladensplittern mitgebracht?« *Vater* (ihn nachäffend): »Ja, natürlich hab' ich dir das Eis mit den Schokoladensplittern mitgebracht! ... Allerdings wirst du es nicht bekommen, bevor du nicht deinen Mais und dein Fleisch gegessen hast! ... Wo willst du hin?« Billy ist während der letzten Worte seines Daddys vom Stuhl aufgestanden und spaziert mit dem Stuhl zum Kühlschrank. *Vater:* »Komm sofort an den Tisch zurück! ... Hörst du nicht? ... Versuch es ja nicht! ... Das läßt du besser bleiben, Freundchen, ich warne dich! ... Hast du nicht verstanden? ... Okay, dann hör mir jetzt zu: Mit mir spielst du nicht solche Spielchen! ... Und iß deinen Teller leer! ... Ich warne dich, beim ersten Löffel, da bekommst du einen Riesenärger! ... Tu es nicht! ... Tu es ja nicht, sag' ich dir! ... Du sollst es lassen! ... Freundchen, nimmst du nur etwas davon in den Mund, dann wirst du viel, viel, viel Ärger bekommen! ... Sag nachher nicht, daß ich dich nicht gewarnt habe! ... Leg den Löffel weg! ... Letzte Warnung, ich sag' das nicht noch mal! ... Du, allerletzte Warnung! ...« Billy hat das Eis aus dem Kühlschrank geholt, ist zum Tisch zurückgegangen, hat die Packung geöffnet und führt – unter teils ängstlicher, teils spöttischer Beobachtung des Vaters – einen Löffel Eis zum Mund. *Vater* (springt auf und packt Billy): »Jetzt ist aber!!! ...« *Billy:* »Au, au, du tust mir weh!« *Vater:* »Das ist deine eigene Schuld! Ich hab' dich gewarnt! Hörst du auf, mich zu treten!« *Billy:* »Du sollst mich loslassen, ich hasse dich!« *Vater:* »Halt die Klappe! Du bist ein frecher, verzogener, unverschämter Lümmel!« (Er wirft den schreienden Billy aufs Bett.) »Laß dir das eine Lehre sein!« *Billy:* »Ich hasse dich!« *Vater:* »Und ich hasse dich auch, mein Freund, und wie ich dich hasse!« *Billy:* »Ich will meine Mami!« *Vater:* »Du mußt dich mit mir begnügen!« (Video 1720)

### Arme Ritter
(pro Person)

| | |
|---|---|
| **1 Ei** | in einer breiten Schüssel verrühren, mit ebensoviel |
| **Milch** | auffüllen und mit je |

| | |
|---|---|
| 1 Prise Zucker, Salz und Pfeffer | würzen. |
| 1 Scheibe Toastbrot | darin tränken und dann in |
| Butter | geben, die in einer Pfanne schaumig erhitzt, aber nicht gebräunt wurde. Den Rest des |
| Rührei-Milch-Gemischs | darübergießen, zudecken und kurz darauf heiß servieren, wenn das Ei nicht mehr flüssig ist.* |

*\* Die Verwendung von Toastbrot ist US-Standard. Hierzulande sind »Arme Ritter« eine Möglichkeit zur Verwertung von altbackenem Weißbrot.*

## *Salisbury-Steak mit Maisgemüse*
(für 4 Personen)

| | |
|---|---|
| ½ rote Paprikaschote | und |
| 2–3 Zwiebeln | kleinhacken, in |
| 3 El Butter | ca. 5 Minuten milde andünsten und anschließend zu |
| 500 g Rinderhack | geben. |
| 1 Semmel, | eingeweicht, ausgedrückt und zerbröselt, dazugeben, mit |
| Salz und Pfeffer | würzen, vier Hacksteaks aus der gut vermengten Masse formen. Den entstandenen |
| Bratensatz Fleischfond (aus dem Glas) | mit |
| etwas süßer Sahne | ablöschen, mit verlängern, leicht andicken. Nach Geschmack mit |
| Salz und Pfeffer | nachwürzen. |

### *Maisgemüse*

| | |
|---|---|
| ½ grüne Paprikaschote | und |
| 1 kleine Zwiebel | kleinhacken, in |
| 2 El Butter | glasig andünsten, |
| ca. 200 g Mais | und |
| ca. 250 g gehäutete Tomaten | vorsichtig dazugeben und durchrühren. Mit |
| einer Prise Cayennepfeffer Salz | und würzen, zum Schluß |
| 125 g Cheddar-Käse | unterrühren und schmelzen lassen. |

# *Ein Kochtopf voller Leichen/ Die Schlemmerorgie*

Who is killing the Great Chefs of Europe? USA/Frankreich 1978: R: Ted Kotcheff. M: Henry Mancini. D: George Segal (Bobby), Jacqueline Bisset (Natasha), Robert Morley (Max), Jean-Pierre Cassel (Kohner), Philippe Noiret (Moulineau), Jean Rochefort (Grandvilliers).

- *Die vier bedeutendsten Küchenchefs Europas richten für die Königin von England ein Festbankett an. Da meldet sich ein mysteriöser Konkurrent mit Morddrohungen. Der Herausgeber eines lukullischen Magazins für verwöhnte Gaumen, mit Namen Max, alarmiert die Gourmetrestaurants der Metropolen.*

Eines Tages läßt er sich bei dem von ihm bewunderten Koch Kohner bewirten. Nach dem Menü kommt dieser an seinen Tisch: **Kohner:** »Na, alles in Ordnung, Max?« **Max:** »Mmh!!... So, daß man in zwanzig Jahren noch davon träumen wird! Ein Gaumenschmaus wie ein Schubertsches Quartett! Die pochierten Austern mit Sahne und Champagner waren einfach göttlich, das Curry d'agneau wie der Ausblick in eine liebliche Landschaft...« **Kohner** (winkt einem Kellner): »Käse!« **Max:** »... und das ist wahrscheinlich eine der gescheitesten Waldschnepfen, die ich je gegessen habe!« **Kohner:** »Möchten Sie jetzt Ihren Käse wählen?« **Max:** »Du lieber Himmel, nein! Ich bin auf strenge Diät gesetzt!« (Video 710)

---

### *Pochierte Austern in Sahne und Champagner*
(für 4 Personen)

| | |
|---|---|
| **24 Austern\*** | vorsichtig öffnen, die Muscheln von der flacheren Oberschale ablösen und das in den unteren Schalen enthaltene Austernwasser durch ein Sieb gießen, um eventuelle Muschelsplitter zu entfernen. |
| **¼ Flasche Champagner** | zu der Muschelflüssigkeit in einen Kochtopf gießen, erhitzen; Austern pochieren, d. h. nicht kochen, sondern kurz hineingeben und herausnehmen, bevor der Sud kocht. |
| **2 Schalotten** **¼ l Wasser** | hacken und mit und einer weiteren |

| | |
|---|---|
| ¼ Flasche Champagner | bei starker Hitze auf ein Viertel des Volumens einkochen. Danach |
| ⅛ l Sahne | hinzutun und bis auf eine dickliche Soße weiter einkochen. Währenddessen ein Töpfchen in ein Wasserbad stellen, |
| 1 Eigelb 1 Tl Zitronensaft, 1 El Wasser, Salz und Pfeffer | mit verquirlen, bis eine Creme entsteht und einige |
| eisgekühlte Butterflöckchen | hineinquirlen. Die so entstandene Soße mit der eingekochten Sahnesoße vermengen. Die Austern in die tieferen ihrer beiden Schalen einlegen und auf eine feuerfeste Platte setzen, die Soße darübergießen. Im vorgeheizten Grill ganz kurz gratinieren und schnell servieren.** |

*Die Anzahl der Austern – hier als kleines Vorgericht – kann gesteigert werden. Der berühmte französische Gourmand und Gourmet Brillat-Savarin (Autor der »Physiologie des Geschmacks«) hätte sich z. B. nur widerwillig mit weniger als 24 Austern zufriedengegeben.
** Bei diesem Rezept sollte nicht nur das Servieren schnell vonstatten gehen, sondern auch die Zubereitung. Da die Austern nur leicht erwärmt werden, kühlen sie schnell aus, wenn sie nicht rasch mit der Soße überbacken werden.

## *Lammragout mit Currysoße/Curry d'agneau*
(für 4 Personen)

| | |
|---|---|
| 750 g Lammschulter | parieren (= Fett und Sehnen entfernen), in Würfel schneiden, mit |
| Salz und Pfeffer | würzen und beiseite stellen. |
| 15 Perlzwiebeln, | geschält und ganz gelassen (oder aus dem Glas), in |
| 1 El Butter Lammfleisch 1 El Olivenöl | andünsten und danach herausnehmen. Das in anbraten, die Zwiebeln wieder dazugeben, mit dem Saft von |
| 1 Zitrone 0,2 l Rotwein 1 zerdrückte Knoblauchzehe | und ablöschen, dazugeben und zugedeckt 1 Stunde langsam dünsten lassen. |

## Currysoße

| | |
|---|---|
| 1 Petersilienwurzel | hacken, ebenso |
| 1 Scheibe Knollensellerie. | Mit |
| 1 gehackten Zwiebel | und |
| etwas Thymian | in |
| 1 El Butter | anschwitzen. |
| 1 El Mehl | und |
| reichlich Currypulver | (nach Geschmack) darüberstäuben, leicht schwitzen lassen, mit |
| etwas Fleischfond (Fertigprodukt) | auffüllen und langsam köcheln. Die Soße mit |
| 1 Eigelb | und |
| ⅛ l Sahne | binden und passieren. Die Soße in das Lammragout einrühren und noch einige Minuten reduzieren, bis sie sehr sämig ist. |

## *Waldschnepfe à la Kohner*
(für 4 Personen)

Wird die Waldschnepfe frisch (und gerupft) gekauft, dann wird sie nicht ausgenommen. Lediglich den Magen vom Händler mit einer Spicknadel herausziehen lassen.

| | |
|---|---|
| 1 Waldschnepfe (ca. 1 kg) | innen und außen abreiben und genauso mit |
| Salz und Pfeffer | einreiben. Mit |
| 4 dünnen, großen Scheiben Rauchspeck | umwickeln und im Bräter rundherum rosa anbraten. Dann wieder herausnehmen. Erst jetzt die |
| Eingeweide | entfernen (s. o.), hacken, mit |
| Salz und Pfeffer | gut würzen. |
| Etwas Räucherspeck, 6 Schalotten | und |

| | |
|---|---|
| ½ Bund Petersilie | feinhacken, alles zusammen in |
| 30 g Butter | leicht anbraten, mit |
| Paniermehl | binden. Die Masse auf |
| geröstete Weißbrotscheiben | streichen und mit |
| Parmesankäse | bestreuen. Im Ofen überbacken und als Beilage zur Schnepfe reichen.* |
| | Die Schnepfe selbst kann als »gescheite Waldschnepfe« im Sinne des Films folgendermaßen zubereitet werden: Der Vogel, der das begehrteste Federwild darstellt, wird nach dem oben beschriebenen Anbraten herausgenommen und in vier Teile zerlegt; der Speckmantel wird vorher entfernt. Den angesammelten Bratensatz entfetten, mit |
| 125 ml Rotwein | und |
| 2 cl Cognac | ablöschen und über den zerteilten Vogel gießen. |
| Kleine Schalotten | in |
| etwas Butter | und |
| 1 Prise Zucker | karamelisieren und zum Soßenfond dazugeben. Ebenso |
| 250 g Champignonköpfe | und |
| 100 g Bauchspeckwürfel | (beides in wenig Butter angeröstet). |

Als Beilage – wie oben erwähnt – serviert man das geröstete Weißbrot mit überbackenen Innereien.

\* *In der Zeit vor Tschernobyl wurden auch die mit allem Innenleben kleingehackten Mägen bedenkenlos zu einem Brotaufstrich verarbeitet. Unter Kennern galt dieser »Schnepfendreck« als besondere Delikatesse. Heute entscheidet die Herkunft des Vogels über diese Prozedur und die Genießbarkeit überhaupt.*

Im weiteren Verlauf des Films:
Auch der berühmteste Koch Frankreichs ist in Gefahr, von einem Unbekannten ermordet zu werden, und zwar auf die gleiche Weise, in der er sein berühmtes Spezialgericht zubereitet. Moulineau ist berühmt für seine ausgepreßte Ente – aber ist er der beste Koch Frankreichs? Max besucht auch ihn jedenfalls vorsorglich, solange er noch lebt, um die Köstlichkeit zu probieren. ***Moulineau:*** »Ach, du bist es,

Max. Du kommst spät.« *Max:* »Ich komme immer pünktlich. Das Flugzeug hatte Verspätung.« *Moulineau:* »Hast du die heutige Zeitung gelesen?« *Max:* »Ja, eben im Taxi.« *Moulineau:* »Was diese elenden Schreiberlinge so alles verzapfen. Nur wer Stroh im Kopf hat, kann diesen Grandvilliers als den besten Koch Frankreichs bezeichnen. Es ist eine Schande.« *Max:* »Ich bin völlig deiner Meinung. Wenn jemand sich das Recht erworben hat, ermordet zu werden, dann bist du es!« *Moulineau:* »Oh, danke schön, Max, sehr freundlich von dir. Dann fangen wir an.« Sie gehen in die Küche. *Moulineau:* »Das Wichtigste ist, daß du nur eine ganz, ganz junge Ente nehmen darfst. Sechs Wochen alt, auf keinen Fall älter. Und vor allem muß sie aus dem Ort Ivetot (nordwestlich von Lyon, B. S.) aus der Normandie kommen, von nirgendwo anders her. Und sie darf nicht angestochen, sondern muß erstickt werden...« *Max* (gebannt): »Verstehe...« *Moulineau:* »...damit sie keinen Tropfen Blut verliert, verstehst du?« *Max:* »Blut, ja...« *Moulineau:* »Das ist sehr wichtig. Dann wird sie vorsichtig gebraten, sagen wir, so achtzehn bis zwanzig Minuten. Und dann macht man sich daran, die Brust in hauchdünne Scheiben zu schneiden. *Max:* »Die Brust, ja...« *Moulineau:* »Und jetzt, mein lieber Max, koste mal, wie zart das ist...« *Max:* »Oh, oh... nein! Nimm es weg!« *Moulineau:* »Aber was ist in dich gefahren?!« *Max:* »Man hat mich auf Diät gesetzt!« *Moulineau:* »Du und Diät? Den Bären binde einem anderen auf!« *Max:* »Der Arzt hat mir gesagt, alles, was ich bisher gegessen habe, bringt mich um.« *Moulineau* zieht enttäuscht die Entenscheibe zurück. *Max:* »Nein, nein, gib her! Oh... welch göttlicher Geschmack! Allem anderen will ich gern zu widerstehn versuchen, nur deiner göttlichen Ente nicht.« *Moulineau:* »Danke schön!« *Max:* »Da waren natürlich noch Louis' exorbitante Tauben. Bei dem Gedanken daran, daß ich sie nie wieder schmecken werde, werden mir die Augen feucht vor Kummer. Und mein Liebling Natasha, die Gefährlichste von euch allen für mich. Was mag das bloß sein mit den Desserts, sie sind bestimmt ein Werk des Teufels. Keiner von euch wollte mir sicher absichtlich Schaden zufügen. Wie konntet ihr wissen, daß sie mich langsam, aber sicher umbringen. Ach was, genug davon, mach weiter!« *Moulineau:* »Gut, weiter! Also, wenn das Brustfleisch aufgeschnitten ist, dann zerteilst du den Rest in Stücke (zerschneidet die noch halbrohe Ente mit der Geflügelschere). Wichtig dabei ist, daß das Herz drinbleiben muß, verstehst du? Weil, wie du dir ja denken kannst, das Herz voller Blut ist. Und jetzt legt man alle Stücke übereinander in die Presse. Auf die Stücke kommen dann ein paar Tropfen Entenbouillon. Dann schließt man die Presse schnell. Und jetzt werden aus den Stücken die kräftigen Säfte rausgepreßt.« Er dreht die Presse, und unten laufen die Säfte, mit Blut vermischt, heraus. Bei diesem Anblick bleibt Max die nächste Entenbrustscheibe im Hals stecken. (Video 3125)

> *Ausgepreßte Ente aus der Normandie*
>
> Ist das vorstehende Rezept für den Normalhaushalt brauchbar? Wohl kaum. Denn keine Hausfrau wird versilberte Entenpressen wie das Pariser Spitzenrestaurant »Le Tour d'Argent« besitzen. Außerdem ist bei uns das Schlachten von Enten per erdrosseln verboten. Wer wirft zudem 80 Prozent einer Ente schlicht weg?
> Dennoch läßt sich »Caneton rouennais à la presse«, also ausgepreßte Ente nach Art von Rouen (Normandie), zu Hause herstellen, wenn man das Rezept sinnvoll variiert.
>
> **Man bittet den Händler z. B. darum, daß man von einer normal geschlachteten Ente auch das Blut und die Entenleber bekommt – was über Spezialadressen in jeder Großstadt möglich ist.**
> **Man trennt die Brustfilets von der Ente, würzt sie mit Salz und Pfeffer und brät sie in Butter und aus der Karkasse (dem Gerippe) abgetrenntem, ausgelassenem Entenfett zartrosa. Die Bratensauce wird mit dem Entenblut und einem gehaltvollen Rotwein gelöscht, etwas Cognac dazugeben, abschmecken. Am Ende wird die Sauce mit etwas eiskalter Butter aufgeschlagen, d. h. montiert (von frz. monter = steigen).**

# *Drei Männer und ein Baby*

Trois hommes et un couffin. Frankreich 1985. R: Coline Serreau. D: André Dussollier (Jacques), Michel Boujenah (Michel), Roland Giraud (Pierre), Philippine Leroy Beaulieu (Sylvia), Gwendoline Mourlet, Jennifer Moret.

- *Drei in einer gemeinsamen Wohnung wohnende Männer werden eines Tages unfreiwillig in die Rolle von Ersatzmüttern versetzt. Bald reiben sie sich in ihrer ungewohnten Aufgabe auf und verabscheuen Baby und leibliche Mutter. Nachdem die Kleine jedoch wieder abgeholt wurde, vermissen sie sie. Keiner der drei erwachsenen Männer kann vor Sehnsucht nach dem Baby mehr arbeiten.*

Einer von ihnen versucht schließlich, mit einem guten Essen den Alltag wieder auf Trab zu bringen. **Michel** (betritt, angetan mit einer roten Küchenschürze das Zimmer von Jacques, der apathisch auf dem Bett liegt): »Komm, ich habe etwas zu essen gemacht! Pierre kommt gleich, er bringt dich wieder in Ordnung!« **Jacques** (sehr matt): »Er ist doch schon da...« **Michel:** »Hä? Ich habe ihn nicht gehört.« ***Jacques:*** »Aber ich habe ihn gehört. Er ist in seinem Zimmer.« **Michel** (geht nach kurzem Zögern zu Jacques und faßt ihn am Arm, sagt mit einschmeichelnder Stimme): »Ich habe Filetsteaks gemacht!« Er zieht Jacques hoch, der erhebt sich, als hätte er die Nachtschicht in einem Steinbruch hinter sich. **Michel** (geht zum Zimmer von Pierre): »Pierre, kommst du, wir essen!« (als sich nichts rührt:) »Wir essen!!« Als noch immer keine Antwort kommt, öffnet er die Schiebetür zu Pierres Schlafzimmer. Dieser liegt apathisch, mit geöffneten Augen wie ein verendetes Wild auf seinem Bett. Michel und Jacques sehen sich vielsagend an und beobachten, wie Pierre sich in seinem Bett herumwirft wie ein trauriges Kind. Die zurückgebliebene Gummigiraffe des abgeholten Babys liegt in den Kissen und quietscht, als Pierre sie unter sich begräbt. Michel und Jacques gehen resigniert in die Küche, setzen sich an den Tisch und starren auf ihre Filetsteaks\*. (Video 3590)

\* Vgl. das Rezept »Filet de bœuf (fourré) à la périgourdine aus »Stardust Memories«, S. 130

Von köstlichen Filetsteaks und einem Baby übermannt

# Frenzy

Frenzy. Großbritannien 1972. R: Alfred Hitchcock. D: Jon Finch (Richard Blaney), Alec McCowen (Inspektor Oxford), Barry Foster (Bob Rusk), Barbara Leigh-Hunt (Brenda Blaney), Anna Massay (Babs Miligan), Vivien Merchant (Mrs. Oxford), Michael Bates (Spearman).

- *Ein Frauenmörder geht um. Verdächtigt wird der stellungslose Blaney, doch Inspektor Oxford ist endlich dem wahren Täter Rusk auf die Spur gekommen. Sergeant Spearman ermittelt in diesem Fall, währenddessen läßt Oxford die neuen französischen Kochkünste seiner Frau über sich ergehen.*

In der Wohnung von Inspektor Oxford und seiner Gattin. Es klingelt. Sergeant Spearman tritt auf. *Sergeant:* »Guten Abend, Sir, ich hoffe, ich störe Sie nicht beim Essen?« *Inspektor:* »Nein, nein! Ganz und gar nicht! Kommen Sie rein. Legen Sie Hut und Mantel aufs Sofa!« *Mrs. Oxford:* »Guten Abend, Sergeant Spearman. Was möchten Sie gern trinken?« *Sergeant:* »Guten Abend, Madam. Tja, ich weiß nicht, ähh...« *Inspektor:* »Ach, Spearman, Sie sind ja jetzt nicht mehr im Dienst.« *Mrs. Oxford:* »Tja!... Wie wär's mit einer Margharita? Das ist einmalig! Tequila, Triple sec, ausgepreßter Zitronensaft und den Glasrand ringsum mit Salz garniert. Sie werden begeistert sein!« *Sergeant:* »Danke, Madam!« *Inspektor:* »Sergeant Spearman, Ihre innere Befriedigung quillt Ihnen ja förmlich aus sämtlichen Knopflöchern. Also sprechen Sie, ehe Sie platzen.« *Sergeant:* »Ja, Sir. Die Frau, die hinter der Theke bediente, hat Rusk nach dem Foto, das ich ihr zeigte, einwandfrei identifiziert als den Mann, der in jener Nacht im Lokal war, als die Leiche gefunden wurde. Und das ist noch nicht alles!« *Inspektor:* »Ja, worauf warten Sie noch, Sergeant! Auf 'n Trommelwirbel?« *Sergeant:* »Äh, nein, Sir. Verzeihung! Die Dame sagte ferner aus, daß Rusk sehr staubig war und sie um eine Kleiderbürste gebeten hat... Das ist die Bürste, die sie ihm geborgt hat. Sehen Sie, Sir?« *Inspektor:* »Hm... was meinen Sie, Spearman, Staub von Kartoffeln?« *Mrs. Oxford:* »Hier kommt Ihr Drink, Sergeant! Wohlsein!« Sergeant Spearman nippt mißtrauisch und leckt sich dann verlegen die salzigen Lippen. *Inspektor* (zu seiner Frau): »Hast du das mitgekriegt?« *Mrs. Oxford:* »Ja. Ich hab's dir ja gesagt! Das wußte ich von Anfang an.« *Inspektor:* »Sicher! Sergeant, bringen Sie das so schnell wie möglich ins Labor. Sieht fast so aus, als ob wir diesmal den Falschen eingesperrt haben.« *Mrs. Oxford:* »Wieso, was heißt: wir! Du hast ihn eingesperrt!« *Inspektor:* »Also, Spearman, Sie können jetzt gehn.« *Mrs. Oxford:* »Sie haben ja noch gar nicht ausgetrunken!« *Sergeant:* »Tut mir leid, Madam! Aber ich muß machen, daß ich ins Labor komme.« *Inspektor:* »Sehr gut, das haben Sie fein gemacht!« *Sergeant:* »Danke, Sir.« (Er geht ab.) *Mrs. Oxford* (nimmt ihr Glas »Margharita« in die Hand): »Der arme Mr. Blaney. Du mußt ihn unbedingt rausholen, Tim. Und zwar umgehend.« *Inspektor:* »Im Augenblick ist er in der Krankenabteilung. Aber ich spreche morgen früh gleich mit dem Polizeipräsidenten und lass' den Fall wieder aufrollen. Das wird er nicht gern hören, aber das Beweismaterial reicht für eine Begnadigung.« **Mrs. Oxford:** »Wird man ihm einen Schadenersatz bewilligen?« **Inspektor:** »Ich nehme an, daß man ihm etwas Geld gibt. Aber eine richtige Wiedergutmachung gibt es in solchen Fällen nicht.« **Mrs. Oxford:** »Der arme Mann. Ich hätte eine Idee! Als kleine Entschädigung könntest du ihn zu einem exklusiven Dinner einladen! Mal sehn! Es müßte in diesem Fall was... kräftiges sein... äh... Caneton...« **Inspektor:** »Was ist das?« **Mrs. Oxford:** »Jungente! Mit schwerer, süßer Sherrysauce.« **Inspektor:** »Tja... nach dem Gefängnisessen wird er wahrscheinlich alles gern zu sich nehmen...« **Mrs. Oxford** (sieht ihren Mann strafend an, trinkt dann das Glas mit einem Zug leer, leckt sich verblüfft die Lippen und steht sichtlich irritiert auf): »Entschuldige, ich muß nachsehen, ob mein Soufflé schon anfängt zu gehn!«

## Cocktail »Margharita«

3 cl Tequila
2 cl Triple sec
2 cl Zitronensaft

Alle Zutaten, zusammen mit Eis, im Shaker schütteln. Danach in eine Sektschale abseihen, deren Rand mit einer Zitronenscheibe befeuchtet und in Salz einmal gedreht wurde. Mit einer Zitronenspirale garnieren.

Sergeant Spearman als Testperson für den Cocktail »Margharita«

## Jungente mit schwerer, süßer Sherrysoße
(für 4 Personen)

| | |
|---|---|
| 3 El trockenen Sherry | In einer Kasserolle erwärmen und etwas einkochen. In einer zweiten Kasserolle |
| 2 El Puderzucker 1 El Wasser | mit bei milder Hitze karamelisieren lassen. Wenn er angebräunt ist, den |
| Sherry | dazugeben, kräftig und schnell durchrühren. Bei kleiner Hitze auf ca. ⅓ einkochen lassen. Im Schmortopf etwa |
| 60 g Butter 2 junge Enten von je ca. 750 g, mit Innereien, | zerlassen und

bei mäßiger Hitze auf allen Seiten 3 Minuten bräunen. Den offenen Schmortopf in den mit 225 Grad vorgeheizten Backofen schieben, 40 Minuten drinlassen. Alle 10 Minuten die Enten wenden und mit dem Bratenfond übergießen. Sind die Enten gar, nimmt man sie heraus, tranchiert sie, stellt die Innereien beiseite und stellt das Fleisch auf einer Platte warm, mit Alufolie abgedeckt. In den Schmortopf etwa |
| 30 g Butter | geben und die kleingehackten Innereien, zusammen mit |
| 1 gehackten Zwiebel, 10 cl Cream Sherry 2 El Cognac | ca. 5 Minuten darin anbraten. Noch einmal dazugeben und mit flambieren. Das Ganze dann in die Kasserolle mit dem Sherry streichen, Mehlbutter aus |
| 30 g Mehl 30 g Butter | und dazugeben, 2 bis 3 Minuten aufkochen lassen. Anschließend |
| etwas dicke saure Sahne | dazugeben. Die Enten mit einem Teil der Soße bedecken, den Rest in eine Sauciere füllen und heiß dazu reichen. |

Französisches Weißbrot und ein kräftiger Rotwein passen gut dazu.

# Eating Raoul

Eating Raoul. USA 1982. R: Paul Bartel. D: Paul Bartel (Paul), Mary Woronov (Mary), Robert Beltran (Raoul).

- Mary arbeitet als Krankenschwester, Paul als Drugstore-Verkäufer, um das Geld für ein eigenes Feinschmeckerrestaurant zu verdienen. Später maximieren sie ihr Salär, indem sie sexbesessene Freier anlocken, diese ermorden und ausrauben. Die Leichen werden zu Hundefutter verarbeitet.

Die folgende Dialogszene im Krankenhaus ist ein Beleg für die feinsinnige Machart der schwarzen Filmkomödie. **Patient** (im Krankenbett, liest eine Hundezeitung, Schwester Mary bringt das Mittagessen in Plastiknäpfen): »Hey, was ist denn das für 'n Fraß?« Kamera zeigt ein Close-up des Essens. **Mary:** »Pürierte Leber, Spargelsalat und gemischter Obstbrei. Wird Ihnen bestimmt gut schmecken.« **Patient:** »Mist!« **Andere Krankenschwester:** »Ah, Mary, Paul hat angerufen. Ich soll dir sagen, daß er schon Schluß gemacht hat und dich abholt.« **Mary:** »Okay, danke Sheila.« **Patient:** »Paul? Sag mal, ist das nicht der lahme Vogel, der dich letzte Woche auch schon abgeholt hat? O Mann, mit der schlaffen Nudel würd' ich mich nicht raustrauen.« **Mary:** »Die schlaffe Nudel ist zufällig mein Angetrauter.« **Patient:** »Baby, das ist 'n echtes Problem. Aber wir können's zusammen lösen, wenn du willst.« **Mary:** »Ich weiß gar nicht, wovon Sie reden.« **Patient:** »Baby, ich wollte damit sagen, wir sollten unsere Luxuskörper zusammenschmeißen.« **Mary:** »Würden Sie jetzt bitte essen.« **Patient:** »Wenn du mich dafür drüberläßt.« **Mary:** »Vielleicht kann ich was für Sie tun.« **Patient:** »Ah ja?« **Mary:** »Allerdings verlange ich auch 'ne Kleinigkeit dafür.« (Kamera zeigt wieder in Großeinstellung die Mahlzeit.) »Essen Sie das!« Patient macht sich nach kurzem Zögern gierig über die pürierte Leber, den Spargelsalat und den gemischten Obstbrei her. Die Szene beweist, daß Sex und Hunger etwas miteinander zu tun haben. Für diejenigen, die vorrangig Appetit auf die Mahlzeit haben, folgt das Rezept. (Video 900)

---

### Pürierte Leber/Pain de foie de veau léger
(für 4 Personen)

| | |
|---|---|
| **500 g Kalbsleber** | blanchieren, hacken und mit |
| **125 g Weißbrot,** | das in |
| **⅛ l süßer Sahne** | aufgeweicht wurde, pürieren. |
| **4 Eier,** | |
| **4 Eigelb,** | |
| **½ l warme Milch,** | |
| **2 feingehackte Zwiebeln** | in Butter glasig gedünstet, untermischen. Mit |

| | |
|---|---|
| Salz, Pfeffer und Muskat | abschmecken. In vier gebutterten Charlottenformen (glattwandige, zylindrische Gefäße, bevorzugt für Süßspeisen) im Wasserbad garziehen, stürzen und mit einer leichten |
| Bratensoße (ggf. Fertigprodukt) | überziehen. |

Dazu Spargelsalat, der mit einer leichten Vinaigrette (Rezept s. S. 156) angemacht wurde.
Als Dessert verschiedene Kompotte.

# Das grüne Leuchten

Le Rayon Vert. Frankreich 1985. R: Eric Rohmer. D: Marie Rivière (Delphine), Béatrice Romand (Béatrice), Vincent Gauthier (Jacques), Irène Skobline (Irène), Dominique Rivière (Dominique).

*Delphine hat Urlaub, aber da eine Freundin eine gemeinsame Reise kurzfristig abgesagt hat, weiß sie nicht, wohin sie allein soll. Sie probiert Cherbourg und die Berge aus, landet aber wieder in Paris. Schließlich fährt sie nach Biarritz. Dort trifft die sensible, anspruchsvolle junge Frau Menschen, die sie zu einem Essen einladen.*

Delphine bei vegetarischen Phantasien

*Gast:* »Fühlst du dich wohl hier?« Delphine nickt zögernd, aber zustimmend. *Gastgeber:* »Hier kommen die Koteletts! Macht mal ein bißchen Platz. Einige sind englisch, einige sind medium.« *Delphine:* »Tut mir leid, ich mag kein Fleisch.« *Gastgeber:* »Ach so?« *Weiblicher Gast:* »Was, du magst kein Fleisch?« *Delphine:* »Nein, ich mag es nicht. Aber das ist nicht schlimm, das macht kein Problem!« *Gastgeberin:* »Wenn du willst, machen wir dir was anderes! Ein Ei!« *Delphine:* »Nein, nein, nein, es geht, es geht! Ich möchte nichts Besonderes.« Alle reden aufgeregt durcheinander und bedienen sich dabei mit den Schweinekoteletts. *Gastgeberin:* »Du magst lieber Gemüse? Aber Eier ißt du doch auch, oder?« *Delphine:* »Nein, Eier esse ich nicht soviel.« *Gast:* »Du ißt niemals Fleisch?« *Delphine:* »Nein.« *Gast:* »Und Fisch?« *Delphine:* »Also Fisch esse ich auch nicht so oft. Also manchmal... manchmal, wenn nichts anderes da ist. Na ja, ein paar Proteine braucht man ja. Und wenn ich bei Leuten eingeladen bin, esse ich Fisch, aber nicht oft.« *Gastgeber:* »Und was deinen Körper angeht, hast du keine Probleme, da ist alles in Ordnung?« *Delphine:* »Ich bin gesund... Zu Hause esse ich viel Vollwertnahrung. Mit Milch und Mandeln und solchen Sachen, Honig... man braucht gar kein Fleisch... braucht man gar nicht.« *Gastgeber:* »Da hast du sicher Probleme, wenn du zu andern Leuten kommst?« *Delphine:* »Na, wie hier, heute.« *Gastgeber:* »Tut mir leid!« *Gastgeberin:* »Wir können ja etwas extra kaufen für sie.« *Delphine:* »Nein, nein, ich will nicht, daß Sie mir etwas Spezielles kaufen. Es geht mir sehr gut, mir genügt das hier völlig.« *Gastgeberin:* »Wie ist es mit Hummer? Und Krabben?« *Delphine:* »Nein, das sind doch alles Tiere, und...« *Gastgeber:* »Also alles, was tierisch ist, dagegen hast du...« *Delphine:* »Na ja, ich weiß nicht, das sind eben Tiere. Und ich finde... ich finde, die sollte man nicht...! Vor allem die Tiere, die rotes Blut haben!« *Gastgeber:* »Also, man setzt dir ein Schweinskotelett vor, und du siehst darin das Tier?« *Delphine:* »Nein, nein!« *Freundin:* »Aber Delphine, du magst doch Grünzeug, Salat zum Beispiel! Und wenn du den aus dem Garten holst, das ist auch was Lebendiges! Später wird er welk, dann ist er wie tot.« *Delphine:* »Na ja, ich finde, das ist was anderes. Für mich ist der Salat... der ist viel weiter weg, der ist weiter weg als irgendein Tier! Der Salat, das ist mein Freund... der ist viel leichter... das Gemüse ist wie... es ist viel leichter, viel luftiger, ich weiß auch nicht...! Vielleicht bin ich mir über die Sache gar nicht so klar, aber jetzt, in dem Stadium, in dem ich gerade bin... das ist eher eine Frage des Instinkts...! Ich esse eben so...« *Gast:* »Weißt du, als ich jung war, hatte ich so ähnliche Empfindungen, wenn ich in eine Metzgerei ging. Aber jetzt kaufe ich mein Fleisch im Supermarkt, und da habe ich dieses Gefühl völlig verloren!« *Delphine:* »Das beweist, daß es ausschließlich eine Frage ist, wie bewußt man sich der Sache ist oder wie unbewußt. Und das finde ich nicht gut, weil... wenn man Fleisch ißt ausschließlich deshalb, weil man sich nicht mehr bewußt ist, was man tut und auf welche Art und Weise so ein Tier getötet worden ist, dann ist das falsch. Du, als du früher in Metzgereien gingst, da hast du ein Bewußtsein gehabt von Blut und Gewalt...« *Gast:* »...absolut richtig!« *Delphine:* »...Ja, und jetzt ist das auf einmal verloren und...« *Gast:* »Hör zu, wenn ich etwas anderes kaufe...« *Delphine:* »...du

hast es verloren, und man darf es nicht verlieren, darauf kommt es an!« *Gast:* »Ja, aber ich kaufe auch Produkte, die von Leuten gemacht worden sind, die unter anderen Bedingungen leben als ich, und ich habe keine Skrupel, es zu kaufen. Wenn ich in einen Supermarkt gehe und jedesmal Gewissensbisse haben muß, wenn ich was kaufe«...! *Delphine:* »Aber ich red' hauptsächlich nur von Fleisch, darauf kann man hier in Frankreich leicht verzichten, weil wir so viele andere Sachen zu essen haben, verstehst du? Ich meine, das ist ein Problem des Bewußtseins, das sich ganz einfach lösen läßt, indem man das ganz einfach nicht mehr ißt, sondern was anderes! Außerdem der wirtschaftliche Aspekt...« *Gastgeber:* »Ja, der wirtschaftliche Aspekt! Da mußt du 'ne Menge mit einbeziehen, da gehört einiges dazu!« *Delphine:* »Das ist sehr wirtschaftlich! Denn Fleisch ist sehr teuer, und es kostet nicht viel, wenn man jeden Tag Vollwertkost ißt! Und was die Wirtschaft im allgemeinen angeht, es kostet viel mehr, meine ich, wenn man eine Kuhherde auf einer Weide hält, als das zu essen, was auf der Wiese wächst! Das ist doch klar!« Alle reden durcheinander. *Delphine:* »...das Fleisch hat gar keinen Geschmack. Außerdem, wenn ich mal von meinem Geschmack reden darf, also das, was man eine vegetarische Pastete nennt, was also ausschließlich pflanzlich ist, wenn es wie eine Pastete schmeckt... also das kann ich nicht essen, auch wenn ich weiß, daß es pflanzlich ist!...« *Freundin:* »Also das Wort allein genügt dir schon, Pastete!?« *Delphine:* »Nein, es ist nicht das Wort. Es ist der Geschmack, und wie das aussieht, ich finde das Zeug einfach schwer, puh!...« *Gast:* »Also da gehst du wirklich ein bißchen weit, mhm?« *Delphine:* »Nein, ich mag es einfach, draußen zu sein und so was zu essen wie... ich weiß nicht... das ist luftig, das ist leicht, das ist einfach gut!« *Gast:* »Und wenn man dich zu einer Lammkeule einladen würde, die draußen, auf dem Holzkohlengrill...« *Delphine:* »Also, wenn ich von luftig rede, dann rede ich nicht von der Atmosphäre, sondern davon, was man im Körper spürt, ich meine... dein ganzer Körper, das ist alles, was du ernährst... ich meine, es gibt die Luft, es gibt die Nahrung, und das ist alles! Die Nahrung führt dazu, daß du existierst!« *Gast* (reicht ihr eine Schale mit Rosenblättern): »Was sagst du dazu?« *Delphine:* »Das wirkt richtig mystisch. Aber du machst dich über mich lustig!« *Gast:* »Nein, das war nicht vorbereitet! Überhaupt nicht.« *Delphine:* »Außerdem muß ich euch sagen, Blumen kann ich auch nicht mehr essen! Aber das hat auch was mit dem Instinkt zu tun, weil...« *Gast:* »...du ißt überhaupt nichts mehr!« *Delphine:* »Ich könnte keine Blume essen, weil... das einfach eine Blume ist!« *Gastgeber:* »Du könntest Reis essen!...« *Delphine:* »Natürlich, ich esse gern Reis! Aber eine Blume, eine Blume könnte ich nicht essen! Eine Blume ist für mich etwas Poetisches.«
(Video 1280)

## Eine Leiche zum Dessert

Murder by Death. USA 1975. R: Robert Moore. D: James Coco (Milo Perrier), Peter Falk (Sam Diamond), Alec Guinness (Butler), Elsa Lanchester (Miß Jessica Marbles), David Niven (Dick Charleston), Peter Sellers (Sidney Wang), Truman Capote (Mr. Twain).

*Der reiche Exzentriker Lionel Twain lädt die fünf wichtigsten Detektive zu einem nächtlichen Dinner und kündigt eine Leiche zum Dessert um Mitternacht an. In dem schloßartigen Haus geschehen sofort seltsame Dinge. Der Gastgeber erscheint und verschwindet wieder unter mysteriösen Umständen. Der Butler ist blind, die Köchin taub und stumm. Und schon beim Rotwein, der als Aperitif getrunken wird, gibt es den ersten Mordanschlag auf Mr. Wang, den der jedoch durch Scharfsinn und Instinkt überlebt.*

Gespannt warten die Gäste nun auf das Dinner: **Wang:** »Ich bitte um Ruhe, Butler naht!« **Butler:** »Ich bitte um Verzeihung wegen der Verspätung. Ich habe offenbar ein paar Verständigungsschwierigkeiten mit der Köchin.« **Diamond:** »Wer hat den Wein hier eingeschenkt?« **Butler:** »Mr. Twain, Sir. Er stand eingeschenkt und zum Servieren bereit im Kühlschrank. Ich hatte den Auftrag, Mr. Wang das Glas mit dem klebrigen Stil zu reichen.« **Charleston:** »Warum haben Sie nicht nach dem Grund gefragt?« **Butler:** »Ich war schon froh, überhaupt den Kühlschrank zu finden. Wenn Sie gestatten, trage ich jetzt die Suppe auf.« **Perrier:** »Na endlich! Für mich kann's ein Löffel mehr sein!« Butler schöpft aus der Suppenterrine, doch es befindet sich keine Suppe darin. **Perrier:** »Einen Moment bitte! Wo ist die *soupe*?« **Butler:** »Auf Ihrem Teller, Sir.« **Perrier:** »Auf meinem Teller steht nichts weiter als ein weiterer leerer Teller!« **Butler:** »Verzeihung, das verstehe ich nicht!« **Perrier:** »Hier bitte, nehmen Sie den Löffel, und nun probieren Sie mal selbst!« **Butler** (probiert die nicht vorhandene Suppe): »Jetzt verstehe ich, was Sie meinen, Sir! Ich möchte mal ein paar Worte mit der Köchin wechseln!« Der Butler verläßt, die leere Suppenschüssel unter dem Arm, wütend den Raum. **Miß Marbles:** »Massenmord durch Verhungern! Vielleicht hat er das mit uns vor!« (Video 1900)

# Man spricht deutsh

BRD 1987. R: Hanns Christian Müller.
D: Gerhart Polt (Erwin Löffler), Gisela
Schneeberger (Irmgard Löffler),
Dieter Hildebrandt (Dr. Eigenbrodt),
Werner Schneyder (von Bomstedt),
Pamela Prati (Violetta), Siegfried
Mahler (Herr Endress), Elisabeth Walz
(Frau Endress).

- *Das bayrische Ehepaar Erwin und Irmgard Löffler ist mit Sohn Heinz-Rüdiger in die Ferien nach Terracina in Italien gefahren. Dort führen sie sich wie Bilderbuchtouristen aus Deutschland auf, alle Vorurteile bestätigend.*

Gerhard Polt alias Erwin Löffler erträumt sich an den langen, heißen Strandtagen im ereignislosen Urlaub ein Abenteuer mit einer italienischen Traumfrau. In einem seiner Tagträume fährt er mit ihr über Land. In einem Nobelhotel steigen sie ab und gehen sofort ins luxuriöse Restaurant, das bis auf einen einsam tafelnden Kirchenfürsten leer ist. **Löffler** (zum Oberkellner): »Bringen Sie der Dame einen Jägermeister. Und mir auch einen, aber einen doppelten.« Der distinguierte Ober verschwindet pikiert. **Löffler:** »Hier ist's aber gemütlich!« **Traumfrau:** »Come?« **Löffler:** »Hier können wir uns aussprechen.« **Traumfrau:** »Come?« **Löffler:** »Aussprechen!« Die Traumfrau nickt verstehend. **Löffler:** »Schade, daß ich Sie nicht nach Deutschland mitnehmen kann. Meine Freunde, äh... ich habe einen Stammtisch, an unserm Stammtisch, äh... tavolo amico, äh... die würden spitzen...« **Traumfrau:** »Spitzen?« **Löffler:** »Das ist: überrascht sein, staunen, spitzen...« Ober bringt die Jägermeister. **Löffler:** »Na dann Prost!« **Traumfrau:** »Cin Cin!« Sie verzieht beim Kosten

Ketchup statt Tomatensoße!

angewidert das Gesicht, Löffler trinkt mit einem Zug und stellt das Glas danach mit einem Ausdruck auf den Tisch zurück, als habe er gerade eine Halbe kühles Helles gezischt. Der Ober schlägt die reichhaltige Speisekarte auf. Löffler fährt ihm in die Parade: **Löffler:** »Wir nehmen zweimal Pizza, mit allem!« **Ober:** »No abbiamo pizza.« **Löffler:** »Aber Sie werden doch eine Pizza herbringen, wir sind doch schließlich in Italien.« Ober verneint abermals und reicht Löffler die Speisekarte. **Ober:** »Prego.« **Löffler** (blätternd): »So... Ja, hams wenigstens ein Spaghetti mit Tomatensauce?« **Ober:** »Spaghetti!« **Löffler:** »Ja! Aber al dente!...« (Zu seiner Begleiterin gewandt): »Also, daß ich dich da – ich sag' jetzt du zu dir – jetzt kennenlerne! Ich fahr' ja schon sechs-, siebenmal nach Italien, da ist Südtirol noch gar nicht mitgerechnet! So ein Glück, daß man so was einfach hier kennenlernt... Haben denn die nix mehr zu

---

### Spaghetti mit Tomatensoße
(für 4 Personen)

| | |
|---|---|
| ½ **Zwiebel** | in Scheiben schneiden und |
| **1 Knoblauchzehe** | feinhacken. Von |
| **1 kg Tomaten** | den Stielansatz entfernen. Die Haut kreuzweise mit dem Messer einritzen, kurz in kochendes Wasser legen, daraufhin enthäuten und zerkleinern. |
| **5 El Olivenöl** | in einer Pfanne erhitzen, die halbe Zwiebel dazugeben und, kurz bevor sie glasig wird, auch die Knoblauchzehe, dann die Tomaten unter Zugeben von |
| **20 Blättern Basilikum, Salz und Pfeffer** | in der Pfanne eindicken lassen. Währenddessen |
| **500 g Spaghetti** | in Salzwasser »al dente« kochen und mit der Tomatensoße vermischen. |

Geriebenen Schafs- oder Parmesankäse getrennt dazu reichen.

---

trinken hier, hallo, Herr Ober! Geben Sie uns bitte einen guten Wein, und zwar einen französischen!« Der Kellner serviert die Spaghetti, der Oberkellner stellt sichtlich pikiert und krachend eine Flasche Tomatenketchup auf den Tisch. Plötzlich geht ein anderer deutscher Feriengast am Tisch vorbei, in der Hand den Schlüssel für das Klohäuschen am Strand.
Im weiteren Verlauf des Films:
Am letzten Urlaubstag findet sich Familie Löffler im Strandrestaurant zum Mittagessen ein. Italienische Gäste verlassen das auf deutsche Spezialitäten eingestellte

Lokal fluchtartig. Die Löfflers besetzen sofort die frei gewordenen Plätze. *Erwin* (ruft seinen Sohn): »Heinz-Rüdiger!« *Irmgard:* »Herr Ober! Was ist denn, bittschön, die Poseidon-Platte?« *Ober:* »Sehr gut! Alles vom Meer, ganz frisch!« *Irmgard:* »Gut, dann nehmen wir die Poseidon-Platte, für zwei Personen.« *Erwin:* »Und ich hätt' gern ein Weißbier, bitte.« *Irmgard:* »Und für mich ein Mineralwasser.« *Ober:* »Wir haben wieder das dunkle Weißbier.« *Erwin:* »Hams des wieder da! Gut, das nehm' ich.« *Irmgard:* »Ja, Heinz-Rüdiger, und du?« *Erwin* (sieht unter den Tisch, wo der Sohn inzwischen sitzt): »Heinz-Rüdiger!« *Ober:* »Vielleicht wieder ein Kinderschnitzel?« *Erwin:* »Heinz-Rüdiger, Pommes frites?« *Heinz-Rüdiger* (unterm Tisch): »Nein, 'ne Limo.« *Irmgard:* »Also für ihn dann eine Limo und einmal Pommes frites.« *Heinz-Rüdiger* (unterm Tisch): »Und ein Eis!« *Erwin:* »Das Eis, Heinz-Rüdiger, das gibt's danach. Wenn er brav ist, kriegt er vielleicht noch ein Eis.« *Ober:* »Va bene.« *Heinz-Rüdiger* (unter'm Tisch): »Keine Pommes frites! Ein Eis!« *Erwin* (spricht hinunter): »Die Pommes frites werden gegessen und anschließend gibt es vielleicht ein Eis.« *Irmgard:* »Also der soll nicht immer nur das Kartoffelzeugs essen!« (Beugt sich hinunter): »Magst du nicht einmal ein Gemüs'? Gelbe Rüben, oder so?« *Heinz-Rüdiger:* »Keine gelben Rüben, lieber Pommes frites!« *Erwin:* »Du mußt mal Vitamine zu dir nehmen!« *Irmgard:* »Oder Erbsen, magst du des?« *Heinz-Rüdiger:* »Keine Erbsen, lieber Pommes frites!« *Erwin:* »Es wird gegessen, was auf den Tisch kommt!« *Irmgard:* »Zuerst gibt es auf jeden Fall ein bisserl Gemüse. Also, Herr Ober: eine Portion gelbe Rüben dazu.« *Ober:* »Gut, ich danke schön.« (Der genervte, aber geduldige Ober zieht ab.) Der Blick der Löfflers fällt auf den Nebentisch, wo das

Familie Löffler hilflos mit Hummer

Ehepaar Endress über riesigen Bergen Schweinehaxe und Leberkäse mampft. Löfflers wünschen einen »guten Appetit«. *Frau Endress:* »Also der Leberkäs' ist ausgezeichnet, Frau Löffler.« Der Ober serviert einen riesigen Hummer mit Beilagen: die »Poseidon-Platte«. *Frau Endress* (kauend): »Ihrs schaut aber auch nicht schlecht aus!« *Irmgard:* »Ja, das ist die Poseidon-Platte.« Das Ehepaar beäugt ratlos den Teller mit dem riesigen Schalentier. Irmgard piekt das Zitronenviertel auf die Gabel. Erwin stochert mit dem Besteck auf dem Hummer herum. *Erwin:* »Sie, Herr Ober! Was ist denn da zum Essen dran?« *Ober:* »Sie müssen hier aufbrechen und das Fleisch innen essen. Alles frisch.« *Irmgard:* »Ach ja, vielen Dank! – Heinz-Rüdiger, deine Pommes frites!« *Erwin:* »Heinz-Rüdiger, deine Pommes frites!« Das Ehepaar macht sich über Heinz-Rüdigers Pommes frites her. *Irmgard* (deutet auf die Hummerplatte): »Herr Ober, das können Sie wieder mitnehmen.« *Ober:* »Hat nicht geschmeckt? Aber ist alles frisch!« *Erwin:* »Wir hätten doch lieber die Haxe nehmen sollen.« *Irmgard:* »Wir haben halt gedacht, an unserm letzten Tag...« Ober räumt den Hummer ab, das Ehepaar verschlingt hungrig die restlichen Pommes frites von Heinz-Rüdiger.

## *Hummer*

Wie das Schalentier zu knacken gewesen wäre, zeigt die folgende Anleitung zum Hummeressen:

Die Scheren dicht am Körper abdrehen. Kopf und Schwanz mit einem schweren Messer oder dem passenden Hummerbesteck der Länge nach halbieren. Die direkt hinter den Augen liegenden Teile am Kopf sind nicht eßbar.
Die zwei Glieder unterhalb der Scheren durch eine Drehung lösen. Die Scheren selbst an beiden Seiten anschlagen. Die dickere Seite mit der Messerschneide, die flache Seite mit dem Messerrücken anschlagen, wodurch sie aufbrechen. Das Hummerfleisch herauslösen. Das Fleisch in den Beinen löst man mit einer Hummergabel heraus. (Ungeduldige können das Fleisch auch lautstark aus den Beinen herauszutzeln!)
Anmerkung: Die früher bei wild gewachsenen Hummern nötigen Rituale des Aufbrechens sind bei den heutigen Zuchthummern kaum noch nötig. Schalen und Scheren der modernen »Hummerkrüppel« geben jedem ernsthaften Druck sofort nach.

*Italienischer Kiosk- und Klobesitzer am Strand:* »Ich weiß nicht, was die Deutschen alles essen... auf jeden Fall zuviel für italienische Klos.«

# Wenn jeder Tag ein Sonntag wär'

BRD 1973. R: Harald Vock. D: Georg Thomalla (Dr. Wegner), Lotte Ledl (Mathilde Wegner), Peter Weck (Hoteldirektor), Heinz Reincke (Bubi).

- *Der Manager eines Reisebüros fährt inkognito in eines seiner Ferienhotels in Kärnten, macht offiziell Urlaub und spioniert heimlich den Service aus. Er schafft damit eine Menge Verwirrung. In dem Hotel steht es nämlich mit der Verpflegung der Gäste nicht zum besten.*

In einer beispielhaften Sequenz tritt ein Hotelkellner in die Küche und fragt den Koch: **Kellner:** »Was gibt's denn?« **Koch:** »Fischsuppe.« **Kellner:** »Können Sie nichts anderes kochen?« **Koch:** »Wir haben noch zweitausend Dosen davon.« **Kellner** (kostet): »Geben Sie Salz her, das schmeckt ja wie Wasser!« **Koch:** »In was sonst sollen Fische schwimmen?«
In was sonst Fische schwimmen sollen, zeigt das folgende Rezept.

### Fischsuppe französische Art
(für 4 Personen)

Als Fische eignen sich u. a. gut Barsch, Seeaal, Knurrhahn, Petermännchen – noch besser, wegen ihres Eigengeschmacks, allerdings Edelfische wie Rascasse, Seeteufel, Merlan, Drachenkopf oder Sonnenkönig, die jedoch fast unerschwinglich und selten erhältlich sind. Eine echte Marseiller Bouillabaisse z. B. sollte wegen ihres Gehalts mindestens sieben verschiedene Fischsorten aufweisen. Das nachstehende Rezept hat allerdings mit Bouillabaisse nichts zu tun, denn die Provençalen würden Muscheln in der Fischsuppe als Todsünde empfinden.

| | |
|---|---|
| 2 Schalotten<br>Olivenöl<br>0,2 l Weißwein<br>Pfeffer und Salz<br>250 g Miesmuscheln<br>(aus dem Glas) | kleinhacken und in andünsten. Mit ablöschen, dazugeben.<br><br>ca. 5 Minuten lang bei starker Hitze dazugeben. Der gesamte Sud wird abgesiebt und zur Seite gestellt, die Muscheltiere aus der Schale genommen, warm gestellt. |

| | Dann werden |
|---|---|
| 2 Lauchstengel | feingeschnitten, |
| 2 geschälte Tomaten | kleingehackt, |
| 2 Knoblauchzehen | zerdrückt, |
| etwas Fenchelkraut | zerschnitten und das Ganze in |
| 1,5 l Wasser, | zusammen mit |
| 2 Lorbeerblättern | und |
| 1 Tl Pfefferkörnern, | ca. 15 Minuten gekocht. |
| 1 kg Fisch, | frisch und ausgenommen, in Stücke schneiden und zusammen mit den Muscheltieren und dem Muschelsud beigeben, |
| 1 Messerspitze Safran | einstreuen und weitere 15 Minuten kochen.* Ganz zum Schluß – die Suppe darf nicht mehr kochen, soll aber sehr heiß sein – werden |
| 1 Eigelb | und |
| ⅛ l saure Sahne | vermischt und mit der Suppe gebunden. In die Suppenschüssel pro Person eine Scheibe |
| Baguette | legen und mit |
| etwas Petersilie | bestreuen. Die heiße Suppe darüber leeren. |

Beilagen: Weißbrot, dazu ein gekühlter Roséwein.

*\* Beim Kochen der Fischstücke müssen eventuell unterschiedliche Garzeiten beachtet werden. Festfleischige Fische wie z. B. Rascasse oder Meeraal müssen mindestens 5 Minuten länger gekocht werden als zartfleischige wie Barsch, Seeaal, usw. Dazu wird am besten der Fischhändler befragt.*

# *Stardust Memories*

Stardust Memories. USA 1980. R, B: Woody Allen. D: Woody Allen (Sandy Bates), Charlotte Rampling (Dorrie), Marie-Christine Barrault (Isobel), Jessica Harper (Daisy), Tony Roberts (Tony).

- *Der Filmregisseur Sandy Bates wird ins Seehotel »Stardust« zu einem Filmkunst-Wochenende eingeladen. Die Fans erwarten ihn schon. Während des Wochenendes erlebt Bates reale und irreale Träume und Kinoträume, lernt Frauen kennen, erinnert sich vor allem an Dorrie, mit der er schöne Monate verlebte.*

In der folgenden Rückblende trafen sich beide in Sandys Apartment in New York. **Dorrie:** »Hmmm. Du riechst gut.« **Sandy:** »Ja?« **Dorrie:** »Dein Rasierwasser. Es holt meine ganze Kindheit in einem jähen Proustschen Erinnerungsansturm zurück.«

***Sandy:*** »Ja? Das ist mein ›Fragrance Proustienne‹ von Chanel. Man bekommt's jetzt als Sonderangebot günstiger. Ich hab's eimerweise eingekauft.« ***Dorrie*** (kichert): »Hm. Soll ich nicht schnell mal runterlaufen, uns was zu essen besorgen, und wir bleiben heute abend zu Hause, und ich koch' uns was?« ***Sandy:*** »Ja also, als du das letztemal was gekocht hast, sah die Küche anschließend wie Hiroshima aus.« ***Dorrie:*** »Ja, das war lustig. Ich könnte Filet de bœuf fourré à la périgourdine nach dem Rezept meiner Mutter machen, dazu könnte ich Sweet Potatoes in Rum...« ***Sandy:*** »Was? Und nichts zu trinken?« Sie küssen sich.

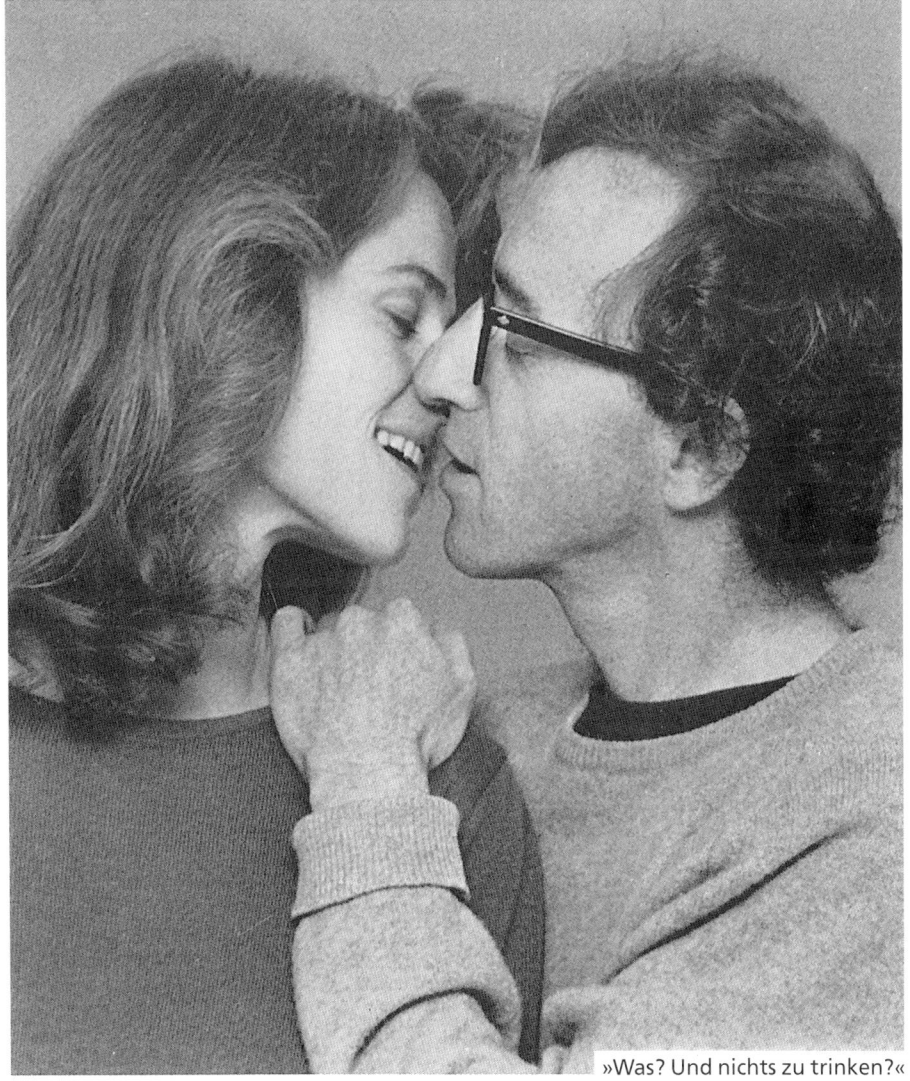

»Was? Und nichts zu trinken?«

## Filet de bœuf (fourré) à la périgourdine* mit Sweet Potatoes
(für 2 Personen)

| | |
|---|---|
| **16 entsteinte Backpflaumen**<br>**⅛ l Madeira**\*\* | ca. 3 Stunden in einweichen, dann kurz aufkochen und danach abkühlen lassen. |
| **150 g Gänseleberpastete (Fertigprodukt)**<br>**2 El süßer Sahne** | mit verrühren und anschließend in einen Spritzbeutel geben. Die Backpflaumen seitlich aufschneiden, mit der entstandenen Masse füllen, wieder schließen und kühl lagern. |
| **4 kleine, dicke Filetsteaks (je 100 g)**<br>**1 Streifen fettem Speck**<br>**1 El Öl**<br>**1 El Butter**<br>**Salz und Pfeffer** | mit je binden, je 4 Minuten von beiden Seiten in und anbraten, *nach* dem Wenden mit würzen und das Fleisch warm stellen. Den Saft aus |
| **1 kl. Dose Trüffeln mit**<br>**4 El Fleischbrühe**<br>**⅛ l süße Sahne**<br>**1 Trüffel (ca. 12 g)**<br>**1 Schuß Madeira** | und einkochen lassen, hacken und dazugeben, zu einer dicklichen Soße einkochen lassen. Die Filets auf einer heißen Platte anrichten, mit der Soße übergießen und mit den Backpflaumen garnieren.\*\*\* |

\* *Die Zubereitung »à la périgourdine« bezieht sich immer auf die Verwendung von Trüffeln, deren Hauptgebiet der Périgord ist.*
\*\* *Man kann statt Madeira auch Portwein nehmen.*
\*\*\* *Das »fourré« im Rezeptteil bezieht sich auf die Zubereitung im Backofen (frz. four). Die hier gewählte Zubereitung ist jedoch einfacher und praktikabler.*

### Sweet Potatoes

Sweet Potatoes, süße Kartoffeln oder Bataten, kommen ursprünglich von den malaiischen Inseln, werden heute jedoch auch in den USA, Asien und Afrika angebaut. Auch bei uns sind sie zunehmend erhältlich. Es gibt weiße, rote und gelbe Sorten, am empfehlenswertesten als Beilage zum obigen Rezept sind die gelben.
Sweet Potatoes werden wie normale Kartoffeln zubereitet, jedoch wird anstelle von Salz ein Schuß Rum in das Kochwasser gegeben.

# Tin Men

Tin Men. USA 1986. R: Barry Levinson. D: Richard Dreyfuss (BB), Danny DeVito (Tilley), Barbara Hershey (Nora), John Mahoney (Moe), Jackie Gayle (Sam), Stanley Brock (Gil), Seymour Cassel (Cheese), Bruno Kirby (Mouse).

*Tilley und BB, die als Vertreter von Aluminiumfassaden in zwei verschiedenen Unternehmen tätig sind, beginnen eines schönen Tages einen Kleinkrieg, ausgelöst durch eine Lappalie: ein kleiner Autoschaden. Sie beharken sich über einen längeren Zeitraum hinweg. BB beginnt schließlich sogar eine Affäre mit Tilleys Ehefrau und dringt in dessen Wohnung ein. Nach einem Prozeß, der beiden an den Kragen geht, setzen sich die jähzornigen Streithähne wohl oder übel mit ihren jeweiligen Beratern in einem Restaurant zum Friedensgespräch zusammen.*

**BB:** »Hör zu, ich werde dir jetzt sagen, was ich tun werde. Ich werde meine Anzeige gegen dich zurückziehn, und damit wäre der Ärger erledigt.« **Tilley:** »Einverstanden.« **Sam:** »So schnell kann man das ins reine bringen.« **Kollege:** »Das wär's dann. Ist die Sache erledigt, ja? Na schön, dann laßt uns bestellen. He, Schätzchen!« **Tilley** (legt noch mal los): »Wieso kommt er mit 'ner weißen Weste davon, wenn er in mein Haus eindringt – und ich werde angeklagt?« **BB:** »Nein, nein, nein, ich hab' dir doch gesagt, ich bin in dein Haus eingedrungen, weil ich deine Frau besucht habe.« **Kollege:** »Ich dachte, der Streit wäre zu Grabe getragen worden! Habt ihr euch nun vertragen, ja oder nein?« **BB:** »Schon gut, ist erledigt.« **Tilley:** »Ich bin todmüde. Seine Weste ist rein, blütenweiß rein!« **Kellnerin:** »Was nehmt ihr?« **Tilley:** »Äh, ich hätte gerne Spiegeleier, beidseitig gebraten, Bratkartoffeln, Toast, schön dunkel, ja? Einmal Butter extra, 'n großes Glas Grapefruitsaft und Kaffee. Nein ... ich nehme ... anstatt der Spiegeleier nehme ich doch lieber weichgekochte Eier, wie serviert ihr die, in der Schale oder schon rausgepult?« **Kellnerin:** »Wir servieren sie in der Schale.« **Tilley:** »Nein, so mag ich sie weiß Gott nicht. Sie sind immer so heiß, wenn man sie in die Hand nimmt, und dann ist es lästig, immer darin rumzukratzen. Ist nicht mein Fall. Oft ißt man ein Stück Schale mit, und dann ist der ganze Tag versaut.« **BB:** »Was soll denn die Fragerei! Du bestellst jetzt die Eier, und damit hat sich's, ja?« **Tilley:** »Hör zu, wenn ich was bestelle, dann will ich wenigstens mit meinem Essen zufrieden sein, hm?« **BB:** »Ich bin hungrig, und mir brummt der Schädel. Außerdem bin ich mit Ei bekleckert. Kannst du nicht zügig deine Eibestellung aufgeben, damit wir auch mal dran sind, bevor die anderen zum Mittagessen kommen?« **Tilley:** »Sag mal, muß ich mir von jemandem sagen lassen, was ich essen soll und was nicht, hm?« **BB:** »Hör zu, das hier ist kein Viersternerestaurant. Hier steht kein zehngängiges Menü zur Debatte, sondern ein ganz normales Frühstück, das ist alles.« **Tilley:** »Weißt du, ich lasse mich nicht überfahren. Zu deiner Information, ich bin zum erstenmal in diesem Laden, und ich kann daher nicht wissen, wie hier die Eier zubereitet werden. Es ist ganz einfach zu erklären: Wenn sie zu fest sind oder zu glibberig, dann bin ich mit ihnen nicht zufrieden. Und wenn sie ein weichgekochtes Ei in der Schale servieren, dann garantiere ich dir, macht mich die Fummelei ganz krank.« *BB:* »Könnt' ich einen French Toast und 'ne Tasse Kaffee bekommen, bitte?« *Tilley:* »Hey, hey, wow, wow, wartet 'nen Augenblick! Ich geb' gerade meine Bestellung auf! Würdet ihr die Höflichkeit besitzen und warten, bis ich fertig bin?« *BB:* »French Toast und 'ne Tasse Kaffee bitte!« *Tilley:* »Sam! Der Kerl geht mir auf den Senkel! Vom ersten Tag an geht der mir auf die Nerven...!« (Er springt wütend auf.) *BB:* »Ich glaube, ich muß mir das mit der Anzeige noch einmal überlegen, ja!...« *Tilley:* »Ah, mit gezinkten Karten wird hier gespielt, soll das Spiel wirklich so weitergehn, he? Das können Sie gern bekommen, Mister, der Krieg geht weiter!...« *BB* (springt ebenfalls auf): »Hey, du hast also immer noch nicht die Schnauze voll, ja? Ich bin bereit, es kann wieder losgehn, auf der Stelle! Und zwar sofort!« *Tilley:* »Oh, Sie sind bereit, was?« *BB:* »Ich bin bereit! Na los, bringen wir's hinter uns! Vorwärts, na wird's bald!!« *Tilley:* »Bringt die Männer mit den Zwangsjacken her, der Mann ist ja völlig aus der Kontrolle geraten!« *BB:* »Na los, beenden wir's! Ein für allemal!« *Tilley:* »Ja!« *Sam:* »Komm, Tilley, sei doch vernünftig! Das führt doch zu nix.« *Tilley:* »...haben Sie mich verstanden!... Dieser Idiot!...« *Kollege:* »Komm schon, komm!...« *Tilley* (beim Hinausgehn): »Sam, das wirst du nie verstehn...« *BB* (hat sich zornbebend wieder gesetzt): »Einen French Toast und... 'ne Tasse Kaffee bitte!« (Video 2900)

## *Überbackener Käsetoast/French Toast\**

(für 4 Personen)

| | |
|---|---|
| **8 rechteckige Weißbrotscheiben** | (das Originalrezept von French Toast sieht Scheiben von genau 9 × 6 cm Größe vor) werden entrindet und dünn mit |
| **Butter** | bestrichen. Vier Schnitten mit gleich großen |
| **4 Scheiben zartem, rohem Schinken, 4 Scheiben Gruyèrekäse** | dann mit ebenfalls gleich großen belegen und mit den anderen vier Brotscheiben bedecken. Der Toast wird im Grilltoaster gebacken, bis beide Seiten goldbraun sind. |

\* *Es handelt sich hierbei um die angelsächsische Bezeichnung für »Croque Monsieur« – frisch zubereitet, ein leckerer und sättigender Happen zwischen den Hauptmahlzeiten, als aufgewärmtes Touristen-Fast-Food jedoch weniger zu empfehlen.*

# Die Schweizermacher

Die Schweizermacher. Schweiz 1978.
R: Rolf Lyssy. D: Walo Lüönd (Max Bedmer), Emil Steinberger (Moritz Fischer), Beatrice Kessler (Milena Vakulič), Wolfgang Stendar (Dr. Starke), Hilde Ziegler (Gertrud Starke).

*Satire über eine Schweizer Behörde, die sich mit Ermittlungen über Gastarbeiter beschäftigt und oft dubios entscheidet. In der folgenden Szene hat das jugoslawische Fräulein Vakulič einen Antrag auf Bürgerrecht gestellt, um in der Schweiz weiter arbeiten zu können. Ein entscheidendes Gespräch mit der Ausländerbehörde steht ins Haus, und sie muß sich auf die Prüfung der Schweizer-Tauglichkeit vorbereiten.*

Schweizer müssen mehr können als Rösti mit G'schnetzeltem

In der Garderobe des Theaters, in dem sie als Tänzerin arbeitet, liest ihr eine Kollegin aus dem Buch »Schweizer, das mußt du wissen« vor. ***Tänzerin:*** »Wann ist der Gotthard-Tunnel eröffnet worden?« ***Fräulein Vakulič:*** »1884.« ***Tänzerin:*** »Falsch. 1882.« ***Fräulein Vakulič:*** »Zwei Jahre daneben. Das müssen sie tolerieren.« ***Tänzerin:*** »Das ist gut: Welcher Berg ist nach einem Schweizer General benannt?« ***Fräulein Vakulič:*** »Dyffer-Spitze!« ***Tänzerin:*** »Du bist ja eine Musterschülerin!« ***Fräulein Vakulič:*** »Ha, ha!« ***Tänzerin:*** »Kommt er eigentlich zu dir nach Hause?« ***Fräulein Vakulič:*** »Was hast du denn gedacht?« ***Tänzerin:*** »Er könnte dich doch auch in einem Café ausfragen oder hier in der Garderobe.« ***Fräulein Vakulič:*** »Der will doch sehn, wie ich wohne. Ich räum' natürlich vorher auf. Alles picobello.« ***Tänzerin:*** »Schau nur, daß keine Männerfotos herumliegen. Stell ihm doch eine Flasche Wein hin.« *Fräulein Vakulič:* »Wenn er am Morgen kommt, kann ich ihm doch keinen Wein anbieten! Sonst denkt er noch: Aha! Alkoholikerin und will noch Schweizerin werden!« *Tänzerin:* »Du mußt schaun, daß er sich schnell wohl fühlt, dann drückt er eher ein Auge zu. Oder leg doch schon vorher eine Platte auf, so als Untermalung...« *Fräulein Vakulič:* »...den Nußknacker!...« *Tänzerin:* »Oder weißt du was? Gib ihm doch eine Freikarte für eine Vorstellung, der war doch sicher noch nie im Theater.« *Fräulein Vakulič:* »Oder soll ich ihn zu einem Nachtessen einladen?« *Tänzerin:* »Das finde ich gut! Rösti und Geschnetzeltes! So kannst du ihm beweisen, daß du eine perfekte Hausfrau bist!« (Video 863)

## *Zürcher G'schnetzeltes*
(für 4 Personen

| | |
|---|---|
| **500 g Kalbsfilet** | in feine Streifen schneiden und in |
| **2 El Butter** | leicht anbraten. Aus der Pfanne nehmen und warm stellen. |
| **1 gehackte Zwiebel** | in der Pfanne glasig dünsten, |
| **einige frische Champignons** | in Scheiben schneiden und kurz mitdünsten. Mit |
| **0,25 l Weißwein** | ablöschen, etwas einkochen lassen. |
| **2–3 El süße Sahne** | unterrühren, mit |
| **Salz und Pfeffer** | abschmecken. Das warmgestellte Fleisch in die cremige Soße geben und – ohne es kochen zu lassen – in der Soße wenden.* |

*\* Das Gericht sollte bei schwacher Hitze, aber möglichst schnell zubereitet und serviert werden, da das Fleisch leicht zäh wird.*
*Der Weißwein sollte trocken und nicht von minderer Qualität, muß allerdings auch kein Spitzengewächs sein.*

## *Berner Rösti*
(für 4 Personen)

| | |
|---|---|
| **500 g Kartoffeln** | (festkochend, mittlere Größe) in ihrer Schale nicht ganz garkochen* und erkalten lassen (eventuell bereits am Tag vorher kochen). Schälen und |
| **1 Zwiebel** | hacken oder reiben. In |
| **1 El Schmalz** | andünsten. Unter die Kartoffeln mengen und |

| | |
|---|---|
| Salz und Pfeffer | mit würzen. In einer massiven, am besten gußeisernen Pfanne |
| 1 El Schmalz | erhitzen, die Kartoffelmasse dazugeben und flachdrücken. Bei mittlerer Hitze ca. 15 Minuten rösten. Auf einen Teller gleiten lassen. In der Pfanne wiederum |
| 1 El Schmalz | erhitzen und die Rösti von der anderen Seite knusprig werden lassen. Sofort servieren. |

\* Rösti schmecken am besten, wenn die vorgekochten Kartoffeln innen noch halb roh sind, bevor sie mit den Zwiebeln zu einer Masse verarbeitet werden.

# *Abendanzug*

Tenue de soirée. Frankreich 1985. R: Bertrand Blier. D: Gérard Depardieu (Bob), Michel Blanc (Antoine), Miou-Miou (Monique).

*Der schwule Einbrecher Bob hat sich mit einem frustrierten Ehepaar zusammengetan und den Ehemann Antoine verführt. Nachdem er die Frau verdrängte, wohnt er mit Antoine zusammen in einer kleinen Wohnung am Stadtrand von Paris. Antoine spielt die Frau, kocht für ihn, bemuttert ihn. Bob beginnt jedoch schon, sich zu langweilen. Die Stimmung zwischen beiden ist gereizt.*

Wieder einmal hat Antoine gekocht. Er serviert das Essen direkt aus der dampfenden Pfanne, Bob sitzt am Tisch in der Wohnküche und konsumiert ungerührt. **Bob:** »Mmm, das riecht aber gut. Sag mal...« **Antoine:** »...Das riecht nach Estragon.« **Bob:** »Hmm, ist 'ne prima Idee, die Coquilles St. Jacques mit Estragon zu würzen.« **Antoine:** »Das *heißt* Coquilles St. Jacques à l'estragon.« **Bob:** »Mmm, schmeckt übrigens auch gut...« (Er gießt sich Wein ein): »Sag mal, ißt du nicht mit?« **Antoine:** »Nein danke. Ich hab' keinen Hunger.« **Bob:** »Hast du wieder Schokolade gegessen den ganzen Nachmittag!« **Antoine:** »Nein. Ich hab' eben keinen Hunger.« **Bob** (nach einigem Zögern): »Kannst du mir sagen, wie lange du hier noch so 'ne Fresse ziehen willst? Wenn man dich so sieht, hat man gleich das Verlangen, sich einen Sarg zu bestellen.« **Antoine:** »Das ist nicht meine Schuld. In Kürze werden es fünf Wochen, daß du an mir vorbeigehst, ohne mich anzusehn.« **Bob:** »Aber ich seh' dich doch an.

Was redest du für'n Zeug?« **Antoine:** »Nein, du ignorierst mich. Kommst rein und stellst die Füße untern Tisch. Kaum im Bett, fängst du an zu lesen. Wenn das Licht aus ist, schläfst du ein wie ein Klotz. Wo bleib ich denn da, kannst du mir das sagen? Soll ich Spitzen klöppeln oder auf meine Rente warten? Niemals mehr führst du mich ins Restaurant!« (Video 2555)

### *Jakobsmuscheln mit Estragon/ Coquilles St. Jacques à l'estragon*
(pro Person 6 Muscheln)

Frische Jakobsmuscheln sind in jedem Fall besser als tiefgefrorene. Da heute jedoch die Muscheln meist gefroren im Handel sind, empfiehlt es sich, beim Auftauen möglichst vorsichtig vorzugehen. Dabei legt man zweckmäßigerweise die Jakobsmuscheln in einen tiefen Teller und taut sie behutsam im Kühlschrank auf.

| | |
|---|---|
| **3 Karotten** | in sehr feine Würfel schneiden, |
| **2 Schalotten** | hacken, |
| **6 Champignons** | in Scheiben schneiden. Alles zusammen in |
| **50 g Butter** | andünsten. |
| **1 El Tomatenmark** | dazugeben und mit |
| **etwas Weißwein** | verdünnen, ca. 10 Minuten dünsten lassen. Auf dieses Gemüse danach die |
| **Jakobsmuscheln** | (frisch oder aufgetaut) legen, mit |
| **0,2 l Weißwein** | ablöschen, mit |
| **1 El Estragon (gehackt)** | überstreuen. 5 Minuten zugedeckt dämpfen. Danach die Muscheln herausnehmen und warm stellen. Das Gemüse nach Geschmack mit |
| **Salz und Pfeffer** | nachwürzen, weitere |
| **30 g Butter** | und |
| **2 El Cognac** | unterziehen. Mit |
| **1 El Estragonblättchen** | bestreuen und noch einmal 5 Minuten in den Ofen stellen. Die Gemüsemischung als Garnitur um die Muscheln legen. |

Als Beilage langkörniger Reis. Dazu paßt ein trockener französischer Weißwein.

# Tod eines Handlungsreisenden

Death of a Salesman. USA/BRD 1985.
R: Volker Schlöndorff. D: Dustin Hoffman (Willy Loman), Kate Reid (Linda Loman), John Malkovich (Biff), Stephen Lang (Happy), Charles Durning (Charly).

- *Der alternde Handlungsreisende Willy Loman hat in seinem Gewerbe immer weniger Erfolg. Darüber täuscht er sich jedoch hinweg, indem er die guten alten Zeiten beschwört. Außerdem erwartet er Großes von seinen beiden Söhnen, deren Schwächen er jedoch ebenso übersieht wie seine eigenen.*

Lomans Sohn Biff will seinem Vater endlich einmal zeigen, daß er es zu etwas bringen kann. Er stellt sich bei einem neuen Arbeitgeber vor. Danach wollen er und sein Bruder Happy sich mit ihrem Vater in einem Restaurant treffen, um ihm ein Abendessen zu spendieren. Happy betritt das Establissement, um auf Biff und den Vater zu warten. **Kellner:** »Mr. Loman!« **Happy Loman:** »Wie geht's, Stanley?« **Kellner:** »Ein Hundeleben. Ich wollte, ich wär' zur Armee eingezogen worden. Wenn ich im Krieg gewesen wäre, könnte ich jetzt schon tot sein.« **Loman:** »Hast du ein paar schöne Hummer?« **Kellner:** »Erste Ware!« **Loman:** »Ich will sie mit den Scheren!« **Kellner:** »Keine Sorge, ich servier' Ihnen keine Krüppel. Wie wär's mit 'ner Flasche Wein zur Krönung der Mahlzeit, äh?« **Loman:** »Erinnerst du dich, Stanley, an das Rezept aus Europa, wo man Champagner reintut?« **Kellner:** »Klar, es liegt immer noch bei mir in der Küche. Aber das kostet Sie einen Dollar mehr pro Person.« **Loman:** »Geht in Ordnung.« **Kellner:** »Was ist los, haben Sie im Lotto gewonnen?« **Loman:** »Nein, nein, nur 'ne kleine Feier. Mein Bruder hat 'nen großen Fisch an Land gezogen...«

---

### Hummer mit Champagner
(pro Person)

Hummer in siedendem Wasser schnell töten*, dann herausnehmen, zerteilen. Zuerst längs, dann die Scheren aufklopfen. Der Darm wird entfernt, die anderen Innereien und das Hummermark werden in einer kleinen Schüssel zur Seite gestellt.

**Salz**
**50 ml Olivenöl**
**15 g Butter**

Die Hummerteile mit würzen und in und in einer Kasserolle sautieren (kurz in dem heißen Fett schwenken).

| | |
|---|---|
| 250 g Tomaten | mit heißem Wasser überbrühen, schälen, entkernen, kleinschneiden und ebenso wie |
| 1 gehackte Zwiebel | dazugeben. Mit |
| 0,5 l Champagner | ablöschen, dann mit |
| 0,3 l Fischfond | (aus dem Glas) und |
| 50 ml kräftiger Fleischglace** | noch einmal ablöschen. Mit |
| 1 Prise Cayennepfeffer | abschmecken und zugedeckt 15 Minuten kochen lassen. |
| | Inzwischen das Hummermark zerkleinern, im Mörser zerstoßen, |
| 0,1 l Cognac | dazugeben und die Masse mit |
| 15 g zerlassener Butter | aufschlagen. |
| | Die Hummerstücke in einer erwärmten Schüssel anrichten. Die Soße aufkochen, mit einem Schneebesen unter die Innereienmasse ziehen. Das Ganze am Schluß über die Hummerstücke geben. |

Als Beilage: nordamerikanischer Langkornreis

\* Wer diese Prozedur nicht mag, kann einen getöteten Hummer im Fischgeschäft kaufen.
\*\* Fleischglace, die sogenannte »Demi-glace«, ist Grundlage vieler brauner Soßen. Wer keinen Bratensatz zur Verfügung hat, löst Fleischextrakt (Würfel) in einem kräftigen Rotwein auf und gibt gehackte Schalotten, Estragon oder andere Kräuter sowie Tomatenmark dazu. Nicht salzen oder pfeffern! Dies geschieht erst bei der Zubereitung der eigentlichen Soße.

# *Vater, Mutter und 9 Kinder*

BRD 1958. R: Erich Engels. D: Heinz Erhardt (Schiller), Camilla Spira (Frau Schiller), Monika Ahrens (Frau Küppers), Renate Küster, Ernst Reinhold, Erik Schuman, Vera Tschechowa, Corny Collins, Maria Sebaldt.

- *Familienspaß für Heinz-Erhardt-Fans: Der brave Bäckermeister Schiller steht kurz vor einem »Seitensprung« mit der Gattin des Industriellen Küppers. Am Ende löst sich alles in Wohlgefallen auf.*

Im Jagdschloß der Dame haben beide bereits einen Cognac getrunken und kommen sich näher, zumal Schiller sich gerade zu Hause per Telefon wegen »dringender Sitzungen« entschuldigt hat. **Schiller:** »So, schöne Dame, stehe wieder zur Verfügung!« **Frau Küppers:** »Ich kann Ihnen gar nichts zu essen anbieten, das war alles im Wagen.« **Schiller:** »Ach, es gibt schlechte Menschen, nicht?« **Frau Küppers:** »... höchstens ein paar Konserven ... aber ich habe kein Brot, und was man sonst so braucht!« *Schiller:* »Wissen Sie was? Ich back' uns ein paar Pastetchen!« *Frau Küppers:* »Na das wär' ja fabelhaft!« *Schiller:* »Haben Sie denn Mehl und Butter?« *Frau Küppers:* »Wissen Sie was? Wir sehn einfach mal nach.« *Schiller:* »Ja, wissen Sie was? Sehn wir mal nach!« Kurze Zeit später: *Frau Küppers:* »Hühnerbrust?« *Schiller:* »Kann rein!« *Frau Küppers:* »Champignons?« *Schiller:* »Kann rein!« *Frau Küppers:* »Krebsschwänze?« *Schiller:* »Muß rein!« Beide prosten sich zu und trinken ihr Glas in einem Zug aus. *Frau Küppers:* »Nun sagen Sie bloß, wo haben Sie das Backen gelernt?« *Schiller:* »Na, ich bin doch Bäckermeister!« *Frau Küppers:* »Was, Sie sind Bäcker!« *Schiller:* »Natürlich!« *Frau Küppers:* »Sie werden mir immer sympathischer!« *Schiller:* »Wieso?« *Frau Küppers:* »Mein Oller war Metzger!« *Schiller:* »Also darauf müssen wir trinken!« Beide trinken, lachen und beginnen dann gemeinsam das bekannte Lied »Wenn ich am Abend ausgeh...« zu singen. Kurze Zeit später: *Schiller:* »So, wenn die nicht schmecken, dann fress' ich statt der Pastetchen einen Besen!« *Frau Küppers:* »Man lernt doch nie aus! So, jetzt aber ran an die Buletten!« *Schiller:* »Gnä' Frau, es ist serviert!« Sie trägt die Pastetchen ins Wohnzimmer. Er verpaßt ihr einen Klaps aufs Hinterteil. *Frau Küppers:* »Au! Was soll denn das!?« *Schiller* (prustend vor Lachen): »Na ja, das war alter Handwerksbrauch!« *Frau Küppers* (nicht abgeneigt): »Na, feiner Brauch!« *Schiller:* »Ja, ein Bäckermeister darf seinem Lehrjungen gelegentlich mal eins auf die Brötchen geben!«

Bäckermeister Schiller liebt große Portionen

# Brust oder Keule

L'aile ou la cuisse. Frankreich 1976.
R: Claude Zidi. D: Louis de Funès (Charles Duchemin), Michel Coluche (Duchemin jr.), Ann Zacharia (Margarete).

*Charles Duchemin, der Herausgeber des berühmtesten gastronomischen Führers der Welt, des »Duchemin«, landet bei einer seiner berühmt-berüchtigten, weil geheimen Touren, auf denen er »Sterne« vergibt bzw. entzieht, in einer von außen einladenden Auberge. Um inkognito zu bleiben, gibt er sich als amerikanischer Tourist aus.*

**Duchemin** (betritt die Auberge, in der Wirt und Chefkoch Karten spielen und einige verstreute Gäste an Tischen mit rotkarierter Tischdecke sitzen): »O marvelous, how beautiful! Good morning, Sirs, excuse me, but I have reserved a table for me. I'm Mr. Young.« **Wirt:** »Verziehn Sie Ihrn Arsch dahinten auf die Bank in der Ecke!« **Duchemin:** »Thank you, I will.« Er macht es sich auf einer Eckbank mit Plastiküberzug bequem. **Duchemin:** »The Menu-Card please!« **Wirt** (wirft ihm die Karte quer durchs Lokal zu): »Hier! Rufen Sie rüber, was Sie haben wollen!« **Duchemin:** »Thank you! Oh, ich nehme: Salad of Tomatoes und ein Entrecôte bordelaise!« **Wirt:** »Und mit 'ner großen Coca-Cola, nehme ich an!« **Duchemin:** »Oh, with Beaujolais, sehr jung!« Wirt bemüht sich in den Keller und serviert nach einigen Slapstick-Szenen den Wein. Duchemin kostet. **Duchemin:** »Oh, very very good, marvelous! That pulls me the Schuhs out!... Äh, where are the toilets, please?« **Wirt:** »Zunächst mal dem Geruch nach bis zur Küchentür und dann da, wo die meisten Fliegen sind.« **Duchemin:** »Thank you!« Er begibt sich heimlich in die Küche, wo er ein mittleres Chaos anrichtet, weil er über das, was er in puncto Hygiene mit ansehen muß, zu Recht entsetzt ist. Der Wirt ertappt den ungebetenen Gast schließlich. **Wirt:** »He! Was suchen Sie denn hier?« **Duchemin**: »I'm suchend the toilet.« **Wirt:** »Halten Sie das hier für die Toilette?« **Duchemin:** »Na ja, hier riecht's doch so... ich meine, oh, nein!« **Wirt:** »Ich sagte, wo die Fliegen sind!« **Duchemin:** »A ja, right, right.« **Wirt:** »No, left!« Endlich bekommt der Gast sein Essen. Der Wirt knallt es ihm achtlos auf den Tisch. **Duchemin:** »Thank you!... Und der Teller blieb ganz!... O nein, sieht ja

Voilà! Duchemin bittet zu Tisch!

aus, wie schon einmal gegessen!« Er entnimmt erst dem Dressing des Tomatensalats (die Tomate liegt wie eine Wurst aufgeschnitten auf dem Unterteller und schwimmt in Öl), dann dem Wein eine Probe für sein Labor. Als schließlich das Fleisch vor ihm steht, fällt ein Lampenschirm von der Wand auf den Teller. **Duchemin:** »Na delikat, gebratener Zosse mit Mützchen!« (Zieht ein Fieberthermometer aus der Jacke und mißt die Temperatur des Entrecôtes): »Oh! Sechs Grad wärmer als 'n Speiseeis!« Er kippt das Fleisch wie vorher schon den Tomatensalat hinter sich in die Blumentöpfe. Als der Wirt vorbeigeht: **Duchemin:** »Oh, the bill, please!« Der Wirt wirft ihm die Rechnung auf den leeren Teller. **Duchemin:** »Oh, the bill aber very happig, mmh?« **Wirt:** »Kaufen Sie sich doch 'ne Gurke, und machen Sie 'n Picknick!« (Video 990)

---

### *Entrecôte à la bordelaise*
(für 4 Personen)

| | |
|---|---|
| **1 Entrecôte (ca. 1 kg Rippenstück vom Rind)** | |
| **2 El Öl** | von allen Seiten gut mit bestreichen und in der Pfanne bei starker Hitze so schnell wie möglich anbraten. Das Fleisch soll innen rosig bleiben. Dann bei mittlerer Hitze ca. 15 Minuten weiterbraten. |
| **Sauce bordelaise** | |
| **1–2 Scheiben Rindermark** | blanchieren (kurz abbrühen) und in Würfelchen hacken. |
| **2 Schalotten** | kleinhacken und in |
| **0,2 l rotem Bordeaux** | zusammen mit |
| **1 Thymianzweig** | und |
| **1 Lorbeerblatt** | auf zwei Drittel des Volumens einkochen. |
| **2 El Fleischfond (aus dem Glas)** | dazugeben, danach erneut auf ca. die Hälfte des jetzigen Volumens einkochen lassen. |
| **1 El Butter** | unterrühren und die Soße passieren. |
| **Das gewürfelte Rindermark** | zur Soße geben und das Fleisch mit der Soße überziehen. Mit |
| **1 Tl feingehackter Petersilie** | bestreuen. |

Dazu Weißbrot und Tomatensalat, wobei festfleischige Tomaten, enthäutet und entkernt, am besten schmecken.

# Gib dem Affen Zucker

Innamorato pazzo. Italien 1981. R: Castellano & Pipolo. D: Adriano Celentano (Barnaba), Ornella Muti (Christina).

- *Der Busfahrer Barnaba lernt eines Tages die Prinzessin Christina kennen, die inkognito durch Rom bummelt. Er verliebt sich in das natürliche attraktive Mädchen. Er zeigt ihr die Sehenswürdigkeiten der Stadt.*

Am Abend führt er sie in eine Trattoria. **Barnaba:** »Gefällt's dir hier?« **Christina:** »Ich find's reizend.« **Barnaba:** »Ach übrigens, da drüben wohne ich. Es steht noch 'ne Wohnung leer. Und wenn wir dann verheiratet sind...« **Christina:** »Wenn wir verheiratet sind?« **Barnaba:** »Ah, du willst wissen, *wann* wir heiraten werden? Na ja, du mußt ja schließlich auch das Datum wissen. Denn wir brauchen dich ja in der Kirche, wenn wir heiraten. Würde dir der 17. passen?« **Christina:** ??? **Barnaba:** »Ich werde mir Vorschuß nehmen. Dann vierzehn Tage Flitterwochen! Hochzeitsreise nach Venedig, Triest, Monza! Also?« **Christina**: »Also? Was bestellen wir?« **Barnaba:** »Marios gefüllte Calzoni sind Spitze.« **Christina:** »Calzoni? Heißt das nicht Hosen?« **Barnaba:** »Ja, schmeckt aber trotzdem prima.« **Christina:** »Gut!« Der Wirt kommt und deckt den Tisch: »Ciao, Barnaba!« **Barnaba:** »Ciao, Mario!« **Wirt** (vertraulich): »Ein bezauberndes Mädchen. Jeden Abend eine Neue, was?... Äh, was darf es sein?« **Christina:** »Ich hätte gerne Ihre gefüllten Hosen.« **Wirt:** »Wie bitte?« **Barnaba:** »Deine Calzoni!« **Wirt:** »Ah, Calzoni! Die sind heute leider schon weg. Wir haben nur noch Hühnerkroketten, sonst gar nichts.« **Barnaba:** »Sonst gar nichts?« **Wirt:** »Nein, tut mir leid.« **Barnaba:** »Ja, was könnte ich dann nehmen?... Vielleicht... Hühnerkroketten! Was nimmst du?« **Christina:** »Hühnerkroketten!« **Barnaba:** »Nimmst du auch?« **Christina:** »Ja.« **Barnaba:** »Ach!... (zum Wirt) Hast du Hühnerkroketten?« **Wirt:** »Ja, sag' ich doch.« **Barnaba:** »Na, dann zweimal also.« **Wirt:** »In Ordnung.« **Barnaba:** »Du wirst sehen, die Hühnerkroketten werden dir schmecken.« **Christina:** »Und woraus bestehen die?« **Barnaba:** »Aus Huhn.« (Video 1860)

## Gefüllte Calzoni
(für 2 Personen)

Calzone oder Calzoni nennt man die gedeckte Pizza, die in ganz Italien gegessen wird. Jede Landschaft besitzt im Grunde ihre eigene Version. Man fertigt entweder einen großen Calzone oder mehrere kleine Calzoni. – Gefüllter Calzone, wie im Film »Gib dem Affen Zucker«, der in Rom spielt, wo kleine Calzoni als später Imbiß beliebt sind, kann folgendermaßen zubereitet werden:

## GEFÜLLTE CALZONI

| | |
|---|---|
| 30 g Hefe | in |
| 2 El lauwarmem Wasser | verrühren. Auf dem Tisch |
| 400 g Mehl | mit |
| 1 Tl Salz | mischen, aufhäufen, in der Mitte eine Vertiefung eindrücken; dorthinein die Hefe geben und mit |
| etwas Mehl | bestäuben. Dieser Vorteig geht so lange, bis die Oberfläche rissig wird. Langsam knapp |
| 0,25 l Wasser | in die Vertiefung geben, den Teig kneten, bis er glatt wird, und daraus eine Kugel formen. Die Teigkugel kreuzweise einschneiden, mit Mehl bestäuben, mit einem Handtuch zudecken und zum doppelten Umfang aufgehen lassen.\* Währenddessen werden |
| ca. 125 g enthäutete Tomaten (1 kleine Dose) | zerdrückt, |
| 200 g Mozzarella | in Scheiben geschnitten, Eiweiß und Eigelb von |
| 1 Ei | getrennt. Ein Backblech wird mit |
| Olivenöl | eingefettet, der Backofen auf 220 Grad vorgeheizt. Jetzt wird der Teig noch einmal durchgearbeitet und |
| 3 El Olivenöl | werden hineingeknetet. 12 kleine Fladen auf der mehlbestäubten Arbeitsfläche formen, diese zur Hälfte mit dem Mozzarella-Käse belegen, |
| 2 Kapern Artischockenherz in Öl Oregano | und je ein daraufflegen, mit sowie |
| Salz und weißem Pfeffer | würzen und darüber den |
| Tomatenbrei | geben. Die Ränder der Fladen werden mit dem |
| Eiweiß | bestrichen, die Fladen danach zugeklappt, der Rand festgedrückt. Auf dem Backblech werden die Calzoni mit dem |
| Eigelb | bestrichen und ca. 20 Minuten gebacken. |

\* *Wem die Zubereitung des Teigs zu aufwendig ist, der kann natürlich auch fertigen Pizzateig nehmen.*

# 144 HÜHNERKROKETTEN

## Hühnerkroketten

Kroketten sind kleine Happen in durchaus verschiedenen Formen, als Sterne, Röllchen, Brötchen usw. Sie werden aus kleinwürflig geschnittenen oder pürierten Bestandteilen, aus Fleisch, Geflügel, Fisch usw., bereitet. *Hühnerkroketten* werden folgendermaßen zubereitet:

| | |
|---|---|
| **300 g gekochtes Hühnerfleisch** | und in |
| **20 g Butter** | gedünstete |
| **180 g Champignons** | in feine Würfel schneiden, mit |
| **1 Prise Cayennepfeffer** | würzen und mit |
| **250 ml weißer Grundsoße (stark eingekocht) (Fertigprodukt)** | |
| **1 Eigelb** | binden, in die vorher verrührt wurde. Zu beliebiger Form, meist Stern oder Dreieck, formen, mit |
| **Paniermehl** | panieren und in |
| **Bratfett oder Schmalz** | schwimmend ausbacken. |

Zu Hühnerkroketten eignen sich als Beilage feine Mischgemüse. Ebenso eine Madeirasoße, die aus entfettetem Bratenfond oder Hühnerfond (Fertigprodukt aus dem Supermarkt) entsteht, der mit einer guten Kalbsjus (ebenfalls Fertigware) abgelöscht, mit Stärkemehl gebunden und mit Madeira, Salz und Pfeffer abgeschmeckt wird.

Barnaba macht sein Mädchen mit römischen Spezialitäten bekannt

# Sodbrennen

Heartburn. USA 1985. R: Mike Nichols. D: Meryl Streep (Rachel), Jack Nicholson (Mark), Maureen Stapleton (Vera), Jeff Daniels (Richard), Richard Masur (Arthur).

*Rachel und Mark, beide von der schreibenden Zunft, lernen sich kennen und – des Single-Daseins überdrüssig – heiraten überstürzt. Ihr Glück scheint vollkommen, bis Rachel herausfindet, daß Mark sie betrügt. Sie trennen sich und – ziehen erneut zusammen. Doch es ist nicht mehr wie früher. Die Lüge steht zwischen ihnen. Und Rachel beginnt, Marks Privatsachen nach Spuren seiner Affäre zu durchsuchen.*

Während des folgenden Telefongesprächs, das Rachel mit ihrer besten Freundin Vera führt, schneidet der Film, während sie von alltäglichen Dingen redet, Szenen ein, die sie beim Schnüffeln in Marks Sachen zeigen. *Vera:* »Bist du auch schön brav?« *Rachel:* »Ja, ja... (das Kind schreit)... Juanita! Können Sie bitte!... Ja... ich habe Brot gebacken und habe Vorhänge aufgehängt...« *Vera:* »Wie sehen sie aus?« *Rachel:* »Sie sehen gut aus. Wenn man betrunken ist und zwei verschieden lange Beine hat, sehen sie sogar gleich lang aus.« *Vera:* »Was sonst?« *Rachel:* »Ich habe Hühnchen mit Zitronenfüllung gemacht, und Mark hat gesagt: ›Das ist köstlich!‹ Ich habe Linguine in Muschelsud gemacht, und Mark meinte: ›Das Beste, das ich je gegessen habe.‹ Ich habe Schweinefilet in Senfsoße gemacht, und Mark hat gesagt: ›Nie wirst du mir Schweinefilet mehr anders zubereiten.‹ Ich war wirklich sehr brav.« *Vera:* »Ich bin stolz auf dich.« *Rachel:* »Danke!... Ich hasse das alles.« *Vera:* »Ich weiß, Liebes.« *Rachel:* »Ich wünschte... er wäre tot!« (Video 2870)

---

### Linguine in Muschelsud
(für 4–6 Personen)

| | |
|---|---|
| **1 kg Miesmuscheln oder Herzmuscheln etwas Olivenöl** | (tiefgefroren) auftauen, waschen und in erhitzen. Das Muschelfleisch herausnehmen und warm stellen. Den Sud, der sich gebildet hat, durchsieben. |
| **800 g Tomaten** | Von den Stielansatz entfernen. Die Haut kreuzweise einschneiden, kurz in kochendes Wasser legen, danach enthäuten und in kleine Würfel schneiden. |
| **2 Knoblauchzehen** | fein hacken, |

| | |
|---|---|
| etwa 100 g Olivenöl | in einem anderen Topf erhitzen und darin den Knoblauch andünsten, die Tomaten dazugeben, ebenso den Muschelsud. Das Ganze bei milder Hitze leise ziehen und nur wenig einkochen lassen. Zum Schluß die Muscheln dazugeben und erhitzen. Mit |
| gehackter Petersilie schwarzem Pfeffer | und abrunden. Während der Muschelsud zieht, |
| 500 g Linguine | in ausreichend Salzwasser »al dente« kochen, herausnehmen und abtropfen lassen, mit dem Muschelsud samt Muscheln vermischen und heiß servieren. |

## *Hühnchen mit Zitronenfüllung*
(für 2 Personen)

| | |
|---|---|
| 1 junges Hühnchen (ca. 1000 g) | ausnehmen, abspülen, trockentupfen, innen und außen mit |
| Salz und Pfeffer | würzen. |
| Die Hühnchenleber | feinhacken, |
| 1 Zwieback | in |
| einem Schuß Milch | ausdrücken, darin |
| 2 gehackte Zwiebeln, 1 Eigelb, 4 gehackte Champignons, je 1 Prise Basilikum und Rosmarin | sowie |
| 2 El gehackte Petersilie | vermischen, mit |
| Salz und Pfeffer | abschmecken. Mit dieser Masse und |
| 2 Scheiben Zitrone (unbehandelt) | das Geflügel füllen. Die Schlundöffnung mit einer |
| 3. Zitronenscheibe | verschließen. Langsam in |
| 2 El Öl | rundum anbraten. |
| 0,5 l Weißwein | langsam dazugeben, ebenso |
| 1 gehackte Zwiebel, 1 Thymianzweig und 1 Lorbeerblatt. | und |

| | |
|---|---|
| Saft ½ Zitrone | Mit dem abschmecken und etwa 40 Minuten schmoren lassen. Danach herausnehmen und warm stellen. Die Soße durch ein Sieb passieren, |
| 0,25 l süße Sahne | unterrühren und |
| 1 Tl Stärkemehl, | das in etwas kaltem Wasser verrührt wurde, hinzufügen. Die Soße nochmals leicht erhitzen, nicht kochen. |

Soße getrennt reichen. Dazu einen trockenen Weißwein servieren.

## *Schweinefilet mit Senfsoße*
(für 4 Personen)

| | |
|---|---|
| 1 kg Schweinefilet | von eventuellen Häuten und Sehnen befreien, im Ganzen mit |
| Salz und Pfeffer | würzen und von beiden Seiten bei zunächst starker, danach kleiner Hitze in |
| Schweineschmalz | von beiden Seiten ca. 6 Minuten braten, dabei häufig mit dem eigenen Saft übergießen. |

*Senfsoße*

| | |
|---|---|
| 1 große Zwiebel | kleinhacken, mit |
| je 1 Prise Salz und Pfeffer | |
| Öl | in andünsten, ohne daß sie Farbe annimmt. Mit |
| 0,2 l Weißwein | ablöschen und etwas einkochen lassen. Mit |
| Zitronensaft | abschmecken. Die Soße von der Kochstelle nehmen. |
| 2 El scharfen Senf | unterrühren, mit |
| etwas Butter | verfeinern und mit einigen feingeschnittenen |
| Estragonblättern | würzen. Das Schweinefilet auf einer Platte servieren, mit der heißen Senfsoße übergießen. |

# Hannah und ihre Schwestern

Hannah and Her Sisters. USA 1986. R: Woody Allen. D: Holly (Dianne Wiest), April (Carrie Fisher), Lee (Barbara Hershey), Elliot (Michael Caine), Hannah (Mia Farrow), Mickey (Woody Allen), Frederick (Max von Sydow), Norma (Maureen O'Sullivan), Evan (Lloyd Nolan).

- 16 Episoden aus New York und über die Leute dieser Metropole, zwischen Truthahnessen zum Thanksgiving Day und Herbst des Lebens. Vor allem jedoch die Geschichte von drei Schwestern und ihren Männern bzw. Freunden, die allesamt unterschiedliche Strategien zum Glück verfolgen. Holly, eine der drei Schwestern, und ihre Freundin April sind Schauspielerinnen, aber leider ohne Engagement. Sie beschließen, einen Partyservice zu eröffnen, den sie nach dem russischen Theaterrevolutionär Stanislawskij (1863–1938) benennen, dessen Schauspielmethode am New Yorker »Actors' Studio« gelehrt wird.

In der folgenden Szene lernen sie den erfolgreichen Architekten David kennen, für den sie sich danach beide interessieren werden. **April:** »Stroganoff ist fertig!« **Holly:** »Wir sind ein voller Erfolg!« **April:** (trägt eine Platte mit Bœuf Stroganoff): »Na ja, was das hier angeht, sind wir ein voller Erfolg. Gestern habe ich vorgesprochen, für ›Come Back Little Sheba‹. Da war ich kein so großer Erfolg.« **Holly:** »Wirst du noch, wirst du noch. Nächste Woche kriegst du gleich fünf Engagements auf einmal!« **David** (kommt kauend in die Küche): »Entschuldigen Sie, sind noch Muschelhappen da?« **Holly:** »Nur noch ein paar. Mögen Sie sie?« **David:** »Ich kann einfach nicht widerstehen.« **Holly:** »Ehrlich? Wie schmeichelhaft! Haben Sie auch schon die Krabbenpastetchen probiert?« **David:** »Hört mal, Mädels, ihr seid viel zu hübsch für einen Partyservice. Da stimmt doch was nicht!« **Holly:** »Wir sind Schauspielerinnen.« **David:** »Ist das euer erster Auftrag?« **Holly** (nimmt eine Quiche aus einem Regal): »Ach... ist das

David bewundert den Partyservice Stanislawskij

Essen denn so schlecht?« ***David:*** »O nein. Ganz und gar nicht!« ***April:*** »Wir brauchen noch Brot... und ein bißchen überbackene Lasagne!... (zu David)... Hallo!« ***David:*** »Ich weiß, Sie sind Schauspielerinnen. Mit einer enormen Begabung für Krabbenpastetchen.« ***April:*** »Nein, die Krabbenpastetchen sind von Holly. Ich mache die Crêpes caviar.« ***David:*** »Und die Wachtel ist für die Wachteleier zuständig.« ***April:*** »Tja, wollen wir's hoffen.« ***Holly:*** »Hier, ich hab' ein paar Muschelplätzchen für Sie abgestaubt!« ***David:*** »Aaah!« ***Holly:*** »Ja, also...« ***David:*** »Ach übrigens, ich bin David Tolchin.« ***April:*** »Oh... äh... April Knox. Hallo!« ***David:*** »Hallo!... Und Sie sind also Holly?« ***Holly:*** »Ja, wir sind der Partyservice ›Stanislawskij‹.«

## *Muschelhappen*
(1 Happen pro Person als Vorspeise)

| | |
|---|---|
| **10 Jakobsmuscheln** | öffnen – sofern man keine tiefgefrorenen verwendet –, das Fleisch herausnehmen, die schwarzen Teile entfernen. In Scheiben schneiden – am einfachsten mit einer scharfen Küchenschere. Die Scheiben mit dünnen Streifen von |
| **ca. 150 g Räucherspeck** | umwickeln. |
| **10 große Champignons** | kurz mit heißem Wasser abbrühen, halbieren; jeweils eine Muschelscheibe und zwei halbe Pilze auf einen Spieß stecken, mit |
| **Salz (wenig!) und Pfeffer** | würzen und in |
| **Butter** | von allen Seiten goldbraun anbraten. |

## *Krabbenpastetchen*
(für 12 Personen)

*Marinade*

| | |
|---|---|
| **0,5 l Weißwein** | und |
| **1 El Cognac** | sowie |
| **1 Tl Öl** | mit |
| **1 gehackten Zwiebel, 1 Bund gehackter Petersilie** | und |
| **1 kleingehackten Knoblauchzehe** | vermischen. Diese Marinade über |

## 150 KRABBENPASTETCHEN – CRÊPES CAVIAR

| | |
|---|---|
| 500 g geschälte Krabben | gießen und in den Kühlschrank stellen. Die Farce bereiten, indem man |
| 500 g Fischfilet | ohne Haut und Gräten garkocht*, dann zerdrückt und zusammen mit |
| 250 g Weißbrot, | das in Milch zerdrückt wurde, vermischt. Wer es ganz genau nimmt, kann die Masse danach noch einmal durch ein Sieb passieren, um auch nur die Andeutung einer Gräte zu vermeiden. |
| 4 El gehackte Schalotten, 1 El gehackte Petersilienblätter, 1 Tl Kerbelblätter 1 gehackte Knoblauchzehe | und |
| Butter | zusammen in heißer andünsten und zum Fisch geben. Nach und nach |
| 2 verquirlte Eier, Schale von ½ Zitrone (unbehandelt), 1 g geriebenen Muskat, Salz und Pfeffer | die abgeriebene |
| 0,25 l süße Sahne | dazugeben. Am Schluß untermischen. Nach ca. 4 Stunden die Krabben aus der Marinade nehmen und abtrocknen. |
| 2 El gehackte Schalotten, 1 Bund gehackte Petersilie 250 g gehackte Champignons | und |
| heißer Butter | zusammen mit den Krabben in mehrmals wenden, ca. 7 Minuten dünsten, Krabben auf einen Teller legen und den restlichen Pfanneninhalt über die Farce gießen. Farce und Krabben in Pastetchenformen, die fertig (tiefgekühlt) im Supermarkt gekauft werden, einfüllen. Immer eine Schicht Farce, danach Krabben, zuoberst wieder Farce – und vollständig abkühlen lassen. Kalt servieren. |

*Geschmacksintensiver ist es, den Fisch mit einem Mixer zu pürieren.*

## Crêpes caviar
(für 12 Stück)

| | |
|---|---|
| 125 g Mehl, | |
| 2 Eier, | |
| ¼ l Wasser | und |
| ⅛ l Milch | zu einem geschmeidigen Teig verrühren, mit |
| Salz | würzen und stehenlassen. |
| ⅛ l süße Sahne | mit |
| 1 Prise Salz | und |
| 2 El Zitronensaft | steif schlagen. |
| Etwas Butter | in einer Pfanne erhitzen und etwa 12 dünne Crêpes ausbacken; warm stellen. |
| Je 1 El Zitronensahne | und |
| etwas Kaviar | in die Mitte jeder Crêpes geben und mit |
| Dillspitzen | bestreuen. |
| | Die Crêpes zusammenklappen und sehr warm servieren. |

Thanksgiving Day mit Puter

## Filetspitzen à la Stroganoff/Bœuf Stroganoff

(für 4 Personen)

|  |  |
|---|---|
| ½ kg Kartoffeln | schälen und in Würfel schneiden. |
| 2 Zwiebeln | kleinhacken. |
| 500 g Filetspitzen vom Rind, | also das dünne Ende des Rinderfilets, in 2 cm große Würfel schneiden. |
| Die Kartoffelwürfel | mit |
| Salz | würzen und in |
| 4 El brauner Butter | unter ständigem Umrühren bei mittlerer Hitze von allen Seiten anbraten und bei milder Hitze garen. Vom Feuer nehmen, zudecken; warm stellen. |
| Die kleingehackten Zwiebeln | in einer Pfanne in |
| Butter | goldgelb anbraten und anschließend mit |
| 1 Tasse Fleischfond oder Fleischbrühe | aufkochen. Mit |
| Senf, dem Saft von ½ Zitrone | und |
| Essig | abschmecken, die Soße mit |
| saurer Sahne | sämig abrunden. Die Fleischwürfel in |
| Öl | scharf anbraten – sie sollen außen braun und innen noch leicht blutig sein. Die gut mit |
| je 1 Prise Salz und Pfeffer | gewürzten Filetspitzen anschließend in die Soße geben und, mit den Kartoffeln umlegt, servieren. |

# *Der Rosenkrieg*

The War of Roses. USA 1989. R: Danny DeVito. D: Michael Douglas (Oliver Rose), Kathleen Turner (Barbara Rose), Danny DeVito (Gavin D'Amato), Marianne Sägebrecht (Susan).

- *Das junge und anfänglich sehr glückliche Ehepaar Rose lebt sich immer mehr auseinander. Schuld daran sind der berufliche Ehrgeiz des aufstrebenden Anwalts und seine borniert Selbstbezogenheit, die ihn unfähig machen, seine Frau und ihr gemeinsames Leben noch richtig wahrzunehmen. Eines Tages beginnt Barbara Rose damit, einen Partyservice zu gründen, der sie in Zukunft selbständig machen wird. Ihre Spezialität wird Leberpastete.*

Barbara Rose und Susan beim Fachsimpeln

Eines Abends, bevor Barbaras Leberpastete zum Verkaufsschlager wird: **Barbara:** »Entschuldige, arbeitest du?« **Oliver:** »Ja. Ist es wichtig?« **Barbara:** »Ja, eigentlich schon! Ich hoffe es jedenfalls. Stephanie Mayce hat angerufen und wollte sich für das Abendessen neulich bedanken...« **Oliver:** »...Ja?« **Barbara:** »...und sie hat gesagt, meine Pâté war so gut, daß ich daraus Kapital schlagen sollte.« **Oliver:** »Aha!« **Barbara:** »Ich hab' sie gefragt, ob sie das ernst meint, und sie hat ja gesagt. Also habe ich ihr ein Pfund hingebracht und 35 Dollar kassiert! Ich hatte beinahe schon ganz vergessen, wie das ist, wenn man Geld verdient.« **Oliver:** »Du hast Leber an unsere Freunde verkauft!?« **Barbara:** »Sie hat es mir bar auf die Hand gegeben! Das ist irgendwie etwas ganz anderes als ein Scheck! Auf einmal hatte ich den Wunsch, den Volvo einzutauschen gegen so einen Vierradangetriebenen, mit Breitwandreifen und mindestens 200 PS! Morgen kann ich ihn abholen.« **Oliver:** »Ich danke dir sehr, daß du mir das erzählst! Bist du denn sicher, daß du so was brauchst? Ich meine, ein Volvo ist ein solides Auto!« **Barbara**: »Ich bezahle ihn mit meinem Geld.« **Oliver:** »Und was kostet der?« **Barbara:** »Ich weiß, es ist verrückt, aber... ich wollte ihn einfach... fünfundzwanzigtausend!« **Oliver** (zynisch): »Dann mußt du ja nur noch 700 Pfund Pâté verkaufen...« **Barbara:** »Vielleicht mache ich das. Vielleicht mach' ich ein Geschäft auf!... Aber wenn du dagegen bist, dann...« **Oliver:** »Nein! Mach nur. Ja, mach nur!« **Barbara:** »Das werde ich auch!«

## Leberpastete/Pâté de foie
(1 Scheibe pro Person als Vorspeise)

| | |
|---|---|
| 250 g mageres Schweinefleisch, | |
| 250 g Schweinebauch | und |
| 200 g Schweineleber | durch einen Fleischwolf passieren. Die Masse mit |
| 1 gehackten Zwiebel, | |
| 1 Tl weißem Pfeffer, | |
| 2 Tl Salz, | |
| 2 Tl Majoran, | |
| 10–15 grünen Pfefferkörnern | vermischen und mit |
| 0,1 l Cognac, | |
| 0,2 l Madeira | und |
| 2 verquirlten Eiern | verbinden. Die Hälfte der Fleischmasse in eine Form geben, die mit (aufgetautem) |
| Tiefkühl-Pastetenteig | ausgekleidet ist. |
| 200 g rohen Schinken | feinschneiden und darauf legen, den Rest des Fleischteigs auffüllen. Die Form mit dem überlappenden Teil des Teigs schließen, diesen mit |
| 1 Eigelb | bestreichen, oben ein Dampfloch einstechen und im Backofen 2 Stunden bei 220 Grad backen. Nach dem Backen in die fertige, geschrumpfte Pastete durch das Dampfloch ein mit |
| Salz und Pfeffer | gut gewürztes |
| Pastetengelee | eingießen, das in diesem Fall aus |
| 0,25 l entfetteter Fleischbrühe | bestehen kann, in der |
| 6 Blatt eingeweichte Gelatine | aufgelöst wurden. Ein Teil der Brühe kann auch durch einen kräftigen |
| Weißwein | ersetzt werden. Die Leberpâté vollständig abkühlen lassen und, in fingerdicke Scheiben geschnitten, kalt servieren. |

# Es war einmal in Amerika

Once Upon a Time in America. USA 1982–84. R: Sergio Leone. D: Robert DeNiro (Noodles), James Woods (Max), Elizabeth MacGovern (Deborah), Tuesday Weld (Carol).

*Die beispielhafte Chronik des New Yorker Gangsters Noodles, der sich seit den 20er Jahren durch Schiebereien und Gewalt nach oben arbeitet, jedoch in seinen persönlichen Beziehungen und am Ende durch Verrat scheitert.*

Im Jahr 1932 führt Noodles seine Angebetete Deborah, die er nicht halten kann, weil sie in Hollywood Karriere machen will, in ein elegantes Hotel in Long Island. Er will ihr imponieren, deshalb sind sie die einzigen Gäste. **Noodles:** »Du wolltest doch gern ans Meer, Deborah. Die Saison ist vorüber, und die Hotels sind geschlossen. Ich habe es für dich öffnen lassen. Alle Tische sind nur für uns. Du hast die freie Wahl.« Deborah wählt einen Tisch am Fenster. Der Maître d'Hotel beginnt sofort, die Speisekarte zu referieren. **Maître:** »Wir haben Bœuf à la mode. Oder ein verzügliches Blanquette de veau mit Sauce...« **Deborah** (entschieden): »Ich nehme Spargel, Sauce vinaigrette und ein Chateaubriand!« **Maître:** »Wünschen Sie Pommes frites dazu?« **Deborah**: »Naturellement.« **Maître:** »Comme dessert? Tarte de fraises au...« **Deborah:** »Das werde ich später wählen.« **Maître:** »Sehr wohl... Und der Herr?« **Noodles:** »Dasselbe!« **Maître:** »Ah... la même chose, certainement!« **Weinkellner:** »Welchen Wein wünschen Sie?« **Noodles**: »Bestell du den Wein.« **Deborah:** »Ich trinke nur Wasser.« **Noodles** (zum Kellner): »Entscheiden Sie, Partner!«

Noodles (Mitte) am Beginn seiner Karriere – als Gangster, nicht als Gourmet

## Chateaubriand mit Pommes frites und Spargel mit Sauce vinaigrette

**Chateaubriand**
(für 2 Personen)

| | |
|---|---|
| **1 doppeltes Filetsteak (ca. 400 g)** | aus der Mitte des Rinderfilets, etwa 8 cm dick, wird am Stück schnell angebraten, und zwar von allen Seiten in einem |
| **Öl-Butter-Gemisch, Salz und Pfeffer** | mit gewürzt und bei schwacher Hitze fertiggebraten. Die Bratzeit beträgt insgesamt ca. 15 Minuten. Das fertige Steak sollte außen braun und innen rosa bis leicht blutig sein. Es wird am Tisch tranchiert.* |

*Nach klassischer Manier wird das Chateaubriand in Frankreich, als typisches Restaurant-Abendessen zu zweit, außer mit Pommes frites immer mit jungem Gemüse der Saison serviert.*

**Pommes frites***

| | |
|---|---|
| **Rohe Kartoffeln** | in 1 cm dicke und ca. 5 cm lange Stäbchen schneiden. Auf einem Handtuch trocknen. Danach in |
| **heißem Bratfett oder Speiseöl** | hellgelb fritieren, herausnehmen und gut abtropfen lassen. Kurz vor dem Servieren noch einmal in das sehr heiße Fett geben und weiter fritieren, bis sie knusprig braun sind. Mit |
| **Salz bestreuen** | und servieren. |

*Für Partyköche, die weniger aufwendig vorgehen wollen, gibt es durchaus genießbare, allerdings etwas weniger knackige Pommes frites auch in Tiefkühlpackungen.*

**Sauce vinaigrette**

| | |
|---|---|
| **4 Perlzwiebeln, 1 El Kapern, 1 Gewürzgurke** | kleinhacken, ebenso |

| 2 Tl Kräuter, | bestehend aus |
| Estragon, | |
| Kerbel, | |
| Petersilie | und |
| Schnittlauch. | Alles zusammen mit dem kleingehackten |
| Eigelb eines hartge- | |
| kochten Eis | vermischen. Mit |
| Salz und Pfeffer, | |
| 1 Schuß Weinessig | und |
| 1 Schuß Speiseöl | verbinden (das Verhältnis von Essig zu Öl beträgt eins zu drei). |

Die würzige Soße wird kalt zu warmem *Spargel* serviert, wobei der würzigere grüne Spargel bevorzugt werden sollte.

# Cocktail

Cocktail. USA 1987. R. Roger Donaldson. D: Tom Cruise (Brian Flanagan), Bryan Brown (Doug Coughlin), Elizabeth Shue (Jordan), Lisa Banes, Laurence Luckinbill, Kelly Lynch, Gina Gershon, Ron Dean, Robert Donley.

- *Exsoldat Flanagan kehrt ins Zivilleben seiner Heimatstadt New York, genauer, nach Queens zurück. Er versucht einen Schulabschluß in Ökonomie nachzuholen, scheitert jedoch. In einer Bar der Upper East Side lernt er den Barkeeper Coughlin kennen, der ihn ins Geschäft bringt. Doch sein erster Einsatz hinterm Tresen gleicht einer Katastrophe.*

Die Kellnerinnen kreischen Flanagan Bestellungen entgegen. Er versteht nur Bahnhof, er ist in Schweiß gebadet, blickt nicht durch. **Kellnerinnen:** »Einen Negroni und einen echten Margharita!... Einen Cuba libre!... Einen Tim Collins und einen Apricot sour!« Flanagan flattert. Er bringt nichts zustande. Er stößt sich den Kopf an der aufschnappenden Kasse und fällt zu Boden. **Coughlin** (hebt ihn auf): »Wenn du auf nassen Hintern stehst, dann setz ich dich in den Regen!« **Kellnerinnen:** »... Wodka Gibson!... Gin Gimlet mit einem Spritzer Cointreau!... Ein Rusty Nail!...« Flanagan zappelt panisch herum, doch wenn er eine Bestellung recherchiert hat, liegen schon zehn andere vor ihm. Coughlin wirft ihm ein abgegriffenes Exemplar von »Mr. Boston's Rezeptbuch« zu. **Coughlin:** »Schlagen Sie nur die Zutaten nach. Um die Mengen brauchen Sie sich nicht zu kümmern!« **Flanagan** (ausgepumpt): »Hören Sie, es tut mir leid!« **Coughlin:** »Sie können nicht mitten in der Schicht die Brocken hinschmeißen. Mir macht es nichts aus, wenn Sie den Gästen in die Drinks pinkeln, ich lasse Sie nicht weg!« **Flanagan:** »Ja, aber ich habe keine Ahnung! Die Drinks sind furchtbar!« **Coughlin:** »Na und? Ich trinke sie nicht!« Flanagan blättert verzweifelt in dem Rezeptbuch. **Kellnerinnen:** »...Zwei Wodka Stinger... Einen Bloody Bull!... Ich gehe hier nicht weg, wenn ich nicht sofort meinen Cuba libre bekomme!... Ich will einen Cuba libre, falls du weißt, was das ist!!!... Du Anfänger!« **Flanagan** (stößt im Buch endlich auf das Rezept): »Du Schlampe! Warum hast du mir nicht verraten, daß das Rum mit Cola ist!« (Video 9'35")

Im weiteren Verlauf des Films:
Coughlin und Flanagan werden mit Cocktails und fetzigen Tanzeinlagen berühmt. Der Besitzer einer Nobeldisco sieht sie und kauft sie ein. Eines Abends in der überfüllten Nobeldisco »Cell Block«. Ein Mann steht im Licht der Scheinwerferkegel und sagt: **Mann:** »Ich bin der Welt allererster Yuppie-Poet!« **Coughlin:** »Blödsinn, Blödsinn, Blödsinn!« **Yuppie-Poet:** »Das Gedicht trägt den Titel ›Auf den Punkt gebracht‹... (beginnt zu deklamieren)... Geld ist nicht das Wichtigste, wird gesagt. Na schön... was denn dann? Sex? Habt ihr jemals mit einem Sozialhilfeempfänger geschlafen? Pfui, sage ich dazu! Revolution? Man braucht viel Geld, um eine Regierung zu stürzen, das wißt ihr doch!...« **Flanagan** (hinter der Theke): »Oh, wie tiefsinnig!« **Yuppie-Poet:** »...Und je mehr sie kostet, desto besser ist sie! Das ist es, auf den Punkt gebracht!« Die Gäste johlen. Und die frustrierten Barkeeper sind beschäftigungslos. **Coughlin:** »Wer will 'n Drink?« **Flanagan:** »Wer will 'n Drink!« **Die Menge schreit:** »Wir wollen mehr Gedichte!« **Weiblicher Gast:** »Wir wollen mehr Gedichte!« **Flanagan** (ist mit einer Whiskyflasche auf den Tresen gestiegen): »Ihr wollt Poesie? Ihr wollt Poesie!... Ich bin der allerletzte Barkeeper-Poet!... Ich sehe Amerika trinken! Die phantastischen Cocktails, die ich mixe! Und später im Suff versinken, durch das, was ich im Shaker trickse! Einen süßen kleinen Bikini, einen Wodka Martini, einen Velvet Hammer, den Alabama Slamer! Ich mixe Drinks mit Eis

Flanagan, der Cocktail-Star

und Früchten, den Flip und andere Geschichten! Ich mach' euch die Cocktails so süß und lecker, die Eisfee und den Doppeldecker! Den Orgasmus! Den Alexandra mit Schuß! Den Singapore Sling, den Dingeling! Amerika, du bist mir treu und hold, was du auch wünschst, ich hab's. Aber wenn ihr hier nur schlucken wollt, dann bestellt euch doch einfach Schnaps...!« Gießt sich einen Whisky ein, stößt mit einem weiblichen Gast an und trinkt in einem Zug. *Flanagan:* »...Die Bar ist geöffnet!« (Video 25'40")

Eine Auswahl der im Film bestellten Cocktails:

## *Gin Gimlet*

1 kl. Schaufel gestoßenes Eis, 3 cl Lime Juice, 5 cl Gin,
1 Spritzer Cointreau
Das Eis in ein Barglas geben, die Zutaten dazugeben. Mit dem Barlöffel umrühren. Vor dem Servieren in der eisgekühlten Cocktailschale mit dem Cointreau abspritzen.

## *Wodka Stinger*

⅔ Wodka, ⅓ Pfefferminzlikör, 1 Spritzer Wermut
Wodka und Pfefferminzlikör im Shaker mit Eis gut schütteln und nach Geschmack zum Schluß einen Spritzer Wermut dazugeben.

## *Cuba libre*

3–4 Eiswürfel, 5 cl weißer Rum, Coca-Cola, ¼ Limette
Eis in ein Longdrinkglas geben. Rum und Cola dazu. Die geviertelte Limette darüber ausdrücken und gut umrühren.

## *Wodka Martini*

¼ Martini Dry, ¾ Wodka
Im Shaker mit Eis rühren und auf zerstoßenem Eis servieren. Mit einer Olive garnieren.

## *Alexandra mit Schuß*

⅓ Crème de Cacao, ⅓ süße Sahne, ⅓ Cognac, 1 Eiswürfel,
1 Schuß Champagner
Die angegebenen Zutaten im Elektromixer gut vermischen, den Schuß Champagner zum Schluß dazugeben. Im Cocktailglas servieren.

# Der diskrete Charme der Bourgeoisie

Le charme discret de la bourgeoisie. Frankreich 1972. R: Luis Buñuel. B: Luis Buñuel, Jean-Claude Carrière. D: Fernando Rey (Rafaele Costa, Botschafter von Miranda), Delphine Seyrig (Simone), Stéphane Audran (Alice), Jean-Pierre Cassel (Henri), Bulle Ogier (Florence), Paul Frankeur (François).

- *Sechs Personen, Repräsentanten der Bourgeoisie eines fiktiven Landes, entlarven sich als fühllose Charaktermasken. Sie schustern sich wechselseitig die Mittel zur Machterhaltung zu und reagieren auf Opposition mit Brutalität; nur die ständigen Störungen ihrer Gourmetverabredungen verursachen ihnen Unbehagen.*

Nach einem geplatzten Abendessen bei Henri macht sich die Gesellschaft auf in ein kleines Restaurant, das François zu kennen vorgibt. Als sie dort ankommen, ist es geschlossen. **François** (klopft ein paarmal ungeduldig an die Scheibe, dann erscheint die Bedienung): »Wir wollten hier heute abend essen, haben Sie geschlossen?« **Bedienung:** »Aber nein, Monsieur.« **François:** »Dann können wir also rein?« **Bedienung:** »Aber natürlich!... Eine Sekunde bitte.« **François:** »Aber wieso? Was ist denn?... Ich möchte den Besitzer sprechen!« **Bedienung:** »Das Restaurant hat seit vier Wochen einen neuen Besitzer.« **François:** »Na dann guten Abend, Mademoiselle.« **Bedienung:** »Aber nein, wieso denn, ich bitte Sie! Kommen Sie ruhig rein!« **François** (zu seinen fünf Begleitern): »In Ordnung, kommt!« Sie betreten das völlig leere Lokal. **Simone:** »Überfüllt ist es nicht.« **Florence:** »Ist aber ein schlechtes Zeichen.« **Simone:** »Ist wohl noch zu früh.« **Alice:** »Setzen wir uns dahin?« **François:** »Dann wollen wir erst mal den richtigen Wein aussuchen!« **Rafaele:** »Was ziehen Sie vor, einen Bordeaux oder einen Burgunder?« **Alice:** »Ah... Burgunder!« **François:** »Was mich betrifft, ob ich nun Austern esse oder Fisch, ich trinke nur Rotwein!... Also, mal sehn...« **Simone:** »Also ich nehme erst mal Weinbergschnecken!« **Alice:** »Mmh, ich mach' mir nichts aus Schnecken.« **Simone:** »Nein?« **François:** »Ich würde ja Hasenpastete bestellen, aber... in Restaurants ist sie meistens völlig versalzen... nein, nein, also dann...« **Rafaele:** »Ah, es gibt auch Melonen!« **Florence:** »Fein, dann nehme ich Melone in Portwein!« **François:** »Auf der Karte steht auch Kaviar, aber ich fürchte, hier gibt's nur Kinderportionen! Außerdem wird er nicht gut sein. Ich ziehe meinen Kaviar vor.« **Rafaele:** »Was gibt es an Fisch? Ich esse leidenschaftlich gern Fisch!« **Simone:** »Da gibt's gegrillte Sardinen, Seezungenfilet und Heilbutt gebacken. Dann Rochen in brauner Butter, Hechtmedaillons à la Provence und Forelle blau.« **Alice:** »Nicht mal so teuer das Lokal. Ein Restaurant, das billig und obendrein leer ist – zu schön, um wahr zu sein!« **Florence:** »Finden Sie? Na, ich verzichte auf die Melone und nehme dafür lieber einen ganz trockenen Martini.« **Simone:** »Kommt gar nicht in Frage! Ein Glas Rotwein und Schluß!« **François:** »Ein Martini hat's in sich, besonders wenn er trocken ist!« Aus einem Nebenraum ertönt plötzlich herzzerbrechendes Schluchzen. Die Gäste sehen sich betreten an, die Frauen stehen nacheinander auf und gehen nach nebenan. Dort sehen sie eine Trauergemeinde und eine aufgebahrte Leiche. Alle verlassen daraufhin fluchtartig das Restaurant.

## *Gegrillte Sardinen*
(für 4 Personen 12 Stück)

| | |
|---|---|
| | tiefgefrorene und ausgenommene Sardinen verwenden. Nach dem Auftauen kurz waschen und abtrocknen. |
| **Sardinen** | auseinanderklappen und mit |
| **etwas Salz** | würzen, in |
| **etwas Mehl** | wenden und auf den Grill\* legen. Mit |
| **Zitronenscheiben** | und |
| **Petersilienstengeln** | garniert servieren. |

\* *Man kann die Sardinen als Vorspeise natürlich auch braten. Dazu legt man sie in eine Pfanne mit heißem Öl und läßt sie goldbraun werden. Sie werden danach auf einer Platte mit Zitronenscheiben und, nach Geschmack, mit in Fett fritierter Petersilie garniert angerichtet.*

Der Botschafter von Miranda, garniert mit Simone

## Gebratenes Seezungenfilet
(für 4 Personen)

| | |
|---|---|
| 8 Seezungenfilets | mit |
| 5 El Milch beträufeln, | mit |
| Salz und Pfeffer | würzen und in |
| Mehl | wenden. |
| 2 El Öl | mit |
| 50 g Butter | erhitzen, die Filets von beiden Seiten anbraten. Wenn sie goldbraun sind, herausnehmen, mit |
| Zitronensaft | beträufeln und mit weiteren |
| 50 g heißer Butter | übergießen und mit |
| 1 El Petersilie | und |
| 8 Zitronenscheiben | garnieren. Heiß servieren.* |

*Dies ist die übliche, allerdings konservative Zubereitungsart. Der feine Seezungengeschmack bleibt besser erhalten, wenn die Filets nur leicht – und nicht goldbraun – angebraten werden.*

## Heilbutt gebacken
(für 4 Personen)

| | |
|---|---|
| Den Heilbutt (ca. 1000–1500 g) | in fingerdicke Scheiben schneiden, mit dem Saft von |
| 1 Zitrone | beträufeln und mit |
| Salz | sowie |
| etwas Oregano | würzen. Eine mit |
| ca. 30 g Butter | bestrichene Alufolie in den Backofen legen, die Fischscheiben darauflegen und ebenfalls mit |
| ca. 40 g Butterflöckchen | belegen. 10 bis 15 Minuten bei mittlerer Hitze backen, dann wenden, noch einmal mit |
| ca. 30 g Butterflöckchen | belegen und weitere 10 bis 15 Minuten backen lassen. |

Mit Kräuterbutter und Salzkartoffeln servieren.

## Rochen in brauner Butter
(für 4 Personen)

| | |
|---|---|
| 1000 g Rochen (Rochenflügel) | vor der Zubereitung ca. eine halbe Stunde lang in kaltes Wasser legen. Währenddessen |
| 1 Zwiebel | und |
| 2 Karotten | schneiden, zusammen mit |
| 5 cl Essig, 1 Tl weißen Pfefferkörnern, | |
| 1 Kräutersträußchen | und |
| 1 Prise Salz | in |
| 1,5 l Wasser | aufkochen. |
| Die Rochenflügel | in den Sud legen und ca. 20 Minuten ziehen lassen – nicht kochen. Den Fisch herausnehmen und die schwarze Haut von den Flügeln abziehen. |
| 30 g Butter | in einem Töpfchen erhitzen, bis sie braun wird, und über den Fisch gießen. Heiß servieren. |

Als Beilage empfiehlt sich körnig gekochter Reis.

Monsignore mit Bourgeoisie

## Hechtmedaillons à la Provence
(für 4 Personen)

| | |
|---|---|
| **8 Hechtmedaillons** | (wer weniger verschwenderisch sein will – Hecht ist teuer – nimmt 4 fingerdicke Scheiben) in |
| **50 g Butter** | von beiden Seiten anbraten, aus der Pfanne nehmen, etwas salzen und pfeffern und warm stellen. In dem Fett |
| **2 kleingehackte Schalotten** | andünsten und mit |
| **⅛ l Rotwein** | aufgießen. Etwas einköcheln lassen. Die entstandene Soße mit |
| **1 Prise Thymian, 15–20 gehackten Kapern** | und |
| **2 feingehackten Sardellenfilets** | abschmecken. Die Hechtmedaillons wieder in die Pfanne legen und noch etwa 12 Minuten ziehen lassen. Mit Reis servieren. |

## Forelle blau
(für 4 Personen)

**Blausud**

| | |
|---|---|
| **1,5 l Wasser** | zusammen mit |
| **0,5 l Weißwein,** | |
| **0,25 l Essig,** | |
| **2 El Salz,** | |
| **2 Tl Zucker,** | |
| **1 halbierten Zwiebel,** | |
| **200 g Wurzelgemüse (Lauch, Sellerie, Karotte),** | |
| **1 Lorbeerblatt,** | |
| **5 Gewürznelken,** | |
| **2 Stengeln Petersilie** | und |
| **5 grob zerstoßenen Pfefferkörnern** | aufkochen. Dann die Hitze reduzieren und zugedeckt etwa eine halbe Stunde köcheln lassen. |

| | |
|---|---|
| **4 Forellen** | Währenddessen ausnehmen und gründlich reinigen* (oder vom Fischhändler fertig ausgenommen verwenden). Die Fische in den heißen Blausud legen, wobei dieser knapp auf dem Siedepunkt sein soll. Bei milder Hitze die Fische ca. 10 Minuten ziehen, nicht kochen lassen. Läßt die Rückenflosse sich leicht abziehen, ist der Fisch gar. Die Forellen herausnehmen, abtropfen lassen und mit |
| **Petersilienstengeln** | garnieren. |

Beilage: Salzkartoffeln und braune Butter.

\* *Beim Reinigen der Forellen darauf achten, daß die Schleimschicht nicht verletzt oder gar entfernt wird, da sie für die Blaufärbung sorgt.*

## *Melone in Portwein*
(für 2 Personen)

| | |
|---|---|
| **1 mittelgroße Honigmelone** | halbieren und entkernen, mehrmals mit einer Gabel einstechen, bis das Fruchtfleisch porös geworden ist. Mit |
| **4 El Portwein** | übergießen. Nach Geschmack |
| etwas gemahlenen schwarzen Pfeffer | hinzufügen, mit |
| etwas Zucker | bestreuen. Das Dessert vor dem Servieren eiskalt stellen, bis sich Kristalle gebildet haben. |

Im weiteren Verlauf des Films:
Wieder einmal gibt es ein Diner. Diesmal haben Alice und Henri eingeladen. Die Gäste treffen ein. **Alice:** »Ach hört mal, ich glaube, wir schenken uns ausnahmsweise den Aperitif und fangen gleich mit dem Essen an, sonst kann ich für meine Hammelkeule nicht mehr garantieren!« **François:** »Sie haben mir ganz aus der Seele gesprochen, ich falle vor Hunger fast um!« **Alice:** »Vorher gibt es eine Suppe mit ganz frischem Gemüse aus meinem Garten. Ich hab' sie selbst gekocht!« Beifälliges Gemurmel der Gäste. **Alice:** »...Wie wollen wir uns setzen? Wie gewöhnlich? François zu meiner

Rechten, Rafaele hierhin...« **Rafaele:** »...vielen Dank!« **Alice:** »Eigentlich bin ich gar kein Freund von Suppen. Aber dann habe ich mir gesagt: Eine Suppe gehört zum Diner wie der Schleier zur Braut!« Das Hausmädchen Inès trägt die Suppe auf. **Florence:** »Hmh! Das duftet ja schon köstlich!« **Rafaele:** »Also wie Sie den Tisch immer decken, Alice, einfach einmalig!« Alle reden durcheinander. **Simone** (zum Hausmädchen): »Hallo, Inès, na, was macht denn Ihr Verlobter?« **Inès:** »Wir haben Schluß gemacht, Madame.« **Simone:** »Schluß gemacht? Warum das denn?« **Inès:** »Er muß zwei Jahre zum Militär.« **Simone:** »Na, dann warten Sie doch so lange!« **Inès:** »Aber er wollte ja nicht. Er sagt, dann wäre ich zu alt für ihn.« **Simone:** »So? Na wie alt sind Sie denn?« **Inès** (die wie höchstens dreißig aussieht): »Zweiundfünfzig, Madame!« **Simone:** »Ach so? Na, ich verstehe!« **Henri:** »Sie war früher schon unser guter Geist, als ich noch ein kleiner Junge war... Übrigens: Ich habe gehört, daß man in Miranda einen Nazi gefaßt hat? Einen, äh... von Dingsbums, war Chef eines Konzentrationslagers...« **Alice:** »Aber das muß ja ein richtiger Schlächter gewesen sein, Rafaele!« **Rafaele:** »Oh, erlauben Sie, daß ich Sie korrigiere! Ich finde das Wort Schlächter ein bißchen stark übertrieben! Wir sind einander einmal vorgestellt worden, und ich muß sagen, daß dieser Herr ein ausgesprochener Gentleman war!« **Alice:** »Das will ja nichts besagen. Man kann ja arm und Verbrecher sein...« **Henri:** »Oder reich und ehrenhaft!« **Florence:** »Rafaele, wie ist er denn angezogen, dieser Monsieur von Dingsbums? Ist er ein tierliebender Mensch?« **Rafaele:** »Er ging immer mit einem großen Hund spazieren.« **François:** »Es soll ja 'ne ganze Menge Nazis in Miranda geben, stimmt das?« **Alice:** »Na, wie schmeckt Ihnen die Suppe?« **Simone:** »Oh, ganz köstlich!« **Alice:** »Wer mag, kann noch ein bißchen nachsalzen... Entschuldigen Sie mich einen Moment, ich muß mal nach der Hammelkeule schauen!« Alice geht in die Küche, wo Inès die Hammelkeule überwacht. **Alice:** »Wie spät ist es?« **Inès:** »Zehn nach neun, Madame.« **Alice:** »Dann kann sie, glaube ich, raus. 25 Minuten pro Kilo, das dürfte wohl genügen...« (Sie nimmt den Braten und sticht mit dem Messer einigemal vorsichtig hinein.) »Wunderbar!« **Henri:** »Es wissen zwar die wenigsten, aber um eine Hammelkeule zu tranchieren, muß man aufstehn! Nicht war, François?« **François:** »So ist es!« **Henri:** »Aus Respekt sozusagen, merk dir das.« Er tranchiert die Keule im Stehen. **Florence:** »Hören Sie mal, Rafaele, wann sind Sie geboren?« **Rafaele:** »Am 22. Februar 1920.« **Florence:** »Ah! Dann fallen Sie also unter Fische!« **Rafaele:** »Und als Aszendent Schütze.« **Florence:** »Ah, das finde ich sehr interessant!« **Henri:** »Darf ich Ihnen vorlegen, Simone?« **Simone:** »Aber gern! Vielen Dank!« **Henri:** »Kriege ich mal den Teller von Rafaele?« **Florence:** »Fisch und Schütze! Wissen Sie, daß das Zusammenwirken dieser beiden Zeichen entscheidend ist für die Größe und für die Stärke Ihrer Persönlichkeit?... Ihr Charakter strebt immer nach höheren Sphären.« **Rafaele:** »Meinen Sie?« **Alice:** »François, etwas Gemüse?« **François:** »Also, so, wie Sie die Bohnen zubereiten, kann ich nicht widerstehn!« Die Schüssel mit weißen Bohnen geht herum. **Rafaele:** »Ihre Hammelkeule ist vorzüglich!« **Alice:** »Saftig genug?« **Rafaele:** »Aber ja!« **Florence:** »Sie leben nach der Devise ›Leben und leben lassen‹, Rafaele! Sie sind ein Mensch mit hohen

Idealen. Und mit der Kraft, sie durchzusetzen. Und Ihr Geist umfaßt in treffender Synthese das ganze Weltall.« **François:** »Das nächste Mal essen wir alle bei uns, Ihr werdet meinen Kaviar mit Löffeln fressen, er ist unerreicht! Und Florence wird uns einen ihrer berühmten Drinks mixen; Wodka mit Aquavit!« **Florence:** »Mit dem größten Vergnügen... Und... Ihre Sensibilität entspricht der Großzügigkeit eines Humanisten! Aber, wenn Sie die allgemeingültige Ethik ablehnen, dann müssen Sie sie schon durch eine persönliche Moral ersetzen, Rafaele!« **Rafaele:** »Ich habe immer nur das getan, was mir mein Gewissen diktiert hat!« **Henri:** »Noch eine Scheibe Braten, Rafaele?« **Rafaele:** »O ja, mit dem größten Vergnügen!« **Henri:** »Möchten Sie lieber ein Randstück?« **Rafaele:** »Ach, ist mir egal!« **Simone:** »Das ist delikat! Aber mein Geschmack ist etwas pervers! Ich habe eine Schwäche für argentinisches Corned beef in Dosen!«

Plötzlich brechen mehrere schwerbewaffnete Männer in die Idylle ein. **1. Mann:** »Alles aufstehen! Das gilt für alle, auch für die Frauen!« **Henri:** »Aber Monsieur!...« **1. Mann:** »Hände hoch! Über dem Kopf halten! Und drüben an die Wand! Na los!« **Henri:** »...aber lassen Sie uns doch erst mal erklären! Sie sind bestimmt falsch informiert!« **1. Mann:** »...Alles rüber an die Wand.« **2. Mann:** »Wird's bald... Los, ein bißchen plötzlich! Und wenn wir das Haus gründlich untersucht haben, werden wir uns in aller Ruhe unterhalten!« **Henri:** »Aber was haben Sie denn vor!?« Alle, außer Rafaele, der sich unter den Tisch verkrochen hat, brechen, von einer MG-Salve tödlich getroffen, zusammen. **1. Mann:** »Los, du nimmst die Seite, und du nimmst die!« **3. Mann:** »He, sieh mal!« Rafaele langt unter dem Tisch hervor nach einer Scheibe Hammelbraten. Eine erneute Salve macht dem ein Ende. – Schnitt. – Rafaele erwacht nach schwerem Traum in seinem Bett. Er steht auf, geht zum Kühlschrank, holt eine Platte mit kaltem Braten heraus und beginnt gierig zu schlingen.

Wird man endlich bis zum Dessert kommen?

# Der Mann, der zuviel wußte

The Man Who Knew Too Much. USA 1956. R: Alfred Hitchcock. D: James Stewart (Dr. Ben McKenna), Doris Day (Jo, seine Frau), Daniel Gélin (Louis Bernard), Bernard Miles (Mr. Drayton), Brenda de Banzie (Mrs. Drayton), Ralph Truman (Inspektor Buchanan).

*Aus politischen Motiven, die nach und nach ans Licht kommen, wird das Kind des amerikanischen Touristen-Ehepaars McKenna in Marokko entführt. Der Arzt Ben McKenna wird seinen Sohn nur wiedersehen, wenn er seine zufälligen Kenntnisse über ein geplantes Attentat in London verschweigt. Doch McKenna geht der Sache nach, wobei er zunächst zwischen Casablanca und Marrakesch von einem Schlamassel in den nächsten gerät. Am Ende können die McKennas gemeinsam in London das Leben eines Ministerpräsidenten retten und erhalten ihren Sohn gesund zurück.*

Noch vor der Entführung sitzen sie in einem typischen marokkanischen Lokal mit dem englischen Ehepaar Drayton zusammen und lernen, wie man landesüblich Hühnchen ißt. – Nachdem ein Bediensteter ihnen die Hände gewaschen hat: **Drayton:** »Ah, es geht los!« Der Kellner bringt ein großes Tablett und lüftet nacheinander die Hauben der Schüsseln. **Jo:** »Das ist ja lustig.« **Drayton:** »Jetzt wird's ernst.« Der Kellner stellt das Essen auf den Tisch und hebt den letzten Deckel: zwei Jungenten mit Oliven. **Jo:** »Ah, das sieht appetitlich aus! Und riecht wunderbar.« **Mrs. Drayton:** »Ja, nicht wahr?« **Ben:** »Ah, das scheint Brot zu sein.« **Jo:** »Sag mal, muß man das alles aufessen?« **Ben:** »Nein... nanu, das muß man wohl einfach abreißen?« **Jo:** »Aber das bricht nicht!« **Ben:** »Ne, das wär' doch gelacht!...« (Alle lachen über sein verzweifeltes Bemühen, mit Anstand Fladenbrot abzureißen). »Bitte! Na, war's richtig?« **Mrs. Drayton:** »Vollkommen richtig! Das war wie Gummi!« **Ben:** »Hoffentlich kann man's besser kauen als zerreißen!« **Jo:** »Macht das dick?« **Mrs. Drayton:** »Das glaube ich bestimmt.« **Jo:** »Ich nehme wenig.« **Ben:** »Schmeckt ganz gut, hm? Na, und weiter?« **Mrs. Drayton:** »Es gibt kein Besteck.« **Ben:** »Nein?« **Die Draytons:** »Nein, nein!« **Ben:** »Ach so, verstehe, da geht man jetzt ganz einfach mit den Fingern rein, hm?« **Drayton:** »Ach, ääh, darf ich's Ihnen mal zeigen, ja? Man benutzt nur diese beiden Finger und den Daumen der rechten Hand, auf keinen Fall die anderen Finger. Und lassen Sie immer die linke Hand im Schoß.« **Ben:** »Ach so...« **Drayton:** »Ich mach's mal vor, ja?« **Ben:** »Das dürfte ja nicht weiter schwer sein.« **Drayton:** »Ja, so ist's richtig!« **Ben** (reißt umständlich gleich eine ganze Keule ab): »Jetzt brauchte ich die andere Hand, aber... ich kann nicht.« **Drayton:** »So ist es ganz stilecht.« **Mrs. Drayton:** »Sie geben es doch nicht auf, Doktor?« **Ben:** »Nein, ich übe es erst an einer Olive. Sicher ist sicher.« **Jo:** »Ah, Liebling, es schmeckt wunderbar. Hier, koste mal!

Das Ehepaar McKenna bei Tisch in Marokko

Gut?« ***Ben:*** »Hm!« ***Jo:*** »Sagen Sie bitte, hängt diese Art des Essens irgendwie mit der Religion zusammen?« ***Drayton:*** »Nein, der Brauch ist mehr gesellschaftlicher Art.« ***Ben:*** »Na, ich weiß nicht, aber ich finde, wenn man vier gesunde Finger und einen Daumen hat, sollte man sie ruhig alle nehmen... Das schmeckt ausgezeichnet, nicht?« Alle stimmen zu. In diesem Moment betritt der geheimnisvolle Louis Bernard in Damenbegleitung das Restaurant, der die McKennas wegen einer angeblich wichtigen Angelegenheit versetzte. Ben will wütend aufspringen, Jo hält ihn mit Mühe zurück. Zornig greift Ben sein Ententeil mit beiden Händen, um es auseinanderzubrechen. Das bemerkt der entsetzt gestikulierende Kellner. ***Kellner:*** »Non, Monsieur!... Monsieur!« Ben fühlt sich ertappt und schmettert die Entenkeule entnervt auf das Tablett zurück.

## *Jungente mit Oliven*
(für 4 Personen)

| | |
|---|---|
| **2 bratfertige Jungenten (je ca. 1200 g)** | |
| **Salz und Pfeffer** | innen und außen mit würzen. |
| **6 El Öl** | in einer feuerfesten Form erhitzen. Darin die Enten rundherum anbraten. |
| **⅛ l Kraftbrühe (Fertigprodukt)** | und |
| **½ l Weißwein** | nach und nach zugießen. Bei 220 Grad im Backofen zugedeckt schmoren lassen. |
| **400 g grüne Oliven** | (möglichst marokkanische) in heißem Wasser blanchieren. Herausnehmen, abtropfen lassen und zu den Enten geben. Eine Viertelstunde vor Ende der Garzeit, die insgesamt 60 Minuten beträgt, den Deckel der Bratform abnehmen. Die Enten mit den Oliven am Schluß herausnehmen und warm stellen. Den Bratfond kurz loskochen, |
| **5 cl Madeira** | zugießen, |
| **4 Tl Speisestärke** | in Wasser verrühren und den Fond damit binden. Einmal aufkochen lassen, abschmecken, mit |
| **1 Prise weißem Pfeffer** | nachwürzen. Die Enten mit der darübergegossenen Soße servieren. |

Beilage: Fladenbrot. Dies kann man, auch wenn es kein nordafrikanisches ist, im Supermarkt kaufen. Das Fladenbrot aus türkischen Restaurants ist ebenfalls ein guter Ersatz.

# Ein Klassemädchen

Just the Way You Are. USA 1984.
R: Edouard Molinaro. D: Kristy Mc Nichol (Susan Berlanger), Michael Ontkean (Peter), Kaki Hunter (Lisa), Robert Carradine (Sam Carpenter), André Dussollier (François).

- *Der seit ihrer Kindheit gehbehinderten jungen Flötistin Susan laufen die Männer nach, obwohl sie sehr schüchtern ist. Eines Tages lädt Sam, der eigentlich Susans Freundin Lisa den Hof macht, sie zum Essen ein, doch die loyale Susan beschließt, sich auf nichts einzulassen.*

In einem Bistro entwickelt sich folgender Dialog zwischen Susan und Sam: **Sam:** »Was ist hier zu empfehlen?« **Susan:** »Vogeltoast spezial. Ich frag' mich, was das ist.« **Sam:** »Möglicherweise Würmer... ich schätze, ich äh, bestelle den... Lobster\*. Wollen wir den nicht beide bestellen?« **Susan:** »Ich vertrage keine Schalentiere. Da geht mein Gesicht auf wie ein Ballon.« **Sam:** »Das ist kein Scherz! Ich kenne einen, ich meine... ich kannte einen auf dem College, der hatte das gleiche Problem. Wenn der das futterte, wogegen er allergisch war, dann ging sein Gesicht auf wie... tja, ich weiß gar nicht...« **Susan:** »Wie ein Ballon?« **Sam:** »Ja, genau!« Sie greift nach ihrem Mantel. **Susan:** »Ja, ich geh' dann, bevor ich in Versuchung gerate, Sie nach Ihrem Studienfach zu fragen.« **Sam:** »Europäische Gartenkunde.« **Susan:** »Europäische was?« **Sam:** »Ganz einfach: Europäische Gartenkunde. Ein völlig korrektes Fach.« **Susan:** »Ich glaub' nicht, daß man so was studieren kann.« **Sam:** »Man kann. An der Universität von Utah!« **Susan:** »Sie kommen aus Utah?« **Sam:** »Ja und nein. Eigentlich bin ich da nur aufs College gegangen. Aufgewachsen bin ich in Vegas.« **Susan:** »Niemand wächst in Vegas auf.« **Sam:** »Aber natürlich! Mein Vater war Geber beim Black Jack. Und meine Mom, die spielte eine dieser Orgeln in einer Heiratskapelle. Sie spielte bei ihrer eigenen Hochzeit. Mein Vater stand ganz allein vor dem Altar, und sie spielte ›Hier kommt die Braut‹.« **Susan:** »Also... wie lief es mit... Lisa?« **Sam:** »Na ja, nicht so toll. Sie wissen schon, man bestellt Rippchen, und am Tisch nebenan bestellt einer Ente. Dann wünschen sie sich, sie hätten das gleiche ausgesucht.« **Kellner** (kommt zum Tisch): »Haben Sie schon gewählt?« **Susan:** »Ich nehme Ente.« **Sam:** »Nehme ich auch.« (Video 1150)
\* Siehe das Rezept »Hummer à l'américaine« aus: »Das große Fressen«, S. 16

Das Klassemädchen (Mitte) im Anflug auf ein Bistro

# Zwei hinreißend verdorbene Schurken

Dirty Rotten Scoundrels. USA 1989. R: Frank Oz. D: Steve Martin (Freddy Benton), Michael Caine (Lawrence Jamieson), Glenne Headly (Janet Colgate), Anton Rodgers (Inspektor André), Barbara Harris (Fanny), Ian McDiarmid (Arthur).

*Die beiden auf Frauen »spezialisierten« Gentleman-Hochstapler Freddy Benton und Lawrence Jamieson lernen sich in einem Zug kennen. Fortan kreuzt sich ihr Weg. Am Ende werden sie von einer Frau überlistet, die noch gerissener ist als sie selbst.*

Steve Martin alias Benton betritt den Speisewagen des Zuges, in dem auch Michael Caine alias Jamieson sitzt, der gerade einen dicken Fisch an Land gezogen hat. Benton erspäht eine junge Frau, die allein an einem Tisch speist. Er gedenkt sie zu prellen, Jamieson hört interessiert zu. **Benton:** »Guten Abend, erlauben Sie, daß ich mich setze?« **Reisende:** »Oh, ja, bitte.« **Kellner:** »Guten Abend, Sir, darf ich Ihnen die Speisekarte geben?« **Benton:** »O ja, danke... Ich sterbe fast vor Hunger!... Diese Preise...! Ich werde ein Glas Wasser nehmen.« **Kellner:** »Ein Glas Wasser?!« **Benton:** »Ja.« **Reisende:** »Nur ein Glas Wasser? Ich denke, Sie sterben vor Hunger?« **Benton:** »Ich spare mein Geld für etwas Besonderes. Für meine Mutter.« **Reisende:** »Ihre Mutter?« **Benton:** »Na ja, nicht für meine richtige Mutter. Um ehrlich zu sein, sie ist meine Großmutter, aber sie hat mich aufgezogen. Meine leiblichen Eltern wollten mich nicht!« **Reisende:** »Oh, das tut mir sehr leid.« **Benton:** »Großmutter ist eine wunderbare Frau. Wenn sie lacht, dann bringt sie die Vögel damit zum Singen. Aber in

Freddy Benton stirbt fast vor Hunger

letzter Zeit ist sie sehr krank, und die Krankenhausrechnungen gehen ins Uferlose. Jetzt möchte ich ihr unter die Arme greifen, doch das ist gar nicht so einfach für mich! Ich hatte nie eine Beziehung zum Geld. Ich bin mit dem zufrieden, was mir das Rote Kreuz zahlt. Aber das meiste davon spende ich immer wieder. Meine liebe Großmutter braucht jetzt meine Hilfe. Sie hat mir beigebracht, daß es besser ist, aufrichtig und anständig zu sein, nur das zählt.« *Reisende:* »Herr Ober!« *Benton:* »Was machen Sie?!« *Reisende:* »Ober!« *Kellner:* »Ja, bitte?« *Reisende:* »Bringen Sie diesem Mann alles, was er möchte!« *Benton:* »O nein! Sie können mich doch nicht einladen!« *Reisende:* »Doch, ich kann!« *Benton* (schüttelt scheinbar schüchtern und beglückt den Kopf, dann schnell und entschieden): »Ich hätte gern ein doppeltes Hühnchensandwich mit Pommes frites, eine von den großen Knackwürstchen, drei Tüten Kartoffelchips, eine Tasse Kakao und zwei Bier!... Trinken Sie ein Bier mit? Also drei Bier!!« (Video 6'40")

# *Fedora*

Fedora. USA/Frankreich/BRD 1977. R: Billy Wilder. D: William Holden (Barry Detweiler), Marthe Keller (Fedora), Hildegard Knef (Gräfin), José Ferrer (Doktor), Mario Adorf (Wirt), Henry Fonda (Präsident).

- Der Hollywood-Produzent Barry Detweiler
- möchte mit der Filmdiva Fedora, die zurückge-
- zogen auf Korfu lebt, einen neuen Film ma-
- chen, kommt jedoch zunächst nicht an den
- streng abgeschirmten Altstar heran. Melodra-
- matische und spöttische Abrechnung mit dem
- Star-Kino.

Während der Produzent auf Fedora wartet, erinnert er sich an eine Begegnung mit ihr im Hollywood der 40er Jahre. Der Star hatte eine Nacktszene im Pool, und der damalige 2. Regieassistent Barry mußte ihre Blöße mit Seerosen bedecken. Da er gerade eine heiße Liaison durchlebte, verrichtete er diese delikate Arbeit völlig übermüdet – und gähnte vor der nackten Diva, die den unbekannten jungen Mann daraufhin umgehend zu sich in die Garderobe bestellt. *Garderobiere:* »Dieser junge Mann ist da.« *Fedora:* »Kommen Sie herein!« *Barry:* »Guten Tag.« *Fedora:* »Alle andern raus. Raus!« *Fedora:* »Sagen Sie, wie heißen Sie?« *Barry:* »Barry Detweiler.« *Fedora:* »Sagen Sie, Mr. Detweiler, sind Sie eine Schwuchtel?« *Barry:* »Eine was?« *Fedora:* »Ein Schwuler, eine Tucke!« *Barry:* »Wer, ich?« *Fedora:* »Erzählen Sie mir nicht, Sie wären normal. Kein normaler Mann gähnt, wenn er mich nackt sieht.« *Barry:* »Habe ich gegähnt? Das tut mir leid, aber die letzte Nacht war ziemlich hart.« *Fedora:* »Was haben Sie gemacht, Matrosen aufgegabelt an der Bushaltestelle?« *Barry:* »Nein, da haben Sie bei mir aber danebengehauen! Junge, Junge! Da können Sie jede fragen, ob Statistin oder Garderobiere oder Maskenbildnerin...« *Fedora:* »Sie haben sie alle?« *Barry:* »Nicht alle!« *Fedora:* »Aber Sie sind sehr gefragt?« *Barry:* »Ich kann nicht klagen.« *Fedora:* »Und Sie halten sich für einen großen

Liebhaber?« *Barry:* »Nun ja, ich krieg' jedesmal eine Gegeneinladung.« *Fedora:* »Das wird ja immer schöner. Fanden Sie meinen Körper langweilig?« *Barry:* »O nein, Sie haben einen... hübschen Körper.« *Fedora:* »Habe ich nicht! Ich habe einen aufregenden Körper!« *Barry:* »Da kann man nicht widersprechen.« (Er sieht heimlich auf die Armbanduhr.) *Fedora:* »Halte ich Sie von irgendwas ab?« *Barry:* »Also, um ehrlich zu sein, ich hab 'ne Verabredung im Café vis-à-vis.« *Fedora:* »Das Mädchen von gestern nacht?« *Barry:* »Genau. Wir gehn schon seit... Dienstag.« *Fedora:* »Erzählen Sie mal. Was tun Sie mit den Mädchen, gehn Sie mit Ihnen in einen Nightclub oder tanzen?« *Barry:* »Nur beim ersten Mal.« *Fedora:* »Was folgt dann?« *Barry:* »Na ja, kommt ganz drauf an. Dieses Mädchen da wohnt draußen in Pasadena. Und ich wohne im Hollywood-Athletic-Club. Da bleibt gerade genug Zeit für ein paar Bierchen und 'nen Cheeseburger. Dann gehn wir in ein Hotel, oder, wenn es warm genug ist, kenne ich da eine Stelle am Strand!« *Fedora:* »Was, wenn ich fragen darf, ist um Himmels willen ein ›Cheeseburger‹?« (Video 22'10")

## *Cheeseburger*
(für 4 Personen)

| | |
|---|---|
| **400 g Tatar** | mit |
| **2 verrührten Eiern** | sowie |
| **4 Tl Sahne,** | |
| **etwas Knoblauchsalz** | und |
| **1 gehackter Zwiebel** | vermengen. Mit |
| **Salz und Pfeffer,** | |
| **1 Schuß Tabasco (oder** | |
| **auch Worcestersoße)** | und |
| **1 Schuß Sojasoße** | abschmecken. Vier feste Fleischküchlein formen und diese danach zu Fladen flachklopfen. Entweder in einer großen Pfanne oder im Backofen braten. |
| **Je eine Käsescheiblette** | kurz im Grill oder in der Pfanne anschmelzen, auf den Hamburger legen, der innen noch ein wenig rosa und schön saftig, außen jedoch kroß sein soll. |

Als Beilage kann man frischen, knackigen Salat, hauchdünne Zwiebelringe, eine Scheibe Gewürzgurke, Ketchup oder Senf wählen. Entweder etwas davon – oder alles zusammen.
Mit einem frisch angetoasteten Sesambrötchen zu Kartoffelchips oder Pommes frites servieren.*

*\* Es versteht sich, daß diese üppige Cheeseburger-Variante nichts mit Konfektions-Fast-food von Kettenrestaurants zu tun hat.*

# Die Blechtrommel

BRD 1978. R: Volker Schlöndorff. D: David Bennent (Oskar), Mario Adorf (Alfred Matzerath), Angela Winkler (Agnes), Daniel Olbrychski (Jan Bronski), Katharina Thalbach (Maria), Heinz Bennent (Greff), Tina Engel (Anna), Berta Drews (Oma Anna).

- *Die Geschichte von Oskar Matzerath, dem Trommler, der aus Protest gegen die Welt der »Großen« das Wachsen einstellt und hin und wieder so schreit, daß er Glas zum Zerspringen bringt. Die Matzeraths leben in der Freien Stadt Danzig.*

Vater Alfred hat einen Aal erstanden, den ein Stauer neben anderen Aalen aus einem verwesenden Pferdekopf zog. Er hat den Fisch zubereitet, und nun serviert er ihn im Eßzimmer seiner Frau Agnes, ihrem Bekannten Jan Bronski und Oskar. Alle starren mit gemischten Gefühlen auf die Mahlzeit. *Agnes:* »Bild dir bloß man nich' ein, daß ich von dem Aal esse, Alfred!« *Matzerath:* »Nu hab' dich doch nit so, Mädchen!« *Agnes:* »Überhaupt kein Fisch eß ich mehr und Aal schon jarnich.« *Matzerath:* »Hast doch jewußt, daß Aale da ranjehn, und hast trotzdem immer auch frische jegessen.« Agnes schüttelt den Kopf. Matzerath (zu Oskar, der zu trommeln beginnt): »Ruhe jetzt! Hör dat Jetrommel auf, ein für allemal, und komm essen!« *Agnes:* »Laß das Oskarchen in Ruh', ausgerechnet du! Du bist schuld, daß er so ist...« *Matzerath:* »Hör mit den ollen Kamellen auf! Probiert lieber mal, wie meine Wenigkeit die prima zubereitet hat. Wollen mal sehn, wer ißt und wer nit ißt. Aal grün, mit Dill, ein Lorbeerblatt und ein bißchen Zitronenschale.« *Jan:* »Nun laß doch, Alfred, wenn es ihr nicht zusagt...« *Matzerath:* »Misch du dich da nit rein. Ich kauf' doch die Aale nit umsonst... (er legt Jan eine Portion auf den Teller und gießt Soße darüber)... sind ja sauber ausgenommen und jewässert, keine Galle ausgelaufen, die Leber ganz hell, so frisch sind die, und mit Essig blau gemacht, das ganze Gesabbere ist weg... Oskar, an den Tisch!«

Oskar Matzerath mit Vorlieben am Strand von Zoppot

## Aal grün
(für 4 Personen)

| | |
|---|---|
| | Den vom Kopf her enthäuteten, ausgenommenen* und gründlich gewaschenen |
| Aal in 4 cm große Stücke | schneiden. |
| 1 Zwiebel | kleinhacken und in einem feuerfesten Topf mit |
| 50 g Butter | glasig andünsten, dann |
| 1 geschnittene Karotte, 1 Petersilienwurzel, etwas feingehackten Dill, Salbei, Thymian | sowie |
| 1 Lorbeerblatt | kurz mitkochen. Die Fischstücke darauflegen, die |
| Schale ½ unbehandelten Zitrone | darüberreiben, mit |
| Salz | würzen und im geschlossenen Topf gardünsten. Aus |
| 30 g Butter | und |
| 30 g Mehl | eine helle Mehlschwitze zubereiten, mit ein wenig |
| Fischsaft | und |
| 0,25 l Fischfond (Fertigprodukt) | auffüllen, kurz durchkochen, durchsieben und |
| 2 El feingehackten Dill | unterziehen. Die Aalstücke in einer vorgewärmten Schüssel anrichten und die Soße bei Tisch darübergießen. |

*Das Enthäuten und Ausnehmen des Fisches sollte von einem Fischhändler vorgenommen werden, der diese schwierige Arbeit profihaft erledigt.*

Wer die verwendbaren Innereien mag, kann diese, wie in der »Blechtrommel«, nach dem Ausnehmen des Fisches in einen Topf legen, mit heißem Essigwasser übergießen, kurze Zeit stehenlassen und dann 10–15 Minuten darin garen lassen. Die Innereien blau zum Fisch servieren.

# Eine demanzipierte Frau

Plenty. USA 1985. R: Fred Schepisi. D: Meryl Streep (Susan), Sting (Mick), Charles Dance (Raymond), Tracey Ullman (Alice), John Gielgud (Darwin).

- *In der Zeit nach dem Zweiten Weltkrieg lernt die sensible, eigenwillige Susan, die im Krieg für die Résistance in Frankreich gearbeitet hat, Raymond, einen der Sekretäre des englischen Botschafters in Brüssel, kennen. An Wochenenden besucht er Susan, die inzwischen in England lebt. Doch die Zusammenkünfte bleiben unbefriedigend, weil Susans Ansprüche während des kargen Nachkriegslebens insgesamt unerfüllbar bleiben.*

In der folgenden Szene ist der spießige Raymond wieder einmal zu Gast. Susan teilt die Wohnung mit der schrägen Alice, einer angehenden Schriftstellerin. Sie bereitet in der kleinen Wohnung ein spartanisches Gericht für drei. Susan steht in der Küche und verquirlt mit dem Schneebesen Eipulver in einer Schüssel. Alice hockt auf dem Boden zu Füßen von Raymond, der im einzigen Sessel sitzt und Zeitung liest. **Alice:** »Soll ich euch erzählen, wie mein Buch beginnt?« Susan nickt lächelnd in der Küche und quirlt weiter. **Raymond:** »Nun, äh...« **Alice:** »Eine Frau ist vergewaltigt worden. Das ist eine wahre Geschichte! Und der Roman fängt an in dem Augenblick, als sie im Prozeß darüber dem Gericht sagen soll, was der Angeklagte zu ihr gesagt hat in der Nacht der Vergewaltigung. Und sie bringt es einfach nicht fertig, das, was er gesagt hat, laut auszusprechen. Und der Richter sagt, dann soll sie's eben auf einen Zettel schreiben und ihn dann herumreichen lassen. Was sie auch tut. Und darauf steht: ›Ich muß dich haben, du! Ich muß dich haben, jetzt!!‹« Raymond sieht leicht pikiert auf die Erzählerin, Susan lacht amüsiert in der Küche. **Alice:** »Der Zettel wird den Geschworenen gereicht, die ihn lesen und weitergeben. Und am Ende der zweiten Reihe sitzt eine Geschworene, die eingeschlafen ist, weil der Prozeß so langweilig ist. Und der Mann neben ihr muß sie wachrütteln und den Zettel an sie weiterreichen. Was er tut. Sie schreckt auf, liest, was draufsteht, sieht ihn an, lächelt ihm zu – und steckt den Wisch in die Handtasche! Hahaha!« **Susan:** »Hahaha!... Käseomelett!!... Leider nur aus Eipulver...« **Alice:** »Diese Frau ist meine Romanheldin!« **Raymond:** »Ja, sehr gut.« **Susan:** »Wenigstens reicht das Pulver für drei Omeletts.« Sie serviert. (Video 2000)

> **Käseomeletts**
> (für 3 Personen)
>
> | | |
> |---|---|
> | 6 Eier<br>Salz und Pfeffer | mit<br>würzen und mit dem Schneebesen zu locker-cremiger Konsistenz schlagen. |
> | 40 g geriebenen Emmentaler | dazugeben und nochmals leicht mit dem Schneebesen verrühren. Pro Omelett je etwa |
> | 1 El Butter | in einer Pfanne zerlassen. Je ein Drittel der Eiermasse in die Pfanne geben und stocken lassen.* Jedes Omelett zusammenklappen, gegebenenfalls warm stellen.** |
>
> Mit grünem Salat servieren.
>
> *Das Zubereiten eines wohlgelungenen Omeletts gehört mit zum Schwierigsten im Bereich des Kochens. In seinem »Kochkunstführer« stellt der französische Altmeister Auguste Escoffier fest, ein Omelett sei nichts als ein Rührei mit fester Außenhaut. Oft wird es allerdings auch mit gebräunter Unterseite zubereitet, ähnelt also eher einer angebrannten Eierspeise. Innen sollte ein Omelett immer noch cremig sein – darin besteht die Kunst seiner Zubereitung.*
> **Ein Omelett wird durch längeres Warmstellen eher zäh als besser. Am besten, wenn auch aufwendig, ist es deshalb, mit mehreren Pfannen gleichzeitig zu arbeiten.*

# *Ein Mädchen in der Suppe*

There's a Girl in My Soup. Großbritannien 1970. R: Roy Boulting. D: Peter Sellers (Robert Danvers), Goldie Hawn (Marion), Gabriele Drake (Julia), Ruth Trouncer (Gilly), John Comer (John), Diana Dors (Johns Ehefrau), Tony Britton (Andrew), François Pascal (Paola), Nicky Henson (Jimmy).

- *Der steinreiche Playboy und Moderator einer kulinarischen TV-Sendung, Robert Danvers, ist immer auf der Suche nach weiblichem »Frischfleisch«, das er »vernaschen« kann.*

Auf der Hochzeitsfeier eines Freundes hat Robert Julia, ein besonders »jungfräulich« aussehendes Mädchen, im Auge, das den Zustand der »Unberührtheit« offensichtlich ablegen möchte. **Julia:** »Hochzeiten machen mich immer hungrig. Ich möchte wissen, wieso?!« **Robert Danvers:** »Tja, vielleicht könnten wir zusammen essen gehn? Was halten Sie davon?« **Julia:** »Warum nicht?« **Danvers:** »Und wo gehen wir da am besten hin?« **Julia:** »Sind Sie nicht dafür der Experte?« Schnitt. Sellers auf dem

Fernsehschirm. Er moderiert seine kulinarische Sendung »Good Taste – Was uns gut schmeckt«: ***Danvers:*** »... Ich kenne da ein kleines Restaurant. Sehr intim und apart. Das kann ich Ihnen nur sehr empfehlen. Die Speisekarte ist nicht sehr groß, aber äußerst raffiniert zusammengestellt. Die Einrichtung ist diskret, ohne besonders elegant zu sein. Man sitzt bequem in intimer Atmosphäre, das dezente Licht bringt auch den verborgensten Reiz Ihrer Begleiterin voll zur Geltung. Die Auswahl der Weine ist ›first class‹. Übrigens hatte ich da selbst ein wenig meine Hand im Spiel... Klein, wie die Anzahl der Gäste und Weine, ist die Anzahl der Glücklichen, die hier speisen... Alles in allem, keine schlechte Sache. Ich für meinen Teil meine...« ***Julia*** (von der Couch her): »Hört, hört!« ***Danvers:*** »... daß heutzutage viel zuviel Wert auf Quantität gelegt wird anstatt auf Qualität... Wie wär's damit?« (Zeigt eine Speisekarte): »Für Anfänger!« Stöhnen einer Frau. Sie liegt in Unterwäsche hingestreckt auf der Ottomane. ***Julia:*** »Ahh!... Sylvia hatte schon recht. Du bist ein Wind...« ***Danvers*** (weiter auf dem Fernsehschirm): »... Sie werden aufgespießt, mit Curry und Knoblauch gewürzt, dann ständig über offener Flamme gedreht, bis das Fleisch brutzelt und der Saft rausläuft!...« Währenddessen wälzt sich das Liebespaar nackt auf der Ottomane. ***Danvers:*** »... Als Süßspeise zum Nachtisch, ähh, falls Sie sich nicht mit Pudding begnügen sollten, könnte ich Ihnen Banane im Grill empfehlen. Es gibt nichts Besseres...« Schnitt. Großaufnahme des lüsternen Gesichts von Julia, über der der stark behaarte Körper von Robert Danvers liegt. ***Julia:*** »Ahh... du bist wundervoll!« ***Danvers:*** »Ja, ich weiß!« ***Julia:*** »Aber bitte! Nicht mehr jetzt!« ***Danvers:*** »Mein Gott, bist du schön!« Schnitt. Großaufnahme des Fernsehmoderators Danvers. ***Danvers:*** »... So, das wär's dann. Ein leckeres kleines Menü, das jeder sich selbst bereiten kann. Nur Mut! Und nun, auf Wiedersehen und guten Appetit! Ihr Robert Danvers!« (Video 445)

### *Gegrillte Banane*
(pro Person)

| | |
|---|---|
| **1 Banane** | schälen, längs halbieren und in eine gefettete feuerfeste Form geben. Mit dem Saft je etwa |
| **½ frischgepreßten Zitrone** | und |
| **½ frischgepreßten Orange** | beträufeln und mit |
| **1–2 El Kokosraspeln** | bestreuen. Bei mäßiger Hitze ca. 12 Minuten im Bratrohr oder Grill backen. Mit |
| **2 El Bananenlikör** | überträufeln. In der Form oder auf vorgewärmten Desserttellern servieren. |

# Arthur 2 On the Rocks

Arthur 2 On the Rocks. USA 1988. R: Bud Yorkin. D: Dudley Moore (Arthur Bach), Liza Minnelli (Linda Bach), John Gielgud (Hobson), Geraldine Fitzgerald (Martha Bach), Stephen Elliott (Burt Johnson), Paul Benedict (Fairchild), Cynthie Sikes (Susan Johnson), Kathy Bates (Mrs. Canby), Thomas Barbour (Stanford Bach).

- *Arthur Bach ist ein Säufer. Er versäuft sein Vermögen und seine Familienreputation. Da er darüber hinaus nicht Susan, die Tochter des steinreichen Mr. Johnson, heiraten will, sondern lieber bei seiner Linda bleibt, muß sich das bankrotte Ehepaar eines Tages bei Lindas Dad einquartieren.*

Arthur und Lindas Dad sitzen zusammen am Wohnzimmertisch und rubbeln Lose. Linda kommt mit dem Essen herein. **Linda:** »Moment, Moment, Moment! Schluß jetzt! Schluß jetzt! So, jetzt wird erst gegessen!« **Dad:** »Was ist das?« **Linda:** »Koste es! Es ist sehr nahrhaft und köstlich. Ich hab's aus dem Imbiß mitgebracht. Hackbraten!« **Dad:** »Ich frag' ja nur, falls ich es nachher beim Arzt beschreiben muß, weißt du!« Vater und Arthur lachen dröhnend und beglückwünschen sich per Handschlag für diesen großartigen Witz. **Linda:** »Hört zu, solange keiner von euch beiden Geld mit nach Hause bringt, möchte ich kein Gemecker! . . . Hattest du Glück bei der Jobsuche?« Beide Männer reden hastig durcheinander im Bemühen, ihre Anstrengungen bei der Jobsuche zu schildern. **Linda:** »Genug! Großer Gott, ist das 'ne Familie! Langsam werdet ihr euch immer ähnlicher. So, alles klar? O Arthur, du hast noch keinen Kartoffelbrei.« **Arthur:** »Ist das nötig?« **Linda:** »Ja!« . . . (tut ihm das Püree auf den Teller). **Arthur** (verschwörerisch zu seinem Schwiegervater): »Kartoffelbrei!« **Linda:** »Das ist gut für dich! Na dann . . . und jetzt beten wir.« **Arthur:** »Beten?« **Linda:** »Ja! Sag, wofür du dankbar bist, hmm?« Alle beten. Arthur sucht nach einem Grund fürs Beten. Dann: **Arthur:** »Ich bin dankbar, daß ich das kleinste Stück Hackbraten habe!« Die Männer lachen erneut brüllend und beglückwünschen sich wieder per Handschlag für den ausgezeichneten Witz.

## Hackbraten mit Kartoffelpüree
(für 4 Personen)

### Hackbraten

| | |
|---|---|
| **1 Brötchen** | in Wasser einweichen und danach mit |
| **1 Ei,** | |
| **etwas abgeriebener Zitronenschale (unbehandelt),** | |

# HACKBRATEN MIT KARTOFFELPÜREE

| | |
|---|---|
| 1 Tl kleingehackter Petersilie, Salz und Pfeffer | und mit |
| 500 g gemischtem Hackfleisch | verkneten. Diesen Teig zu einem Laib formen und in eine gefettete Auflaufform geben. Bei 200 Grad im Backofen in ca. 45 Minuten garen. |

## Soße

| | |
|---|---|
| 1 Zwiebel, 1 gelbe Rübe 1 Stück Knollensellerie 1 El Butter | und in dünsten. Mit |
| Salz und Pfeffer | würzen. |
| 1–2 El Fleischbrühe etwas Stärkemehl | angießen und die Soße mit binden. |
| 1–2 El gehackte Petersilie | dazugeben und zum Hackbraten servieren. |

## Kartoffelpüree

| | |
|---|---|
| 1 kg Kartoffeln | schälen und in Salzwasser weichkochen. Heiß durch eine Kartoffelpresse drücken oder mit dem »Zauberstab« pürieren. Mit |
| 0,25 l heißer Milch | verrühren. |
| 20 g Butter | zugeben, mit |
| 1 Prise Muskat Salz | und würzen und den Brei locker bis schaumig schlagen. Nochmals kurz erhitzen, in einer vorgewärmten Schüssel anrichten und mit |
| 2 El Semmelbrösel, etwas Butter | in geröstet, bestreuen. |

# Funny Farm

Funny Farm. USA 1988. R: George Roy Hill. D: Chevy Chase (Andy), Madolyn Smith (Elizabeth), Kevin O'Morrison (Sheriff Ledbetter), Joseph Maher (Sinclair), Jack Gilpin (Bud Culbertson), Caris Corfman (Betsy Culbertson), William Severs (Redakteur), Mike Starr (Crocker).

- *Das New Yorker Ehepaar Andy und Elizabeth beschließt, aufs Land zu ziehen. In Neuengland angekommen, beziehen sie ihr Haus und stellen sofort fest, daß Ideal und Wirklichkeit des Landlebens nicht übereinstimmen. Privat entwickelt sich ihre Beziehung auch in unvorhergesehenen Bahnen. Andys Roman wird nicht fertig, dafür schreibt Elizabeth einen. Dennoch geben sich beide Mühe, ihre Krisen – auch mit den Landleuten – zu überwinden.*

In einem Dorfgasthaus essen sie eines Abends die Spezialität des Hauses. **Andy** (während des Essens): »... Und hinten könnten wir jederzeit Mais anpflanzen, da ist noch reichlich Platz!« **Elizabeth:** »Oder Kürbisse!« **Andy:** »Kürbisse! Das ist überhaupt *die* Idee!« **Wirtin** (brät das Gericht des Hauses in der Pfanne und tut Andy davon auf den Teller): »Noch ein bißchen Lamm? Essen Sie, solange es heiß ist!« **Elizabeth:** »Andy, das ist schon deine dritte Portion!« **Andy:** »Ich bin süchtig danach! Sie können mich Mr. Grillamm nennen!« **Gast:** »Ah, das ist endlich mal 'n Mann, der was Gutes im Mund zu schätzen weiß!« **Wirtin:** »Wenn Sie die Portion aufessen, haben Sie die Chance, den Rekord zu brechen! Er steht auf achtundzwanzig ! Das da wird Nummer sechsundzwanzig!« **Andy:** »Achtung, Freunde, zurücktreten, heute abend fällt der Rekord!« **Wirtin:** »Ich glaube, der meint es ernst! Ich glaube, der Rekord fällt heute abend tatsächlich!« **Gast:** »Siebenundzwanzig!« **Wirtin:** »Der alte Rekord steht seit fast zwei Jahren auf achtundzwanzig!« **Elizabeth:** »So lange schon? Na los, hau rein, Andrew!« **Gast:** »Achtundzwanzig!« **Wirtin:** »Das wird die Entscheidung!« Andy spießt ein Stück von dem in roter Soße gebratenen Fleisch auf die Gabel und steckt es dann verzückt in den Mund. **Wirtin:** »Neunundzwanzig! Neuer Rekord!« Alle Gäste klatschen Beifall. **Andy:** »Moment, Moment, Moment noch!« Er schiebt ein weiteres Stück in den Mund. **Wirtin:** »Ah, ich dachte schon, der Rekord würde ewig bestehn! Die meisten Gäste haben nämlich für Hoden nicht mehr viel übrig.« Andy hält augenblicklich mit Kauen inne. **Elizabeth:** »Hoden?!!« **Gast:** »Ja, Ma'm, Schafseier!« **Wirtin:** »Er sagt es.« **Gast:** »Erzähl ihm, wieso deine so köstlich sind.« **Wirtin:** »Nun, der Trick dabei ist, man muß sie ganz oben abknipsen!« Andy spuckt den Hoden, den er noch im Mund hat, in hohem Bogen aus und läuft raus. **Gast:** »Oh, das sieht fast so aus, als gäbe es Ärger!« Elizabeth bezahlt hastig und läuft Andy nach. **Gast** (zur Wirtin): »Ich hab' dir immer gesagt, du sollst die Dinger auf der Speisekarte besser erklären!« **Wirtin:** »Oh, besuchen Sie uns ruhig bei Gelegenheit wieder!«
(Video 46'00")

## Lammhoden
(pro Person)

| | |
|---|---|
| **2 Lammhoden*** | halbieren, gründlich reinigen und ca. 1 Stunde in mildes Essigwasser legen. Herausnehmen und abtrocknen. In |
| **2 El Gänseschmalz oder Butter** | langsam rundum dünsten. Sobald das Fett aufgesogen ist, mit |
| **1 Prise Salz, je 1 starken Prise gemahlenem Zimt, gemahlenen Nelken Safran** | und würzen. Nach ca. 10 Minuten, wenn die Hoden fast gar sind, den Saft von |
| **½ Zitrone Zitronenachteln** | darüberträufeln und fertiggaren. Mit garnieren. |

Mit Baguette servieren.

*\* Das Schwierigste bei diesem alten aphrodisischen Rezept dürfte die Beschaffung der Grundzutat sein. Nur Mut: Türkische Metzger fragen!*

Andy und Elizabeth im neuen Landhaus

# Herbstmilch

BRD 1988. R, K: Joseph Vilsmaier. D: Dana Vavrova (Anna), Werner Stocker (Albert), Claude Oliver Rudolph, Eva Mattes, Ilona Mayer, Renate Grosser, Julius Mitterer, Albert Wimschneider, Anna Wimschneider.

*Die autobiographische Geschichte (Roman 1984) der Bäuerin Anna Wimschneider, die von ihrem entbehrungsreichen, alles andere als ländlich-idyllischen Leben erzählt.*

*Als junge Frau lebt Anna nach der Heirat mit Albert, der jetzt im Krieg ist, bei dessen Familie. Obwohl sie allein für deren Unterhalt arbeitet, muß sie sich der ständigen Anfeindungen ihrer Schwiegermutter erwehren. Als sie ein Baby erwartet, ist die Eifersucht von Alberts Mutter grenzenlos.*

Eines Tages läßt die Schwiegermutter wieder einmal ihrer Wut freien Lauf. Anna wehrt sich nach Kräften. **Anna:** »Sei stad, i' bin schwanger! Willst, daß i' a Fehlgeburt hab'!?« **Mutter:** »Du allein bist an allem schuld! Nur du woll'st des Kind! Meinst du, daß i' mein' Albert net kenn'? Der und ein Kind, hah!, des wollt der gwiß net! Aber du, du hast ihn gzwunge! I' weiß scho', wie des Weibsbilder wie du heutzutag' machen!« **Anna:** »Trotzdem freu i' mi' auf des Kind!« **Mutter:** »Verrecken sollst dran! Hast mir mein' Buam genomme! Lauter Herbstmilchsuppen wer i' dir geben!«\*

Abspann: Stimme der Anna Wimschneider: Und was is' a Herbstmilchsuppe? Da nimmt man ein Liter gesteckte Mili, und dann tut man da den Rahm runter, und dann tut man zwei Eßlöffel Mehl einirühren und des in zwei Liter kochendem Wasser kochen und umrührn. Und dann tut man ein' sauren Rahm, ziemlich viel, in eine Schüssel eini und tut man des kochende Suppen drunterrührn und a Salz eini, und dann noch kocht man eine braune Kartoffel dazu.«

\* *Wie aus dem Dialog hervorgeht, galt die »Herbstmilchsuppe« in bäuerlichen Kreisen als eine Art Abtreibungsmittel. Also Vorsicht!*

Anna und Albert zur Zeit der Herbstmilchsuppe

## Herbstmilchsuppe
(für 4 Personen)

| | |
|---|---|
| Von 1 l saurer (sauer gewordener) Milch | schöpft man den Rahm ab und rührt hinein. Das Ganze kocht man in unter ständigem Umrühren auf. Der wird in eine Schüssel gegeben, und die kochende wird untergerührt und mit abgeschmeckt. |
| 2 El Mehl | |
| 2 l Wasser | |
| Rahm | |
| Suppe | |
| 1 Prise Salz | |

Mit Pellkartoffeln servieren.

# *Das Fenster zum Hof*

Rear Window. USA 1954. R: Alfred Hitchcock. D: James Stewart (L. B. Jefferies), Grace Kelly (Lisa Feremont), Wendell Corey (Thomas J. Doyle), Thelma Ritter (Stella), Raymond Burr (Lars Thorwald).

- *Der Fotoreporter Jefferies hat ein Gipsbein,*
- *sitzt im Rollstuhl am Fenster und langweilt*
- *sich. Während er den Hinterhof beobachtet,*
- *glaubt er Zeuge eines Mordes zu werden. Nach*
- *und nach erhärtet sich sein Verdacht, und*
- *der Mörder versucht, den Augenzeugen los-*
- *zuwerden.*

In der Hinterhofwohnung von Jefferies. Seine Freundin Lisa besucht den Invaliden. *Lisa:* »Was hälst du davon, wenn wir mit einem Abendessen im ›Twenty One‹ beginnen?« *Jeff:* »Nanu, hast du vielleicht eine Ambulanz vorm Haus stehn?« *Lisa:* »Nein, was Besseres: ›Twenty One‹!« Sie öffnet die Tür von L. B. Jefferies Apartment, und ein rotbefrackter Kellner tritt ins Zimmer, mit gekühltem Wein und einem Menü in der Wärmetasche. *Lisa:* »Vielen Dank, daß Sie gewartet haben, Carl. Die Küche ist dahinten links... Moment, ich nehme den Wein.« *Kellner:* »Guten Abend, Mister Jefferies!« *Jeff:* »'n Abend, Carl!« *Lisa:* »Machst du den Wein auf?« *Jeff:* »Natürlich!« *Lisa:* »Es ist ein sehr guter Wein.« *Jeff:* »Ein ganz großes Glas voll! – Da drüben ist ein Korkenzieher!«... *Lisa:* »Ich kümmere mich jetzt erst mal ums Abendessen.«... *Jeff:* »Sieht gut aus!«... *Lisa:* »Wenigstens kannst du nicht sagen, daß das Essen nicht gut ist.« *Jeff:* »Lisa, es ist perfekt, wie immer!« Die Kamera zeigt auf dem Teller einen jungen Fasan im Speckmantel, mit Sellerie garniert.

## Fasan im Speckmantel mit Sellerie à la »Twenty One«
(für 2 Personen)

### Fasan

| | |
|---|---|
| 1 jungen Fasan<br>Pfeffer und Salz<br>fettem Speck (ca. 80 g) | waschen und abtrocknen, leicht mit einreiben. Mit zwei breiten Scheiben einwickeln und diese mit Küchengarn festbinden.* |
| Ca. 80 g Butter | in einem Topf erhitzen und das Geflügel darin von beiden Seiten anbraten. In den vorgeheizten Backofen schieben und bei 220 Grad Mittelhitze goldbraun braten, dabei mit Bratfett übergießen. Nach ca. 30 Minuten aus dem Topf nehmen und warm stellen. Das Bratfett abgießen, den Bratensatz mit |
| 0,1 l Madeira,<br>Trüffelsaft (aus der Dose),<br>1 El Fleischbrühe | und<br>aufkochen. |
| 1 geschälte Trüffel (aus der Dose), | in Streifen geschnitten, hinzugeben. |

Als Beilage in Butter gebräunte Weißbrotcroutons.

*\* Das Fleisch wird leicht faserig und trocken, daher ist das Umwickeln mit Speck wichtig.*

### Sellerie

| | |
|---|---|
| 1 mittelgroße Sellerieknolle | gründlich schälen und in feine Streifen schneiden, blanchieren und mit |
| 50 g Butter und etwas Salz | im Topf schwenken. Ab und zu umrühren, um ein Anbrennen zu verhindern (ca. 15 Min.). |

Lisa serviert das Dinner vom »Twenty One«

# Kindergarten Cop

Kindergarten Cop. USA 1990. R: Ivan Reitman. D: Arnold Schwarzenegger (Kimble), Penelope Ann Miller (Joyce), Christian Cousins (Dominic), Pamela Reed (Phoebe O'Hara), Linda Hunt (Miss Schlowski), Richard Tyson (Crisp).

*Der Drogenpolizist Kimble und seine aus Österreich stammende Kollegin Phoebe O'Hara ermitteln verdeckt in einem Kindergarten gegen den gefährlichen Killer und Drogendealer Crisp. Ihr besonderer Schutz gilt einer Mutter und ihrem Sohn Dominic, auf den es der Gangster, der Dominics Vater ist, abgesehen hat.*

Eines Tages nach Dienstantritt treffen sie sich mit ihren Schützlingen in einer typischen Kneipe in Oregon, und die freßsüchtige Polizistin Phoebe beginnt begeistert die Speisekarte zu studieren. **Phoebe:** »Ich stehe auf Spare Ribs... ich nehme also die Spare Ribs... nein, Moment! Vornweg nehme ich erst mal die pikanten Hähnchenkeulen... sind das etwa die kleinen, verhungerten Biester, an denen kaum Fleisch dran ist?« **Kellnerin:** »Um ehrlich zu sein, das ist 'ne ziemlich große Portion.« **Phoebe:** »Wow, gut! Und dann nehme ich einen großen Teller Ihrer Muschelsuppe Pazifik und danach die heißen Blaubeeren mit Eiscreme zum Dessert. Das wär's für den Anfang!« **Dominic** (erstaunt): »Gibt es in Österreich nichts zu essen?«

Kimble mit Tarnung

## Muschelsuppe Pazifik
(für 4 Personen)

| | |
|---|---|
| 1 kg geschlossene Miesmuscheln | abbürsten und säubern. |
| 1 große Zwiebel | vierteln, |
| 100 g Möhren | und |
| 100 g Stangensellerie | in große Stücke schneiden, alles zusammen mit den Muscheln in einen großen Topf geben. Mit |
| 0,25 l Weißwein | und |
| 0,25 l Wasser | auffüllen, mit |
| Salz | würzen. Ca. 10 Minuten im geschlossenen Topf kochen lassen, bis die Muscheln sich geöffnet haben. Von der Hitze nehmen und noch einmal 10 Minuten ziehen lassen. Die Muscheln abseihen, aus den Schalen nehmen und warm stellen. |
| 250 g Kartoffeln | schälen und zusammen mit |
| 1 Zwiebel | in Würfel schneiden. Beides in einen Topf geben, mit |
| Salz und Pfeffer | würzen und mit |
| Muschelbrühe, | die durch Wasser auf ca. 1 Liter Flüssigkeit aufgestockt wurde, übergießen. So lange kochen lassen, bis die Kartoffeln zerfallen. Diese dann durch ein Sieb passieren und die sämige Masse in den Topf zurückgeben. Muschelfleisch dazugeben, ebenso |
| 80 g zerpflückte Brunnenkresse. | Die Suppe zieht dann noch 6 Minuten, zum Schluß werden |
| 100 g Crème fraîche | untergezogen. Heiß servieren! |

## Pikante Hähnchenkeulen
(für 2 Personen)

**Marinade**

| | |
|---|---|
| 0,2 l Pflanzenöl | und |
| 0,2 l Weißweinessig | vermischen, mit |
| ½ Tl Zwiebelpulver, | |

| | |
|---|---|
| 1 Prise Knoblauchsalz, Salz und Pfeffer | würzen. Die |
| Hähnchenkeulen | in diese Marinade legen und ca. 1 Stunde darin ziehen lassen. Danach die Keulen auf einen mit Alufolie bespannten Grillrost legen, mit |
| 2 El Öl | beträufeln und auf die unterste Stufe des vorgeheizten Elektrogrills schieben. Während der ca. 30minütigen Grillzeit die Keulen immer wieder mit der Marinade bestreichen und wenden. Danach mit dem Bratfond übergossen servieren. |

Beilage: gemischter Salat und Weißbrot.

Keine Zeit für pikante Hähnchenkeulen

## Spare Ribs mit scharfer Soße
(für 4 Personen)

### Soße

| | |
|---|---|
| Den Inhalt von 1 kleinen Flasche Ketchup (0,75 l) | in einen Topf geben, danach in angegebener Reihenfolge hinzufügen und vermischen: |
| ⅛ l Essig, 1 Tl Zucker, ¼ Tl Pfeffer, ¼ Tl Salz, 1 Prise Cayennepfeffer, 1 Prise Paprika, ¼ Tl Ingwerpulver, 1 gehackte Zwiebel. | Alles zusammen ca. 15 Minuten durchkochen und dann kalt stellen. In dieser Marinade werden die |
| Spare Ribs (ca. 2500 g Schweinerippchen), | die dick, fleischig, aber nicht fett sein sollen, einen Tag lang eingelegt. Danach die Spare Ribs aus der Soße nehmen und eine halbe Stunde lang im Elektrogrill grillen, mehrmals mit Soße bestreichen und wenden. Zum Schluß eine weitere halbe Stunde lang bei kleiner Hitze weitergrillen. Vor dem Servieren die Soße über die Rippchen gießen. |

Beilagen: gemischter Salat und Weißbrot sowie ein kühles Bier.

## Heiße Blaubeeren mit Eiscreme
(für 4 Personen)

| | |
|---|---|
| 0,2 l Traubensaft etwas Stärkemehl | kochen und mit binden, dann |
| ca. 400 g Blaubeeren | zufügen. Die heiße Blaubeersoße über |
| je 1 Portion Vanilleeis (z. B. Fertigprodukt à la Mövenpick) | gießen. Servieren! |

# Hühnchen in Essig

Poulet au vinaigre. Frankreich 1984/85.
R: Claude Chabrol. D: Stéphane Audran (Mme Cuno), Jean Poiret (Louis), Michel Bouquet, Caroline Cellier, Lucas Belvaux.

*Die nach einem Unfall an den Rollstuhl gefesselte Madame Cuno und der von ihr eifersüchtig bewachte Filius Louis leben nach dem Tod des Ehemanns und Vaters in ihrem alten Haus allein. Ihr Anwesen ist das Ziel von Spekulanten unter Anführung eines Dr. Morasseau, die ein großes Immobilienprojekt planen. Mit allen möglichen Tricks und Psychoterror versuchen sie Mutter und Sohn zu vertreiben. Louis, der als Postbote arbeitet, beginnt mit einer Gegenstrategie. Er belauert die Gegner, vor allem nachts. Als das nichts nützt, hilft er mit brachialen Mitteln nach. Der erste Gegner namens Filliol stirbt...*

Madame Cuno läßt ihr leckeres Hühnerfrikassee stehen

Nachdem ein weiterer Spekulant bei einem Verkehrsunfall getötet wurde, an dem er nicht schuldlos ist, kommt Louis abends zum Essen nach Hause. Die schon sehnsüchtig wartende Mutter und der von ihr geplagte Sohn setzen sich zu Tisch. **Mme Cuno:** »Es gibt Tomaten nach Art von Antibes.« (Sie legt ihm zwei Tomaten auf den Teller.) »Hier, du nimmst die von deinem Vater, ich nehme nur eine.« Louis (stochert auf dem Teller herum, als die Mutter im Rollstuhl das Zimmer kurz verläßt, kippt er die Tomaten aus dem Fenster): »Nach dem Essen gehe ich zu Morasseau. Da gibt's bestimmt was Neues zu erfahren.« **Mme Cuno** (rollt hinaus, kommt wieder und serviert kurz angebunden): »Hühnerfrikassee auf Muscheln. Sauce Mornay.« Sie tut ihm mit der bloßen Hand auf und verbrennt sich dabei. **Louis:** »Hast du dich verbrannt?... Hm, das riecht verdammt gut.« Die Mutter ißt hungrig, aber wie geistesabwesend. Plötzlich kippt sie ihr Rotweinglas um. **Louis:** »Ist nicht schlimm, Mama... Das ist heiß!... Du hast mich wahrscheinlich nicht gehört? Ich werde nachher zu Morasseau gehen! Da ist jetzt keine Zeit zu verlieren.« **Mme Cuno** (reißt urplötzlich, völlig außer sich, die Tischdecke herunter): »Du hast ein Mädchen! Du hast ein Mädchen! Dafür kriegst du auch kein Dessert!«...

Etwas später: Louis und seine Kollegin Henriette von der Poststation, die um das Vertrauen des jungen Kollegen buhlt, gehen abends zum erstenmal gemeinsam in ein gepflegtes Restaurant. Wo kann man besser über Mord und andere pikante Geheimnisse reden als bei einem guten Essen? **Empfangschef:** »Guten Abend, Madame!« **Henriette:** »Guten Abend.« Henriette, die die Situation offensichtlich genießt, und, in ihrem Schlepptau, der schüchterne Louis setzen sich. **Henriette:** »Wir nehmen das gleiche, und ich suche es aus. Einverstanden? Vertraust du mir?« Louis nickt. Der Kellner bringt die Speisekarte. **Henriette:** »Vielen Dank!... (zu Louis): Bist du zufrieden?... (zum Kellner): Wir nehmen beide dasselbe: Gänselebermedaillons und Kalbsbries mit Morcheln!« **Kellner:** »Ausgezeichnet! Und zu trinken?« **Henriette:** »Champagner!« **Kellner:** »Heidsieck '76!?« **Henriette:** O ja, ja!... Also siehst du, Louis, das ist das Leben!« **Henriette** (als die Champagnergläser gefüllt sind): »Also auf uns!« **Louis:** »Das ist gut.« **Henriette:** Und jetzt kann's losgehn... Weißt du, was ich glaube, mein Lieber? Ich glaube, du hast den Zucker in den Tank von Filliol geschüttet!« **Louis:** »Spinnst du!?« **Henriette** (irritiert von Louis' schweifendem Blick): »Was siehst du da? Na und, das ist der Notar mit seiner Alten. Der hat reichlich Kohle, der kann jeden Tag hier essen. Hast du vielleicht Angst?« **Louis:** »Vor was?« **Henriette:** »Mein Bübchen, iß doch! Kleiner Schelm – du hast vorhin nicht geantwortet. Warst du das, mit Filliol?« **Louis:** »Hör mal, Henriette, ich habe dich gern. Ich sag' dir ein Geheimnis, aber du versprichst, es nicht auszuplaudern, schwörst du's? – Ich überwach' sie alle, Tag und Nacht! Und beim ersten Fehler macht's Knack!« **Henriette:** »Was denn?« **Louis:** »Ihn, den Dr. Morasseau, und früher auch den Metzger.« **Henriette:** »Aber warum, was wollen die? Na sag schon!« Der Ober öffnet in diesem Moment schwungvoll, fast triumphierend, den Deckel auf den leckeren Speisen. **Louis** (ganz mitgerissen von seinen Gedanken und dem Champagner): »Ich weiß auch nicht genau. Uns rauswerfen, uns aus dem Haus werfen. Abreißen, neu bauen!

Ich weiß es nicht, also spioniere ich.« *Henriette:* »Oh, diese Schweine!« *Louis:* »Ihm da hab' ich mal die ganze Karosserie zerkratzt!« *Henriette:* »Im Ernst?« *Louis:* »Ja! Und ein andermal bei Morasseau, da hab' ich zwei Reifen von seinem Chevrolet mit dem Messer abgestochen! Willst du Krieg, dann hast du Krieg!« Louis angelt sich die Champagnerflasche und schenkt sich reichlich ein. *Henriette:* »Und Filliol?« *Louis:* »Und Filliol was?« *Henriette:* »Du darfst es niemandem sagen, Louis! Du hast einen umgebracht!« *Kellner:* »Wünschen Sie ein Dessert?« *Henriette:* »Willst du Profiteroles?« *Louis:* »Ich weiß nicht.« *Henriette:* »Also zweimal Profiteroles, bitte!« *Kellner:* »Sehr wohl, danke.«

---

### *Tomaten nach Art von Antibes/Tomates à l'antiboise*
(pro Person)

| | |
|---|---|
| **1 große Fleischtomate** | aushöhlen, die Kerne entfernen, die ausgehobene Tomatenmasse kleinhacken, mit einer Mischung aus je etwas |
| **Thunfisch, gehacktem Ei, gehackten Sardellen, einigen Kapern und Mayonnaise füllen.** | |
| **Rosmarin und Majoran** | Mit würzen. Kalt servieren. |

Dazu Baguette und ein Roséwein der Provence.

---

### *Hühnerfrikassee auf Muscheln/Fricassée de poulet aux moules*
(für 4 Personen)

| | |
|---|---|
| **2 Hühnchen** | in je acht Teile zerlegen, kurz in |
| **100 g Butter** | leicht schmoren, mit |
| **2–3 El Mehl** | bestäuben und mit |
| **1 l Geflügelkraftbrühe** | aufgießen. |
| **1 Kräutersträußchen** | mitkochen und mit |
| **1–2 El Essig*** | abschmecken. |
| **1 Glas Muscheln** | entweder im eigenen Saft kurz erwärmen und, ohne den Saft, auf einem vorgewärmten Teller mit dem Hühnerfrikassee darüber servieren – oder, ebenfalls ohne den Saft, zum Schluß ins Frikassee geben. |

Dazu kleine Petersilienkartoffeln servieren.

\* *Hierauf bezieht sich der Filmtitel. Es ist die traditionelle Zubereitung eines Frikassees.*

## Sauce Mornay*
(für 4 Personen)

| | |
|---|---|
| Einer Béchamelsauce (Fertigprodukt), siehe auch S. 86, 50 g Gruyère- und Parmesankäse, 50 g Butter | je<br><br>beides frisch gerieben, beifügen und mit aufschlagen. |

*Da die Sauce Mornay erwähnt wird, kann man die in Butter leicht gebräunten Hühnerteile auch in dieser Soße kochen. In diesem Fall empfiehlt es sich, der Béchamel 0,25 l Hühnerbrühe hinzuzufügen, da sie sonst zu sehr einkocht.*

## Gänselebermedaillons/Escalopes de foie gras périgeux*
(pro Person)

| | |
|---|---|
| | Aus |
| 1 rohen Gänse-(Fett-)leber Medaillons von ca. 70 g | schneiden. Leicht mit Salz und Pfeffer würzen, in |
| 1 geschlagenes Ei feingehackter Trüffel | tauchen und in wenden. Die Trüffelstückchen fest andrücken. Sehr kurz in |
| 1 El Butter | sautieren.** Butter abgießen, den wenigen Bratensatz mit |
| 0,1 l Madeira Demi-glace | ablöschen. Trüffelstückchen dazugeben. Mit abschmecken. Die Escalopes auf vorgewärmten Tellern mit der Soße überziehen und sofort servieren.*** |

*Zubereitungen »périgeux«, »à la mode du Périgord« oder ähnlich bedeuten immer die Verwendung von Trüffeln.*
**Mit der Butter sparsam umgehen, die Stopfleber ist fett genug.*
***Zubereitung und Servieren sollten ohne Hetze, aber rasch geschehen. Eine totgebratene und dann zwischengelagerte Gänseleber ist den Aufwand nicht wert.*

## Kalbsbries mit Morcheln
(pro Person)

| | |
|---|---|
| 80 g Bries* | 4–5 Stunden wässern; das Wasser mehrfach wechseln, bis alles Blut entfernt ist. In kochendem, mit |
| 3 El Essig | gesäuertem |
| Salzwasser | das Bries 10 Minuten blanchieren. Gründlich von allem Fett, Häuten und Adern befreien, wobei es in mehrere kleine Teile zerfällt. Diese unter ein Küchenbrett legen und kräftig flachdrücken, evtl. eine Zeitlang beschweren.** |
| 2 El Butter | heiß werden lassen, die Briesteile darin knapp 10 Minuten bei milder Hitze so braten, daß sie nicht hart und trocken werden. Mit |
| Salz | und |
| Zitronensaft | würzen. Den Bratensatz mit einer Vinaigrette*** ablöschen, über das Bries geben und mit |
| schwarzem Pfeffer | kräftig abschmecken. |

Als Wein empfiehlt sich ein Burgunder.

\* *Das Bries, früher öfter als »Kalbsmilch« bezeichnet, eigentlich die Thymusdrüse des Kalbs, ist eine rare und daher nicht gerade billige Delikatesse der raffinierten Küche. Zu beachten ist, daß vom Kaufgewicht, wenn man gewissenhaft reinigt, nicht übermäßig viel übrigbleibt.*
\*\* *Dies ist nötig, um dem Bries eine lockere Konsistenz zu geben.*
\*\*\* *Früher wurde Bries in Form von Soufflés, Ragouts, Pasteten, sogar als totgewürzter »Pudding« (mit geweichtem Weißbrot durchs Sieb passiert) oder als Suppeneinlage zu Tisch gebracht. Heute wird es vorzugsweise als Krönung auf einem Bett von al dente gegarten Kenia-Bohnen angerichtet, die mit einer Vinaigrette zu einer reizvollen Kombination der gehobenen Küche verbunden werden.*
*Die Vinaigrette sollte keineswegs zaghaft angerührt werden (kräftiger Essig, scharfer Senf sind ein Muß). Wichtig ist, daß Essig und Öl von bewährter, ausgesuchter Qualität sind und daß anstelle wenig delikater Zwiebeln sehr fein gehackte Schalotten verwendet werden. Die Vinaigrette soll Bohnen und Bries kräftig würzen, aber kein Fußbad bilden.*

## Morcheln

Wie Kalbsbries sind auch Morcheln – fast nur als Trockenware im Handel – kein billiges Vergnügen. In glücklicheren Zeiten gediehen sie häufiger im sandigen Boden von Tannenwäldern und waren als Pilz-»Gemüse« in einer

petersilien- und zwiebelhaltigen Mehlschwitze Bestandteil der gehobenen Bürgerküche.* In weniger glücklichen Zeiten wie heute empfiehlt sich eher eine Zubereitung als leichtes Ragout:
(pro Person)

**20 g getrocknete Morcheln** mindestens 3 Stunden in einer großen Schüssel einweichen. Schon dadurch wird ein beträchtlicher Teil des hartnäckigen Sandes aus den Falten der Pilze gespült. Sie müssen dennoch unter fließendem Wasser weiter gründlich gereinigt werden. Dann ausdrücken und in einer Kasserolle trockendünsten. Mit

**1 Schuß Portwein**
**Salz** ablöschen und mit würzen. Den Wein fast völlig eindampfen. Das Einweichwasser durch ein sehr feines Sieb angießen (Vorsicht, Sandreste)!, die Pilze in etwa 30 Minuten gardünsten. Mit

**etwas Zitronensaft** beträufeln. Wenn die Flüssigkeit fast verdampft ist, pro Portion

**ca. 1 El Sahne** dazugeben und fast einkochen lassen. Mit

**Kalbsfond (Fertigprodukt)** abrunden.

Als leichtes Zwischengericht mit etwas Baguette und einem leichten, fruchtigen Weißwein servieren. Am besten nach Kalbsbries (s. S. 195) und gegebenenfalls vor einem Edelfisch als Hauptgericht.

*Die höhere bürgerliche Hausfrauenküche kannte auch eine »Morchelsoße« auf der Basis der üblichen überwürzten Mehlschwitzen. Diese Soße wurde vor allem für »gesalzene Puddings« empfohlen. Heute scheint diese Art, den raren Edelpilz zu behandeln, zuwenig delikat.*

## Profiteroles (kleine Backkugeln)

### Teig

| | |
|---|---|
| 0,2 l Wasser | in einer Pfanne mit |
| 1 Prise Salz | und |
| 50 g Butter | aufkochen. Herunternehmen und |
| 125 g Weizenmehl | hineinschütten und so lange rühren, bis die Masse glatt ist. |
| 3 Eier | mit |
| 20 g Zucker | schlagen und in die Teigmasse einarbeiten; diese daraufhin abkühlen lassen. Danach den Teig mit einem Spritzsäckchen in ca. 20 Portionen auf ein gebuttertes Backblech geben. Weitere 30 Minuten stehenlassen, dann 15 Minuten bei 150 Grad backen. Herausnehmen und abkühlen lassen. |
| | Unterdessen eine |
| *Schokocreme-Füllung* | herstellen. |
| | Dazu nimmt man: |
| 30 g Weizenmehl, | das in einem Topf mit |
| 0,1 l Milch | von der Mitte aus angerührt wird. |
| 0,1 l Sahne | sowie |
| 50 g Zucker, | |
| 1 Prise Salz | und |
| Vanillesamen, | der aus einem längs aufgeschnittenen Vanillestengel herausgelöst wurde, mit |
| 1 Ei | und |
| 1 Eigelb | verrühren, diese Mischung in die Creme geben und unter stetigem Umrühren bei mäßiger Hitze leicht aufkochen. Dann |
| 30 g Butter | einarbeiten. Zum Schluß weitere |
| 0,2 l Sahne, | steif geschlagen, unter die Creme ziehen und |
| ca. 80 g Zartbitterschokolade | in kleinen Stücken so lange beigeben, bis diese sich in der heißen Masse aufgelöst haben. Diese Schoko-Füllcreme in die abgekühlten und ausgestochenen Profiteroles einfüllen. Mit, je nach Geschmack, |
| **etwas in Butter gebräuntem Zucker** | überziehen und mit |
| 30 g Mandelblättchen | garnieren. |

# Die Rezepte

**Cocktails**

Alexandra mit Schuß  159
Cuba libre  159
Gin Gimlet  159
Margharita  116
Wodka Martini  159
Wodka Stinger  159

**Suppen**

Borschtsch-Suppe  95
Chili con carne  65
Dillsuppe  100
Fischsuppe französische Art  127
Frühlingssuppe  79
Gurkencremesuppe  57
Herbstmilchsuppe  185
Minestra  67
Mockturtlesuppe  32
Muschelsuppe Pazifik  188
Nudelsuppe, japanische  26
Pilzsuppe  99

**Salate, Snacks und Vorspeisen**

Arme Ritter  106
Bauernsalat à la Paul Gauguin  12
Berner Rösti  134
Blinis (Kartoffelpuffer) »Demidoff«  32
Cheeseburger  174
Crêpes caviar  151
Gänselebermedaillons  194
Kartoffeln, überbackene, nach Art der Dauphiné  58
Käseomeletts  178
Käsetoast, überbackener  178
Kaviar im Schlafrock  49
Lammhoden  183
Leberpastete (Pâté de foie)  154
Morcheln  195
Muschelhappen  149
Polenta  31
Popcorn  4
Porree vinaigrette  51
Roastbeefsandwich, doppeltes  103
Schnecken, sautierte, in Knoblauch-Butter-Soße  39
Schnecken, sautierte, mit Champignons in Weißwein  82
Selleriesalat  88
Spargel mit Sauce vinaigrette  156
Tomaten nach Art von Antibes  193
Tomatensalat »Hôtel de la Plage«  63

**Nudeln**

Bucatini alla matriciana  89
Calzoni, gefüllte  142
Fettuccine mit Ei und Hühnchen  90
Lasagne, überbackene (Lasagne al forno)  72
Linguine con pesto  46
Linguine in Muschelsud  145
Ravioli in Tomatensoße  78
Spaghetti Casanova  20
Spaghetti mit Fleischsoße (Spaghetti bolognese)  84
Spaghetti mit Tomatensoße  124

**Pizza**

Pizza provençale  18

**Fleisch**

Chateau(briand) bleu  22
Chateaubriand mit Pommes frites  156
Entrecôte à la bordelaise  141
Filet de bœuf à la périgourdine mit Sweet Potatoes  130
Filetspitzen à la Stroganoff  152

## DIE REZEPTE

Hackbraten mit Kartoffelpüree  180
Kalbfleisch, gedünstet in Rotwein  57
Kalbsbries mit Morcheln  195
Kalbsragout nach Art des Chefs  70
Kaninchen à la Isolina  30
Kaninchen-Kasserolle  40
Lammkeule mit Knoblauchsoße  97
Lammragout mit Currysoße  109
Leber, pürierte  118
Nieren à la bordelaise  15
Nieren Burgunder Art  14
Ochsenrippenstück, gebratenes  69
Rindfleisch Burgunder Art  36
Salisbury-Steak mit Maisgemüse  107
Schmorbraten mit Barbecue-Soße  45
Schweinefilet mit Senfsoße  147
Schweineschulter, Linsen mit  52
Spare Ribs mit scharfer Soße  190
Spickbraten mit Sauerampfergemüse  61
Wiener Schnitzel auf Weißbrot mit Tomaten und Mayonnaise  88
Zürcher G'schnetzeltes  134

**Geflügel**

Brathähnchen mit Sauce américaine  23
Ente, ausgepreßte, aus der Normandie  113
Fasan im Speckmantel mit Sellerie  186
Gänsebraten, irischer, mit Apfelsoße und Mincemeat  42
Hähnchen in Wein (Coq au vin)  27
Hähnchen in Wein Burgunder Art  59
Hähnchenkeulen, pikante  188
Huhn mit Salbei auf Reis  66
Hühnchen Kiew  101
Hühnchen mit Zitronenfüllung  146
Hühnerfrikassee auf Muscheln  193
Hühnerfrikassee mit Sauce Mornay  194
Hühnerkroketten  144
Jungente mit Oliven  170
Jungente mit schwerer, süßer Sherrysoße  117

Putenbrust mit Püree  54
Wachteln, getrüffelte  80
Wachteln im Sarkophag  33
Waldschnepfe à la Kohner  110

**Fisch**

Aal grün  176
Austern, pochierte, in Sahne und Champagner  108
Calamares (Tintenfische), fritierte  94
Calamares mit Knoblauch, Butter und Limonen  93
Forelle blau  164
Hai-Steak  39
Hechtmedaillons à la Provence  164
Heilbutt, gebacken  162
Hummer  126
Hummer à la Madeleine  17
Hummer mit Champagner  137
Hummer mit Knoblauchsoße à la américaine  16
Jakobsmuscheln mit Estragon  136
Krabbenpastetchen  149
Langustinen, Cassolettes von  62
Rochen in brauner Butter  163
Sardinen, gegrillte  161
Seezunge, pochierte, mit Béchamelsoße  86
Seezungenfilet, gebratenes  162
Steinbutt mit Basilikum bzw. Basilikumsoße  23

**Nachspeisen**

Apfeltorte (Tarte Tatin)  36
Banane, gegrillte  179
Blaubeeren, heiße, mit Eiscreme  190
Coupe Jacques  37
Melone in Portwein  165
Napfkuchen mit Rum  34
Pfannkuchen mit Himbeersoße  76
Profiteroles (kleine Backkugeln)  197
Soufflé au Grand Marnier  52

CIP-Titelaufnahme der Deutschen Bibliothek

**Schulz, Berndt:**
Kochen wie im Kino : Bilder, Dialoge und 130 Originalrezepte zum Nachkochen aus den beliebtesten Filmen / Berndt Schulz. – Hamburg : Rasch und Röhring, 1992
  ISBN 3–89136–406–7


Copyright © 1992 by Rasch und Röhring Verlag, Hamburg
Schutzumschlaggestaltung: Peter Albers (Titelmotive: Katharina Brauren und Loriot in »Ödipussi«, Heinz Erhardt in »Vater, Mutter und 9 Kinder«)
Satzherstellung: Utesch Satztechnik GmbH, Hamburg
Lithografie: Albert Bauer KG, Hamburg
Druck- und Bindearbeiten: Uhl GmbH, Radolfzell
Printed in Germany